W9-DCN-299

200년전에 노예해방을 외치면 미친 사람 취급을 받았습니다.

　　100년전에 여자에게 투표권을 달라고하면 감옥에 집어 넣었습니다.

　　50년전에 식민지에서 독립운동을 하면 테러리스트로 숙해 당했습니다.

　　단기적으로 보면 불가능해 보여도 장기적으로 보면 사회는 계속 발전합니다.

　　그러니 지금 당장 이루어지지 않을 것처럼 보여도 대안이 무엇인가 찾고 이야기해야 합니다.

　　　　　　　　　　　　장 하준

23

23 things they don't tell you about Capitalism

23 THINGS THEY DON'T TELL YOU ABOUT CAPITALISM

Copyright ⓒ Ha-Joon Chang 2010
All rights reserved

Korean translation copyright ⓒ 2010 by Bookie
Korean translation rights arranged with Intercontinental Literary Agency
through EYA (Eric Yang Agency)

이 책의 한국어판 저작권은 EYA(Eric Yang Agency)를 통한
Intercontinental Literary Agency 사와의 독점 계약으로 한국어 판권을
'도서출판 부키'가 소유합니다.
저작권법에 의하여 한국 내에서 보호를 받는 저작물이므로
무단전재와 복제를 금합니다.

그들이 말하지 않는 23가지
장하준, 더 나은 자본주의를 말하다

장하준 지음 | 김희정·안세민 옮김

부·키

지은이 장하준은 서울대 경제학과를 졸업하고 영국 케임브리지 대학에서 경제학 석사 및 박사 학위를 받았다. 1990년 이래 케임브리지 대학 경제학과 교수로 재직 중이고, 2003년 신고전학파 경제학에 대한 대안을 제시한 경제학자에게 주는 뮈르달 상을, 2005년 경제학의 지평을 넓힌 경제학자에게 주는 레온티예프 상을 최연소로 수상함으로써 세계적인 경제학자로 명성을 얻었다. 주요 저서로는 「사다리 걷어차기」 「쾌도난마 한국경제」 「국가의 역할」 「나쁜 사마리아인들」 등이 있다.

옮긴이 김희정은 서울대 영문학과와 한국외국어대 동시통역대학원을 졸업했다. 현재 가족과 함께 영국에 살면서 전문 번역가로 활동하고 있다. 옮긴 책으로는 '견인 도시 연대기' 시리즈인 「모털 엔진」 「사냥꾼의 현상금」 「영장류의 평화 만들기」 「내가 사는 이유」 「두 얼굴의 과학」 「코드북」 등이 있다.
안세민은 고려대 경제학과를 졸업하고 미국 캔자스 주립대학에서 경제학 박사 과정을 수학했다. 대외경제정책연구원, 에너지관리공단을 거쳐 현재 전문 번역가로 활동하고 있다. 옮긴 책으로는 「자본주의 사용설명서」 「중국이 세계를 지배하면」 「혼돈을 넘어 위대한 기업으로」 등이 있다.

2010년 11월 4일 초판 1쇄 펴냄
2011년 1월 4일 초판 56쇄 펴냄

지은이 장하준
옮긴이 김희정·안세민
펴낸곳 도서출판 부키
펴낸이 박윤우
등록일 1992년 10월 2일 등록번호 제2-1736호
주소 120-836 서울 서대문구 창천동 506-10 산성빌딩 6층
전화 02. 325. 0846, 325. 0842
팩스 02. 3141. 4066
홈페이지 www.bookie.co.kr
이메일 webmaster@bookie.co.kr
ISBN CODE 978-89-6051-119-4 03320

책값은 뒤표지에 있습니다.
잘못된 책은 바꾸어 드립니다.

그들이 말하지 않는 23가지를 읽는 7가지 방법

하나. 도대체 자본주의라는 것이 뭔지도 모르겠다?

Thing 1, 2, 5, 8, 13, 16, 19, 20, 22

둘. 정치는 결국 시간 낭비이다?

Thing 1, 5, 7, 12, 16, 18, 19, 21, 23

셋. 계속 국민소득은 오르고 기술은 발전한다는데 왜 내가 사는 건 그대로일까?

Thing 2, 4, 6, 8, 9, 10, 17, 18, 22

넷. 누군가가 다른 사람보다 잘사는 이유는 그 사람이 더 능력 있고, 많이 배우고, 기업가 정신도 투철해서이다?

Thing 3, 10, 13, 14, 15, 16, 17, 20, 21

다섯. 가난한 나라는 왜 가난한지, 그리고 어떻게 하면 그들이 부유해질 수 있는지 알고 싶다?

Thing 3, 6, 7, 8, 9, 10, 11, 12, 15, 17, 23

여섯. 세상은 불공평하지만 그렇다고 별 도리가 없다고?

Thing 1, 2, 3, 4, 5, 11, 13, 14, 15, 20, 21

일곱. …또는 그냥 순서대로 쭉 읽는다…

차례

서론 — 11

Thing 1 — 19
자유 시장이라는 것은 없다

Thing 2 — 32
기업은 소유주 이익을 위해 경영되면 안 된다

Thing 3 — 47
잘사는 나라에서는 하는 일에 비해 임금을 많이 받는다

Thing 4 — 57
인터넷보다 세탁기가 세상을 더 많이 바꿨다

Thing 5 — 69
최악을 예상하면 최악의 결과가 나온다

Thing 6 — 81
거시 경제의 안정은 세계 경제의 안정으로 이어지지 않았다

Thing 7 — 94
자유 시장 정책으로 부자가 된 나라는 거의 없다

Thing 8 — 108
자본에도 국적은 있다

Thing 9 — 124
우리는 탈산업화 시대에 살고 있는 것이 아니다

Thing 10 — 142
미국은 세계에서 가장 잘사는 나라가 아니다

Thing 11 — 154
아프리카의 저개발은 숙명이 아니다

Thing 12 — 170
정부도 유망주를 고를 수 있다

Thing 13 — 184
부자를 더 부자로 만든다고 우리 모두 부자가 되는 것은 아니다

Thing 14 — 198
미국 경영자들은 보수를 너무 많이 받는다

Thing 15 — 209
가난한 나라 사람들이 부자 나라 사람들보다 기업가 정신이
더 투철하다

Thing 16 — 223
우리는 모든 것을 시장에 맡겨도 될 정도로 영리하지 못하다

Thing 17 — 237
교육을 더 시킨다고 나라가 더 잘살게 되는 것은 아니다

Thing 18 — 252
GM에 좋은 것이 항상 미국에도 좋은 것은 아니다

Thing 19 — 263
우리는 여전히 계획 경제 속에서 살고 있다

Thing 20 — 276
기회의 균등이 항상 공평한 것은 아니다

Thing 21 — 289
큰 정부는 사람들이 변화를 더 쉽게 받아들이도록 만든다

Thing 22 — 301
금융 시장은 보다 덜 효율적일 필요가 있다

Thing 23 — 316
좋은 경제 정책을 세우는 데 좋은 경제학자가 필요한 건 아니다

결론 — 327   저자 주 — 342   찾아보기 — 354

감사의 글

이 책을 쓰면서 여러 사람의 도움을 받았다. 개발도상국에 초점을 맞췄던 전작 『나쁜 사마리아인들』이 탄생하는 데에도 중요한 역할을 했던 에이전트 아이반 멀케히는 더 폭넓은 독자층의 관심 분야를 다룰 새로운 책을 쓰도록 나를 끊임없이 격려해 주었다. 미국 블룸즈버리 출판사의 편집자인 피터 기네이는 편집에 관한 중요한 의견을 주었을 뿐 아니라 책의 방향을 잡을 때 『그들이 말하지 않는 23가지(23 Things They Don't Tell You about Capitalism)』라는 제목을 제시해 책의 분위기를 정하는 데 큰 역할을 했다. 영국 앨런 레인 출판사의 편집자 윌리엄 굿래드는 편집 작업을 이끌고 모든 일이 잘 돌아가도록 훌륭하게 일해 주었다.

여러 사람들이 책 내용에 대해 좋은 조언을 주었다. 던컨 그린은 모든 장을 읽고 내용뿐 아니라 편집 면에서도 대단히 유용한 조언을 해 주었다. 제프 하코트와 디팍 나이야는 여러 장을 읽고 현명한 충고를 해 주었다. 더크 베제머, 크리스 크레이머, 셸라자 페넬, 패트릭 이맘, 데보라 존스턴, 에이미 클라츠킨, 배리 린, 케니아 파슨스, 봅 로손도

8

각 장을 읽고 소중한 의견을 주었다.

이 책에 담긴 세세한 정보들은 유능한 연구 보조원들이 없었더라면 찾지 못했을 것이다. 바르가브 아드바리유, 하산 아크람, 안토니오 안드레오니, 유렌드라 바스넷, 무하마드 이르판, 비라유스 칸추찻, 프란체스카 라인하트 모두 감사하다.

쉽게 접근하기 어려운 자료를 제공해 준 정승일 박사와 이범 선생에게도 감사를 드린다.

마지막으로 가족에게 고마움을 전한다. 그들의 사랑과 지지가 없었다면 이 책은 완성하지 못했을 것이다. 아내는 나를 정서적으로 굳건히 지탱해 줬을 뿐 아니라 책의 모든 내용을 읽은 뒤 좀 더 논리 정연하고 독자들이 쉽게 이해하도록 쓰는 데 도움을 주었다. 딸 유나는 몇몇 아이디어를 들려주자 열네 살짜리라고 보기엔 놀라울 만큼 지적으로 성숙한 반응을 보여 주어서 나를 무척 기쁘게 했다. 아들 진규는 책을 쓰는 과정에서 정신적인 지지는 물론 책에서 사용된 몇 가지 아주 재미있는 아이디어를 제공해 주었다. 이 책을 가족에게 바친다.

서론

세계 경제는 만신창이가 되었다. 전례 없는 규모의 재정 및 통화 지원으로 2008년 금융 위기가 세계 경제의 완전한 붕괴로 이어지는 것을 겨우 막아 냈음에도 이 사건은 대공황에 이어 역사상 두 번째 경제 위기라 할 정도로 그 규모가 컸다. 이 글을 쓰고 있는 2010년 3월, 일부에서 불황이 끝났다고 성급히 선언하는 소리들이 들려오기 시작하지만 지속적으로 경기가 회복될지는 아직 불확실한 상태이다. 금융 개혁은 하지 않은 상태에서 재정 및 통화 정책을 완화한 결과 금융계에 새로운 거품이 일어나고 있는 반면에 실물 부문은 돈줄이 막혀 있다. 이 거품이 터지는 날에 세계 경제는 다시 불황으로 들어가는 더블딥 현상을 면치 못할 것이다. 설사 경기가 지속적으로 회복된다 하더라도 이번 금융 위기의 여파는 오랫동안 사라지지 않을 것이다. 기업과 가계 부문은 원상 복구하는 데에만 몇 년이 걸릴 것이고, 이번 위기로 말미암아 생긴 엄청난 재정 적자를 만회하느라 정부는 공공 투자와 복지 혜택을 줄일 수밖에 없어서 길게는 몇 십 년 동안 경제 성장, 빈곤 문제, 사회 안정성 등에 부정적인 영향을 끼치게 될 것이다. 금융 위기 과정에서 직장과 집을 잃은 사람들은 다시는 경제의 주류에 합류하지 못하게 될 수도 있다. 그야말로 두려운 미래가 우리를 기다리고 있는 것이다.

이 재앙은 결국 따지고 보면 1980년대부터 세계를 지배해 온 자유 시장 이데올로기에 그 원인이 있다. 우리는 항상 그냥 내버려 두면 시장이 알아서 가장 효율적이고 공정한 결과를 이끌어 낼 것이라는 말을 들어 왔다. 각 개인은 자기가 가진 자원을 최대한 활용하는 방법을 누구보다도 더 잘 알기 때문에 효율적일 수밖에 없고, 시장에서 경쟁을 통해 자기가 가진 생산성에 맞는 보상을 받게 되므로 공정할 수밖에 없다는 것이다. 우리는 기업들에게 최대한의 자유를 보장해 주어야 한다는 말을 들어 왔다. 기업들은 관련 시장 상황을 누구보다도 잘 파악하고 있기 때문에 어떻게 하는 것이 회사의 이익에 좋은지 누구보다도 잘 알고 있다. 따라서 그들이 하고 싶은 것을 하도록 내버려 두면 부의 창출이 극대화되고, 결국 사회 전체가 혜택을 본다는 것이다. 우리는 또 정부가 시장에 개입하면 시장의 효율만 떨어뜨릴 뿐이라는 말을 들어 왔다. 잘못된 평등주의를 믿고 부의 창출 범위를 제한하는 데 중점을 두는 것이 주로 정부가 개입해서 하는 짓이기 때문이다. 그렇지 않다 하더라도 정부는 시장에 맡기는 것보다 더 나은 성과를 올릴 능력이 없다. 좋은 사업적 결정을 내리는 데 필요한 정보도, 그렇게 할 동기도 부족하기 때문이다. 한마디로 우리는 시장을 전적으로 신뢰하고 시장의 흐름을 방해하지 않아야 한다는 말을 줄곧 들어 왔다.

이 말을 따라 지난 30여 년 동안 대부분의 나라가 자유 시장 정책을 추진했다. 정부 소유의 기업과 금융 기관들을 민영화하고, 금융 및 산업 부문에 대한 규제를 없앴으며, 국제 무역과 투자를 자유화하는 한편 소득세를 인하하고 복지 지출을 줄였다. 이 정책을 신봉하는 사람들도 이런 조처들 때문에 사회가 더 불평등해지는 것과 같은 단기적인 문제가 생길 수 있다는 점은 인정하면서도, 궁극적으로는 더 역동적이고 부유한 사회가 만들어질 것이기 때문에 모든 사람이 혜택을 받는다고 주장했다. 그들은 밀물이 들어오면 모든 배가 다 같이 떠오른다는 비유를 즐겨 썼다.

그러나 이 정책들이 가져온 결과는 그들이 약속한 것과 정반대였다. 2008년 금융 위기의 상처를 치유하는 데는 앞으로 수십 년이 걸리겠지만 잠시 옆으로 제쳐 놓자. 사람들이 깨닫지 못하는 사이에도 자유 시장 정책은 금융 위기 전부터 대부분의 나라에 성장이 둔화되고 불평등과 불안정이 심화되는 부작용을 낳고 있었다. 부자 나라들에서는 막대한 신용 확대 조치로 이 문제를 덮어 왔다. 1970년대 이후 미국의 임금 수준은 제자리걸음을 하고 노동 시간은 늘어났다는 사실을 신용 확대에 힘입은 소비 붐으로 눈가림해 온 것이다. 부자 나라들의 문제도 심각하지만 개발도상국들이 당면한 문제는 한층 더 심각하다. 사하라 이남 지역 아프리카 국가들의 생활수준은 지난 30여 년 동안 전혀 향상되지 않았고, 라틴 아메리카 국가들의 1인당 성장률은 3분의 2가 떨어졌다. 같은 기간 동안 중국과 인도처럼 비록 불평등은 심화되었지만 급속한 성장을 이룬 나라들도 있다. 그러나 이 나라들은 부분적인 자유화만을 허용하면서 본격적인 자유 시장 정책은 도입하기를 거부한 곳들이다.

결국 자유 시장주의자들, 혹은 신자유주의 경제학자라 불리는 사람들이 우리에게 해 온 이야기는 잘해야 부분적으로만 맞고, 최악의 경우에는 완전히 틀렸다는 말이 된다. 이 책에서는 자유 시장 이론가들이 '진실'이라고 팔아 온 사실들이 꼭 이기적인 의도에서 만들어 낸 것은 아닐지라도 허술한 추측과 왜곡된 시각에 기초를 두고 있다는 것을 밝히고자 한다. 즉, 자유 시장주의자들이 말해 주지 않는 자본주의에 관한 여러 가지 중요한 진실들을 이야기하는 것이 내 목적이다.

그렇다고 이 책이 반자본주의 성명서는 아니다. 자유 시장 이데올로기를 비판한다고 해서 자본주의 자체에 반대하는 것은 아니다. 나는 수많은 문제점과 제약에도 불구하고 자본주의는 인류가 만들어 낸 가장 좋은 경제 시스템이라고 믿는다. 그저 지난 30여 년간 세계를 지배해 온 특정 자본주의 시스템, 즉 자유 시장 자본주의를 비판하고 싶을 뿐이다. 자유 시장 체제가 자본주의를 운영하는 유일한 방법이 아니며, 지난 30년 동안의 성적표가 말해 주듯 최선의 방법은 더더욱 아니다. 이 책은 자본주의를 더 나은 시스템으로 만들어야 하고, 그렇게 만들 방법이 있음을 보여 준다.

2008년 금융 위기를 기점으로 우리는 경제를 운영하는 방식에 대해 심각한 의문을 품게 되었다. 그러나 대부분의 사람들은 이를 깊이 고민하지 않는다. 전문가들 몫이라 생각하기 때문이다. 사실 어떤 면에서는 맞는 말이다. 이 문제에 대한 정확한 답을 찾으려면 수많은 기술적인 지식들을 잘 알아야 하는데, 사실 이런 지식은 너무 복잡하여 전문가들 사이에서도 의견이 분분한 것이 현실이다. 부실 자산 구제 조치의 효과나 G20의 필요성, 은행 국영화의 장단점이나 경영진에 대한 적합한 보수 수준을 정확하게 판단하기 위해 필요한 전문 지식을 샅샅이 익히는 데 시간을 들이거나 배경 지식을 갖춘 사람이 우리 중에 얼마나 되겠는가? 한술 더 떠서 아프리카 빈곤 문제, WTO 업무,

국제결제은행이 요구하는 자기자본 비율 등의 문제가 나오면 솔직히 대부분의 사람들은 멍해질 수밖에 없다.

그러나 세상이 어떻게 돌아가는지 이해하고 내가 말하는 '경제 시민으로서의 권리'를 적극적으로 행사해서, 의사 결정권을 가진 사람들에게 올바른 길을 선택하도록 요구하는 데에는 고도의 전문 지식이 필요하지 않다. 생각해 보면 우리는 날마다 전문적인 지식 없이 온갖 종류의 판단을 내리고 있다. 식품 공장, 정육점, 식당 등의 위생 기준이 어때야 한다는 것은 전염병 학자가 아니어도 모두 아는 사실이 아닌가. 경제에 관한 판단을 내리는 것도 이와 다르지 않다. 주요 원칙과 기본적인 사실을 알고 나면 상세한 전문 지식이 없어도 좋은 판단을 내릴 수 있다. 단, 한 가지 전제 조건은 신자유주의 이데올로기가 씌워 놓은 장밋빛 색안경을 벗어 달라는 것이다. 이 색안경을 쓰고 보면 온 세상이 단순하고 아름다워 보인다. 그러나 이제 안경을 벗고 냉혹한 현실을 직시해 보자.

자유 시장이라는 것이 실제로는 존재하지 않는다는 사실을 알고 나면 '시장을 자유롭지 못하게 한다.'는 이유로 각종 규제에 반대하는 소리에 더 이상 속지 않을 것이다(Thing 1 참조). 큰 정부의 적극적인 개입이 경제의 역동성을 해치는 것이 아니라 오히려 촉진할 수도 있다는 사실을 알고 나면 정부에 대해 널리 퍼진 불신이 근거가 없었음을 깨닫게 될 것이다(Thing 12, 21 참조). 우리가 탈산업화된 지식 경제 시대에 살고 있는 것이 아니라는 사실을 알고 나면 일부 정부들이 추진해 온 대로 국가 산업의 쇠퇴에 무관심하거나 암묵적으로 환영해 온 것이 과연 옳은 일이었는지를 다시 생각하게 될 것이다(Thing 9, 17 참조). 트리클다운 이론이 제대로 작동하지 않는다는 사실을 깨닫고 나면 부자들에 대한 과도한 세금 감면 정책의 정체를 직시하게 되어서, 지금까지 들어 온 것처럼 이런 감세 정책이 우리 모두를 더 부유하게 하는 것이 아니라 단순히 부자들을 더 부자로 만드는 정책이었음을 알게 될 것이다(Thing 13, 20 참조).

세계 경제가 겪어 온 일들은 우연히 일어난 것도 아니고, 저항할 수 없는 역사적 흐름의 결과도 아니다. 최고 경영진과 은행가들의 수입이 엄청나게 늘어나는 동안 평범한 미국인들의 임금은 정체를 벗어나지 못하고 노동 시간은 계속 늘어난 현상은 어떤 신성불가침한 시장의 법칙 때문에 벌어진 일이 아니다(Thing 13, 14 참조). 우리가 갈수록 심해지는 국제 경쟁에 휘말려 일자리를 걱정하게 된 것이 끊임없는 교통 통신의 진보 때문만은 아니다(Thing 4, 6 참조). 지난 30년 사이 금융 부문이 실물 경제와 점점 더 유리되고, 급기야는 오늘날의 경제적 재앙을 불러오게 된 것은 결코 불가피한 일이 아니었다(Thing 18, 22 참조). 열대 기후, 불리한 지리 조건, 경제 발전에 맞지 않는 문화 등 인간의 힘으로는 바꿀 수 없는 구조적인 요인 때문에 가난한 나라들이 가난한 것이 아니다(Thing 7, 11 참조).

차차 설명하겠지만 사람들이 내리는 결정, 특히 규칙을 정할 수 있는 힘을 가진 사람들이 내리는 결정에 따라 일어나는 일들의 방향과 결과도 결정이 된다. 누구도 자기가 내리는 결정이 의도한 결과로 이어질지는 장담할 수 없지만 지금까지 내려진 결정들이 모두 불가피한 것은 아니었다. 우리가 사는 세상은 인간의 힘으로 만들 수 있는 여러 세상 중 가장 나은 세상이 아니다. 우리가 다른 종류의 결정을 내렸더라면 지금 다른 모습의 세상에 살고 있을 것이다. 이런 점들을 고려해 볼 때 우리는 돈 많고 힘 있는 사람들이 내리는 결정들이 확고한 증거와 제대로 된 논리에 근거한 것들인지를 따져 봐야 한다. 그런 후에야 기업, 정부, 국제기구 등에도 올바르게 행동하라고 요구할 수 있다. 결정을 내릴 힘을 가진 사람들은 늘 상황이 아무리 불행하고 불공평해도 그렇게 된 것은 피할 수 없는 일이었고, 따라서 변화를 가져올 방법도 없다고 말한다. 경제 시민으로서 권리를 적극적으로 행사하지 않으면 우리는 그들의 말을 믿고 그들의 결정에 희생되는 운명을 피할 수 없다.

이 책의 목적은 자본주의가 실제로 어떻게 돌아가고 어떻게 하면 더 잘 돌아가게 할 수 있는지를 독자들이 이해하도록 돕는 데에 있다. 이 책은 그러나 '초보자를 위한 경제학 입문서'는 아니다. 그보다 더 좁으면서도 동시에 그보다 더 넓은 책이다.

이 책은 기본적인 경제학 원론에서는 으레 설명하고 넘어갈 만한 기술적인 부분도 다루지 않았다는 점에서는 입문서보다 좁다고 하겠다. 그러나 그런 기술적인 부분을 건너뛴 것은 결코 이 책의 독자들이 이해하지 못할 것이라 생각해서가 아니다. 경제학의 95퍼센트는 상식을 복잡하게 만든 것이다. 나머지 5퍼센트도 아주 전문적인 부분까지는 아니지만 거기에 숨은 근본 논리는 쉬운 말로 설명 가능하다. 내가 기술적인 부분을 다루지 않은 것은 경제학적 원칙을 배우는 가장 좋은 방법은 독자들이 가장 관심 있어 할 문제들에 그 원칙들을 적용해서 설명하는 것이라고 믿기 때문이다. 따라서 기술적인 부분을 경제학 교과서처럼 체계적으로 설명하는 대신 토론하고자 하는 주제와 관계가 있을 때에만 설명하는 방식을 택했다.

따라서 이 책은 경제학에 대한 전문 지식을 갖추지 않은 독자들도 충분히 이해할 수 있는 내용을 담고 있기는 하지만 동시에 입문서 이상의 책이기도 하다. 고급 경제학 서적에서도 당연하게 받아들이는 경제학적 이론과 실증적 자료들에 대해 의문을 제기한다는 점에서 이 책은 고급 경제학서 수준을 넘는다고 하겠다. '전문가'들이 지지하는 이론들에 도전하고 대부분의 전문가들이 받아들이는 '실증적' 자료들에 의문을 제기하라고 하면 '비전문가' 독자들은 부담스럽다고 느낄지도 모르겠다. 그러나 대부분의 전문가가 믿는다면 맞는 것이겠지 하는 생각에서 벗어나면 그다음 일은 생각보다 수월하다.

이 책에서 다루는 문제들은 대부분 해법이 단순하지 않은 것들이다. 사실 자유 시장 경제학자들이 말하는 것과 달리 이 문제들에는 단순한 해법이 없다는 것 자체가 내가 이 책에서 말하고자 하는 핵심이다. 그러나 그렇다고 이런 문제들을 직시하지 않으면 세상이 실제로 어떻게 돌아가는지 알 수가 없다. 그리고 세상이 실제로 어떻게 돌아가는지를 이해하지 않고서는 경제 시민으로서 권리를 행사해서 사회에 이바지하기는커녕 우리 자신의 권익마저도 제대로 지켜 낼 수 없을 것이다.

01

자유 시장이라는
것은 없다

● 그들은 이렇게 말한다

시장은 자유로워야 한다. 정부가 개입하여 시장에 참여하는 주체들에게 할 수 있는 것과 할 수 없는 것을 지시하면 자원이 적재적소에 쓰이지 못하게 된다. 자신들이 생각하기에 가장 이윤이 높은 일을 할 수 없다면 사람들은 투자하고 기술 혁신을 할 동기를 잃는다. 예를 들어 정부가 임대료에 상한선을 정하면 건물주는 건물을 보수하거나 새 건물을 지을 동기를 상실한다. 정부가 판매 가능한 금융 상품의 종류를 제한하면 혁신적인 거래 방식을 통해 독특한 금융적 필요를 충족시키는 것이 불가능해진다. 따라서 자유 시장의 전도사인 밀턴 프리드먼(Milton Friedman)의 유명한 책 제목처럼 사람들이 '선택의 자유(free to choose)'를 누릴 수 있도록 내버려 둬야 한다.

● 이런 말은 하지 않는다

자유 시장은 존재하지 않는다. 모든 시장에는 선택의 자유를 제한하는 모종의 규칙과 한계가 있다. 시장이 자유로워 보이는 것은 단지 우리가 그 시장의 바탕에 깔려 있는 여러 규제를 당연한 것으로 여겨 규제로 생각하지 않기 때문이다. 시장이 얼마나 자유로운지를 규정할 수 있는 객관적인 방법도 없다. 자유 시장은 정치적으로 정의되는 것이다. 자유 시장 경제학자들은 자신들이 정부의 정치적 개입으로부터 시장을 보호하려고 하는 것처럼 이야기하지만 그것은 사실이 아니다. 정부는 언제나 시장에 개입하고 있고, 자유 시장론자들도 다른 모든 사람들과 마찬가지로 정치적이다. 객관적으로 규정된 자유 시장이 존재한다는 신화에서 벗어나는 것이야말로 자본주의를 이해하는 첫걸음이다.

노동할 자유가
주어져야 한다

1819년 아동 노동을 규제하기 위해 면직 공장 규제법(the Cotton Factories Regulation Act)이라는 새 법안이 영국 의회에 상정되었다. 이 법안은 오늘날 기준에서 보자면 솜방망이나 다름없었다. 아홉 살 미만의 아동들의 경우에만 고용이 금지되었고, 열 살부터 열여섯 살 사이의 청소년은 여전히 고용이 가능했던 것이다. 또 이들의 노동 시간은 정말이지 '관대하게도' 하루 12시간으로 제한되었다. 그런 데다 이 새로운 법안은 근로 환경이 노동자들의 건강에 특별히 유해하다고 인정된 면직 공장에만 적용되었다.

이 법안은 당시 엄청난 논란을 불러일으켰다. 반대파들은 이 법안이 신성한 계약의 자유를 침해함으로써 자유 시장의 기반을 파괴할 것이라고 주장했다. 일부 상원 의원들은 심의 과정에서 '노동할 자유가 주어져야 한다.'는 근거를 내세워 이 법안에 반대했다. 가난한 아이들은 일을 하고 싶어 하고 공장주들은 그 아이들을 고용하고 싶어 하는데 도대체 뭐가 문제란 말인가?

오늘날 선진국에서는 아무리 열렬한 자유 시장 지지자라 하더라도 시장 자유화의 일환으로 아동 노동을 다시 허용해야 한다고 생각하지는 않을 것이다. 하지만 유럽과 북아메리카에서는 아동 노동에 대해 제대로 된 규제가 도입되기 시작한 19세기 후반에서 20세기 초반 이전만 해도 사회적 지위가 있는 사람들 중 상당수가 아동 노동 규제를 자유 시장 원칙에 반하는 것이라 생각했다.

이렇듯 시장의 자유는 아름다움과 마찬가지로 보는 이의 견해에 따라 달라진다. 최대한의 이윤을 거두기 위해 필요하면 누구든 고용할 수 있는 공장주의 권리보다 아동의 일하지 않을 권리가 더 중요하다고 믿는 사람의 눈에는, 아동 노동 금지가 노동 시장의 자유를 침해하는 것으로 보이지 않을 것이다. 반대로 생각하는 사람은, 시장이 아동 노동 금지라는 잘못된 정부 규제에 얽매여 자유롭지 못하다고 볼 것이다.

처음 도입되었을 때에는 시장의 자유를 훼손한다는 이유로 많은 사람들이 심하게 반대했으나 지금은 당연한 것으로 받아들이는 규제의 예를 찾기 위해 굳이 200년 전까지 거슬러 올라갈 필요도 없다. 불과 몇 십 년 전만 해도 많은 사람들이 자동차나 공장 매연에 대한 환경 규제에 반대했다. 선택의 자유를 침해한다는 것이 그 이유였다. 본인들이 원해서 매연이 심한 차를 몰고, 이윤이 더 나니까 공해를 더 유발하는 생산 기술을 쓰는 것이니, 정부가 나서서 그런 것들을 막을 권리가 없다는 것이다. 그러나 오늘날에는 대부분의 사람들이 이런 환경 규제를 당연하다고 받아들인다. 공해처럼 고의가 아니더라도 다른 사람에게 해를 끼치는 행위라면 제한을 가해야 한다고 생각하기 때문이다. 또 에너지는 대부분 재생 불가능한 자원이니 아껴야 하고, 인간이 기후 변화에 미치는 영향도 줄여 나가야 한다는 데에도 이제 대부분의 사람들이 동의하게 되었다.

이렇게 똑같은 시장을 놓고서도 각자 입장에 따라 느끼는 자유의 정도가 다른 마당에, 그 시장이 얼마나 자유로운지를 객관적으로 규정하는 것은 불가능하다. 다시 말해 자유 시장이라는 것은 환상이라는 이야기이다. 자유 시장처럼 보이는 시장이 있다면 이는 단지 그 시장을 지탱하고 있지만 눈에는 보이지 않는 여러 규제를 우리가 당연하게 받아들이기 때문에 그런 것일 뿐이다.

피아노 줄과 쿵푸의 대가들

다른 사람들과 마찬가지로 나 역시 어린 시절에는 홍콩 영화 속에서 허공을 붕붕 날아다니는 쿵푸의 대가들을 보고 감탄을 금하지 못했다. 그리고 다른 아이들과 마찬가지로 나중에 그 쿵푸 대가들이 실은 피아노 줄에 매달려 있었다는 것을 알고 나서는 적잖이 실망하기도 했다.

자유 시장도 그런 식이다. 일단 특정 규제의 정당성을 완전히 받아들이고 나면 그 규제의 존재 자체를 의식하지 못하게 된다. 하지만 좀 더 주의 깊게 살펴보면 시장을 떠받치고 있는 규칙, 그것도 엄청나게 많은 규칙이 눈에 보이기 시작할 것이다.

우선 무엇을 사고팔 수 있는지에 대한 규제가 있다. 마약이나 인간의 장기 같은 명백한 예들은 그렇다 치고, 투표권이나 공직, 판결 등도 이제는 (적어도 공공연하게는) 사고팔 수 없게 되었지만 과거에는 많은 나라에서 시장 거래를 허용했던 것들이다. 또 대부분의 나라에서 대학 입학 자격은 사고팔지 못하게 되어 있지만 아직도 거래가 가능한 나라들이 있다. 입학 사정관을 매수하는 불법적인 거래 방법, 대학에 기부금을 내는 합법적인 거래 방법 등 나라마다 약간씩 방법을 달리하기는 하지만 말이다. 총기나 술은 거래를 금지하는 나라가 다수이고, 의약품은 시판되기 전에 정부로부터 안전성을 공인받도록 하는 것이 보통이다. 이런 규제들은 모두 잠재적으로 논란의 여지를 안고 있다. 150년 전에 인간을 사고파는 거래(노예 거래)를 금지하는 규제가 논란을 불러일으켰던 것처럼 말이다.

시장에 누가 참여할 수 있는지에 대한 규제도 있다. 오늘날에는 아동 노동을 규제하여 아동이 노동 시장에 진입하는 것 자체를 금지하고 있다. 의사나 변호사같이 사람들의 삶에 심대한 영향을 미치는 직업에는 면허가 필요하다. 이런 면허들은 경우에 따라 정부가 아니라 직능 집단(예를 들어 의사회)에서 발급하기도 하지만 그것이 규제의 한 형태임에는 변함이 없다. 은행 설립도 일정 수준 이상의 자본을 보유한 기업에 한해 허가하는 나라가 많다. 심지어 너무 규제가 적어서 2008년 금융 위기를 불러일으킨 주식 시장마저 거래 참가자에 대한 규제 사항이 있다. 주식을 한 자루 들고 뉴욕증권거래소(NYSE)로 가져가서 팔 수는 없다. 어느 기업의 주식이 주식 시장에서 거래가 되려면, 그 기업은 일정 기간에 걸쳐 엄격한 회계 감사 기준을 충족하는 등의 상장 요건을 갖추어야 한다. 또 주식은 면허가 있는 중개인이나 트레이더를 통해서만 거래가 가능하다.

거래에 관련된 조건 또한 구체적으로 명시되어 있다. 내가 1980년 대 중반에 처음 영국에 와서 깜짝 놀랐던 일 중 하나가 소비자들이 제품에 하자가 없는데도 단지 마음에 들지 않는다는 이유로 전액 환불을 요구할 수 있다는 점이었다. 당시만 해도 한국에서는 최고급 백화점을 제외하고는 그런 요구가 불가능했다. 영국에서는 상품을 산 후에도 마음을 바꿀 수 있는 소비자의 권리가, 아무 하자가 없는데도 반품된 물건을 제조원에 돌려보내는 데 들어가는 비용을 피할 수 있는 소매상의 권리보다 중요하다고 규정한 것이다. 그 밖에 제조물 배상 책임(PL), 약속한 날짜에 배달을 못해 주는 데 대한 배상 문제, 채무 불이행 등 상품 교환 과정에서 벌어질 수 있는 다양한 상황과 관련해서도 여러 가지 규정이 있다. 또 많은 나라들이 노점상을 금지하거나 주거 지역에서 상행위를 금지하는 등 어디에서 상행위가 이루어지는지를 규제한다.

가격에도 규제가 따른다. 여기에는 자유 시장 경제학자들이 습관적으로 공격하곤 하는 임대료 통제나 최저 임금제처럼 명백한 규제만 있는 것이 아니다.

선진국에서 임금을 결정하는 데에는 최저 임금법을 포함해 다른 무엇보다 더 큰 영향을 미치는 것이 바로 이민 정책이다. 그렇다면 선진국에서는 허용 가능한 최대 이민 규모를 어떻게 결정할까? 그것은 결코 노동 시장에서 자유롭게 결정되지 않는다. 만일 노동 시장에서 자유롭게 결정되도록 내버려 둔다면 자국 노동자의 80~90퍼센트는 임금이 낮고 생산성은 더 높은 이민 노동자들로 대체될 것이다. 그러므로 이민 문제는 대개 정치적으로 해결될 수밖에 없다. 정부가 자유 시장 경제에서 수행하는 광범위한 역할에 대해 여전히 의문이 남는다면 우리가 받는 임금은 모두 근본적으로 정치적 결정이라는 이야기를 살펴보도록 하자(Thing 3 참조).

2008년 금융 위기 이후 많은 나라에서 이자율이 지속적으로 인하됨에 따라 대출 금리도 대폭 떨어졌다. 왜 이런 일이 벌어졌을까? 갑자기 사람들이 대출받기를 꺼리게 되어 은행들이 그들의 마음을 돌리고자 금리를 낮춘 것인가? 물론 그렇지 않다. 그것은 이자율을 내림으로써 수요를 진작시키고자 하는 정치적 결정에 따른 결과였다. 대부분의 나라에서는 평상시에도 중앙은행이 이자율을 결정한다. 이는 암암리에 정치적인 고려가 반영된다는 의미이다. 한마디로 이자율도 정치적으로 결정되는 것이다.

이렇듯 다른 모든 가격에 영향을 주는 임금과 이자율이 상당 부분 정치적으로 결정된다면, 궁극적으로 모든 가격이 정치를 통해 결정된다고 할 수 있다.

자유 무역은
과연 공정한가?

우리는 어떤 규제 이면에 있는 도덕적 가치에 수긍하지 않을 때 그것을 규제라 여긴다. 19세기 미국 연방 정부가 자유 무역에 고율의 관세를 부과하자 노예 소유자들이 격분한 것도 그래서였다. 당시 그들은 자유 시장에서 사람을 매매하는 행위에 별다른 잘못이 있다고 보지 않았다. 인간을 다른 인간이 소유할 수 있다고 믿는 입장에서 볼 때 노예 무역 금지는 제조업 제품에 대한 무역 제한이나 다름없는 조치였던 것이다. 1980년대 한국의 가게 주인들도 '무조건 반품 조건'은 시장의 자유를 제한하는 부당하고 부담스러운 정부 규제라 여겼을 것이다.

자유 무역 대 공정 무역을 둘러싼 요즘 논쟁의 이면에도 이런 가치관의 충돌이 깔려 있다. 많은 미국인들은 중국이 자유롭게 무역을 하는지는 몰라도 공정하게 하지는 않는다고 생각한다. 미국인들이 보기에는 말도 안 되는 저임금에 비인간적인 환경에서 일하는 노동자들이 생산한 제품을 파는 중국은 공정하지 못한 경쟁을 하는 상대이다. 반대로 중국인들은 선진국이 자유 무역을 옹호한다고 하면서 열악한 노동 조건과 저임금을 기반으로 생산된 제품들에 대한 수입 제한 같은 방식으로 중국산 수출품에 인위적인 장벽을 치는 것은 받아들일 수 없는 처사라고 반박할 수 있다. 중국인들 입장에서는 자기들이 가지고 있는 가장 풍부한 단 하나의 자원인 값싼 노동력을 활용하는 데 제약을 받는 것은 부당하게 보일 수밖에 없다.

여기서 문제는 '말도 안 되는 저임금'이나 '비인간적인 노동 조건'을 정의할 객관적 방법이 없다는 것이다. 경제 발전 단계나 생활수준에 엄청난 격차가 나는 상황에서, 미국에서는 '기아 임금'이라 할 정도가 임금 수준이 미국의 10퍼센트에 불과한 중국에 가면 높은 임금이 되고, 임금 수준이 미국의 2퍼센트인 인도에 가면 한 밑천이 되는 것이다. 사실 공정 무역을 철저히 주장하는 미국인이라면 자기 할아버지가 만든 제품도 사지 않았을 터이다. 그 세대 미국인들은 비인간적인 노동 환경에서 극히 장시간 일했으니 말이다. 20세기가 시작될 때까지만 해도 미국 노동자들의 주당 평균 노동 시간은 60시간 정도였다.

그 당시 (더 정확히 말하면 1905년) 미국은 제빵 노동자들의 하루 노동 시간을 10시간으로 제한한 뉴욕 주의 법에 대해 대법원이 위헌 판결을 내린 나라였다. "제빵 노동자들이 원하는 시간만큼 일할 수 있는 자유를 박탈했다."라는 근거로 말이다.

이렇게 볼 때 공정 무역을 둘러싼 논쟁은 본질적으로 도덕적 가치 판단이나 정치적 결정에 관한 문제이지 통상적인 의미의 경제학적 논쟁은 아니다. '경제'에 관한 문제이기는 하지만 경제학자들이 사용하는 잣대로 재서 답할 수 있는 문제는 아닌 것이다.

그렇다고 모든 것이 상대적이니 누가 무슨 짓을 하더라도 비난해서는 안 된다는 뜻은 아니다. 꼭 내 견해만이 절대적으로 옳다고 우기지 않으면서도, 현재 중국을 포함한 특정 나라에 통용되는 노동 기준이 너무 낮다는 입장을 취할 수 있고, 그를 개선하려 노력할 수도 있는 것이다. 비록 중국이 곧바로 미국 수준의 임금이나 스웨덴 같은 노동 환경을 갖출 수는 없겠지만, 분명히 중국 노동자들에게 지금보다 임금을 더 주고 노동 조건을 개선하는 것이 가능하다. 실제로 많은 중국인들도 현재 상황을 비판하며 정부에 노동 규제 강화를 요구하고 있다. 하지만 경제 이론, 적어도 자유 시장 경제학 이론으로는 중국에서 '올바른' 임금 수준과 노동 환경이 어떤 것인지에 대해 답할 수 없다.

여기가 프랑스가 아닌 것 같아*

2008년 7월 금융 시스템의 붕괴에 직면한 미국 정부는 주택 담보 대출 회사인 패니메이와 프레디맥에 2000억 달러라는 막대한 공적 자금을 쏟아붓고 국유화 조치를 단행했다. 이를 목도한 켄터키 주 출신 공화당 상원 의원 짐 버닝(Jim Bunning)이 프랑스 같은 사회주의 국가에서나 있을 법한 조치라며 정부를 비난했던 일은 유명하다.

하지만 2008년 9월 19일 버닝 상원 의원이 사랑하는 조국은 프랑스를 넘어 '악의 제국'[**]이 되어 버렸다. 그날 다름 아닌 공화당 당수 조지 부시 대통령이 나와 미국 정부가 최소 7000억 달러에 달하는 납세자의 돈을 사용하여 악성 부실 자산(toxic assets)을 매입한다는 부실 자산 구제 조치(TARP)를 발표한 것이다.

부시 대통령의 생각은 버닝과 완전히 달랐다. 부시는 부실 자산 구제 조치가 "연방 정부는 불가피한 경우에 한해서만 시장에 개입해야 한다는 신념 위에 세워진" 미국식 자유 기업 시스템의 연장선상에 있는 것이라고 주장했다. 따라서 금융 산업의 상당 부분을 국유화하는 조치는 사회주의적인 것이 아니라 그런 '불가피한 경우'에 해당한다는 말인 셈이다.

물론 부시 대통령의 이런 발언은 인류 역사상 최대 규모의 국가 개입을 흔히 있는 시장 현상이라고 우기는 것이니만큼 정치적 이중 화법의 극단적 사례라 할 수 있다. 하지만 부시의 발언으로 자유 시장이라는 신화의 기반이 얼마나 취약한지가 드러나고 말았다. 그의 발언

[•] 'I don't think we are in France any more.' 라는 원래의 제목은 『오즈의 마법사』에 나오는 "I don't think we are in Kansas any more." 라는 유명한 말에서 따왔다. 주인공 도로시가 회오리바람에 말려 집을 타고 오즈의 나라에 착륙한 직후 강아지 토토에게 (즉 혼잣말로) 한 말로, "어떻게 된 일인지는 모르겠지만 완전히 딴 세상에 와 버렸다."는 충격적인 이야기를 일부러 완곡하게 표현해서 그 효과를 증폭시킨 것으로 유명한 문구이다.

[••] 레이건 대통령이 소련을 '악의 제국'이라고 한 것을 비꼬아 미국이 공산 국가 소련에서나 있었을 법한 일을 했다는 뜻이다.

에서 나타나듯이 어떤 정책이 자유 시장 자본주의에 위배되지 않는 불가피한 국가 개입인지 아닌지는 견해 문제인 것이다. 과학적으로 엄밀하게 규정된 자유 시장의 경계라는 것은 없다.

특정 시장을 구분하는 신성불가침의 경계가 존재하지 않는다면 그 경계를 변경하고자 하는 시도 역시 그 경계를 지키고자 하는 시도만큼이나 정당한 것이다. 실제로 자본주의의 역사 자체도 시장의 경계를 둘러싸고 벌어진 끊임없는 투쟁의 역사였다.

오늘날 시장 바깥에 존재하는 많은 것들은 시장 과정 자체가 아니라 정치적 결정에 의해 시장에서 제외되었다. 인간을 비롯해 공직, 판결, 투표권, 대학 입학 자격, 무허가 약품 등이 그 대표적 예이다. 물론 이런 것들을 공무원이나 법조인, 유권자를 대상으로 한 뇌물 공여처럼 불법적이거나, 소송에서 이기기 위한 고액의 변호사 선임 혹은 정당에 대한 정치 자금 지원처럼 합법적으로 다시 '시장화'하려는 경향이 여전히 존재한다. 이처럼 특정 거래를 시장 안으로 끌어들이려는, 혹은 밖으로 몰아내려는 움직임은 항상 양방향으로 진행되어 왔지만 후자인 탈시장화의 경향이 더 강하다.

시장에서 계속 거래되는 상품도 시간이 지날수록 규제가 강화되고 있다. 몇 십 년 전과 비교할 때 오늘날에는 유기 농산물 증명이나 공정 무역 생산자 증명 등과 같이 누가 무엇을 생산할 수 있고, 오염 물질이나 이산화탄소 배출 규제 등과 같이 어떻게 생산할 수 있으며, 제품 표기 규정이나 환불 규정 등과 같이 어떤 방식으로 판매할 수 있는지를 훨씬 더 엄격하게 규제하고 있다.

시장의 경계를 다시 긋는 과정에서 무력 충돌이 뒤따르기도 하는데, 이는 그 과정이 정치적으로 결정된다는 것을 극단적으로 보여 주는 사례이다. 미국은 노예 매매의 자유를 둘러싸고 남북전쟁을 했다. (물론 남북전쟁의 발발에는 상품의 자유 무역, 즉 관세 문제에 대한 이견도 한몫을 했다.)[1] 영국은 아편을 자유롭게 거래하기 위해 중국을 상대로 아편 전쟁을 벌였다. 앞에서 언급한 아동 노동의 자유로운 거래에 대한 규제 또한 사회 개혁가들의 투쟁 덕에 가능했던 일이다. 공직과 투표권을 자유롭게 사고파는 행위를 불법화하려는 노력은 유권자를 매수하고 열성 당원들에게 공직을 나누어 주는 방식으로 운영되던 정당들의 거센 반발에 부딪혔다. 이런 관행이 사라진 것은 개혁적 정치 운동, 선거 제도 개혁, 공직자 임용에 관한 규정 개선 등이 이루어졌기 때문이다.

시장의 경계가 모호하며 객관적으로 결정할 방법이 없다는 사실을 인식하면, 경제학이 물리학이나 화학 같은 과학이 아니라 정치적 행위라는 사실을 깨달을 수 있다. 물론 자유 시장을 신봉하는 경제학자들은 우리가 시장의 올바른 경계를 과학적으로 확정할 수 있다고 믿기를 바라겠지만 그것은 틀린 말이다. 연구하는 대상의 경계를 과학적으로 결정할 수 없다면 그것은 과학적 연구라고 할 수 없다.

지금까지 보았듯이 새로운 규제에 대한 반대는 일부에서 아무리 현상태가 부당하다고 지적해도 그대로 고수하자고 주장하는 것과 같다. 또 기존의 규제를 철폐하자는 주장은 시장 영역을 확대하자는 말이나 다름없는데, 시장은 1달러당 1표 원칙에 따라 작동하는 만큼 돈 있는 사람들에게 더 많은 권력을 주자는 의미이다.

따라서 자유 시장 경제학자들이 시장의 자유를 제한한다는 이유를 들어 특정 규제의 도입을 반대하는 것은, 그 규제를 통해 보호될 권리들을 부정한다는 자신들의 정치적 견해 표명에 불과하다. 물론 그들은 다른 사람들의 논리는 순전히 정치적인 반면에 자신들의 논리는 객관적인 경제학적 진실이라고 우기지만, 그들 역시 자신들이 반대하는 사람들만큼 정치적 의도를 가지고 행동하는 것이다.

시장은 객관적이라는 환상에서 벗어나는 것이야말로 자본주의를 이해하기 위한 첫걸음이다.

Thing

02

기업은 소유주 이익을 위해 경영되면 안 된다

● 그들은 이렇게 말한다

기업의 주인은 주주들이다. 그러므로 기업은 주주들의 이익을 위해 경영되어야 한다. 단순히 도덕적인 이야기가 아니다. 고정된 보수를 받는 종업원, 정해진 납품 가격을 받는 납품 업체, 약정된 대출 이자를 받는 은행 같은 다른 이해 당사자들과 달리 주주들은 고정 수입을 보장받지 못한다. 주주들의 수입은 기업의 실적에 따라 달라진다. 따라서 주주들은 투자 기업의 실적에 민감할 수밖에 없다. 기업이 파산했을 때에도 다른 이해 당사자들은 최소한 조금이라도 건지는 반면에 주주들은 모든 것을 잃는다. 이렇듯 다른 사람들은 부담하지 않는 리스크를 짊어지다 보니 주주들에게는 기업 실적을 극대화해야 한다는 동기가 강할 수밖에 없다. 주주들을 위한 경영을 하면 기업 이윤은 극대화된다. 이는 기업의 사회적 기여를 극대화하는 길이기도 하다.

주주들이 법적으로는 기업의 주인일지는 몰라도 그들은 기업의 이해 당사자 중에서 가장 손쉽게 빠져나갈 수 있고, 따라서 기업의 장기 전망에 가장 관심이 없는 집단이다. 보유 주식을 다 팔 경우 해당 기업이 위기에 빠질 정도로 지분이 많은 대주주 외에는 주식을 팔고 떠나면 그만이기 때문이다. 주주들, 특히 소액 주주들이 장기 투자를 줄여 이윤을 극대화하고 그 이윤에서 주주에 대한 배당을 극대화하는 단기 수익 극대화 기업 전략을 선호하는 것도 바로 그래서이다. 이렇게 되면 재투자에 필요한 유보 이윤이 줄어들게 되므로 해당 기업의 장기 전망은 악화될 수밖에 없다. 주주들을 위한 기업 경영이 결국 기업의 장기적인 성장 잠재력을 약화시키는 것이다.

카를 마르크스, 자본주의를 옹호하다

영어권 국가의 기업 이름에는 PLC, LLC, Ltd 하는 식으로 대부분에 L 자가 들어 있다. 여기서 PLC는 주식 회사(public limited company), LLC는 유한 책임 회사(limited liability company), Ltd는 유한 회사(limited company)의 약자이다. L은 유한 책임(limited liability)을 줄인 유한(limited)의 머리글자로, 기업이 파산할 경우 투자자들은 자신의 투자 지분만큼만 손해를 본다는 의미이다.

유한 책임을 가리키는 이 L 자가 근대 자본주의를 가능케 했다는 사실을 아는 독자는 아마 그리 많지 않을 것이다. 이런 형태의 기업 조직은 오늘날 당연한 것으로 받아들이지만 예전에는 그렇지 않았다.

처음에는 공동 자본 회사(joint-stock company)라고 불리던 유한 책임 회사가 16세기에 유럽에 등장하기 전까지만 해도 기업가들은 정말 모든 것을 걸고 사업을 해야 했다. 무한 책임(unlimited liability)하에서는 사업하다 진 빚을 갚기 위해 자신의 전 재산을 처분해야 하는 것은 물론이고 빚을 다 갚지 못할 경우에는 채무자 형무소에 가야 했다. 결국 개인 재산뿐 아니라 신체적 자유까지도 잃을 수 있었다. 이런 환경에서 사업을 시작하는 사람들이 있었다는 것은 거의 기적에 가까운 일이었다.

16세기에 발명은 되었지만 19세기 중반까지는 유한 책임 회사를 세우는 것이 대단히 어려웠다. 유한 회사를 설립하려면 왕실이나 정부에서 특별 허가를 받아야 했다. 또 회사를 100퍼센트 소유하지 않고 유한 회사 형태로 운영하는 경영자는 리스크를 100퍼센트 자기가 부담하는 것이 아니기 때문에 과도하게 위험한 사업을 하리라는 것이 당시의 지배적 의견이었다. 마찬가지로 유한 회사의 경영에 참여하지 않은 투자자는 리스크의 한도가 각자의 투자액으로 정해져 있기 때문에 자신들이 고용한 전문 경영인을 감시하는 데 소홀하리라는 것이 중론이었다. 경제학의 시조이자 자유 시장 자본주의의 수호성인인 애덤 스미스(Adam Smith)가 유한 책임의 원칙에 반대한 것도 바로 그런 이유에서였다. 그의 유명한 말처럼 "〔공동 자본〕 회사의 이사진은 …… 자기 돈이 아니라 남의 돈을 관리하기 때문에, 그들에게 〔무한 책임을 전제로 하는〕 합명 회사 파트너들이 자기 돈을 지키듯이 남의 돈을 관리하리라는 기대는 무리가 있다."[1] 라는 것이다.

이런 이유로 유럽 국가들은 규모가 크고 리스크가 높으면서 국익에 필요하다고 판단되는 기업에 한해서만 예외적으로 유한 회사의 설립인가를 내주었다. 1602년에 설립된 네덜란드 동인도회사와 그 최대 라이벌인 영국 동인도회사, 1721년 투기 붐을 일으켜 유한 책임 제도의 인상을 오랫동안 망쳐 놓은 그 악명 높은 영국의 남해회사(South Sea Company)가 대표적인 예이다.

그러던 중 19세기 중반 철도나 철강, 화학 공업 같은 대규모 산업이 등장하면서 유한 책임의 필요성이 절실해졌다. 제철 공장이나 철도 회사를 단독으로 설립할 수 있을 만큼 막대한 재산을 가진 사람이 거의 없었기 때문이다. 이후 유한 책임은 1844년 스웨덴과 1856년에 영국을 시작으로 하여 1860년대 및 1870년대를 거쳐 서유럽과 북아메리카 국가들 대부분에서 일반화되었다.

하지만 유한 책임에 대한 의구심은 오랫동안 남아 있었다. 서유럽의 기업가 활동에 관한 한 유명한 역사 연구서에 따르면, 유한 책임이 일반화되고 몇 십 년이 지난 19세기 말 영국에서도 "기업을 소유하고 직접 경영하는 중소기업인이 법인〔유한 회사〕이라는 장치를 이용하여 자기 기업의 채무에 대해 완전히 책임지는 것을 피하려"[2] 하면 눈총을 받았다고 한다.

흥미로운 것은 자본주의의 발전 과정에서 유한 책임의 중요성을 가장 먼저 알아차렸던 사람 중 하나가 흔히 자본주의의 가장 큰 비판자로 알려져 있는 카를 마르크스(Karl Marx)였다는 사실이다. 이전 시대의 애덤 스미스나 자신과 동시대에 살았던 많은 자유 시장론자들이 유한 책임에 반대했던 것과 달리, 마르크스는 유한 책임이 개인 투자자들의 리스크를 줄임으로써 새로 등장하는 중화학 공업에 필요한 대규모 자본 동원을 가능케 하리라는 것을 간파했다. 마르크스는 자본주의라는 장대한 드라마에서 주식 시장이 아직 막간의 여흥 정도에 불과하던 1865년에 쓴 글에서 이미 공동 자본 회사를 "자본주의 생산의 최고 단계"라 일컫는 선견지명을 보였다. 마르크스도 자유 시장론자들과 마찬가지로 유한 책임으로 말미암아 경영자들이 리스크를 과도하게 떠안으려는 경향이 있음을 인정했고, 그를 비판했다. 그러나 이를 유한 책임이라는 제도 혁신이 가져올 엄청난 물질적 진보의 부작용 정도로 간주했다. 물론 그가 자유 시장론자들의 비판에 맞서 '새로운' 자본주의를 옹호한 속셈은 따로 있었다. 마르크스는 공동 자본 회사가 경영으로부터 소유를 분리해 낸다는 점, 그리고 이를 통해 자본주의가 성취한 물질적 진보를 해치지 않고도 (이미 기업 경영에서 손을 뗀) 자본가들을 제거할 수 있다는 점에서 사회주의로 이행하는 '전환점'으로 생각했던 것이다.

자본가 계급의
종말

공동 자본 회사에 기반을 둔 새로운 자본주의가 사회주의를 향한 길을 닦아 줄 것이라는 마르크스의 예언은 실현되지 못했다. 하지만 유한 책임이라는 새로운 제도가 일반화되면 자본주의의 생산력이 한 차원 더 높아질 것이라는 예언은 정확했다.

유한 책임 제도는 19세기 후반에서 20세기 초반에 걸쳐 자본 축적과 기술 진보를 엄청나게 촉진시켰다. 자본주의는 애덤 스미스의 책에 나오는 핀 공장, 푸줏간, 제과점과 같이 소유주 혼자서 기껏해야 수십 명의 종업원을 거느리고 경영하던 기업들로 이루어진 시스템에서, 최고 경영진부터 시작하여 수백에서 수천 명에 달하는 종업원을 고용하고 복잡한 조직 구조를 갖춘 거대 기업들의 시스템으로 변모했다.

유한 회사를 둘러싸고 오랫동안 우려를 낳았던 경영상의 인센티브 문제, 즉 다른 사람의 자금으로 경영하는 경영자는 리스크를 과도하게 떠안을 것이라는 우려는 처음에는 별 문제가 되지 않는 듯했다. 유한 책임 제도 초기에는 많은 대기업을 헨리 포드(Henry Ford)나 토머스 에디슨(Thomas Edison), 앤드루 카네기(Andrew Carnegie)와 같이 상당한 지분을 소유한 카리스마 넘치는 기업가들이 경영하고 있었다. 주식의 100퍼센트를 소유하지 않는 한 유한 책임하에서는 소유 경영자들도 리스크를 과도하게 떠안을 가능성이 있었고, 또 실제로 그렇게 하는 경우도 있었지만 거기에는 한계가 있었다. 회사 지분을 상당 부분 소유한 상황에서 지나치게 위험한 결정을 내리는 것은 그들 스스로에게도 손해였기 때문이다. 더욱이 그들 대다수는 비상한 능력과 비전의 소유자들이었다. 그런 만큼 유한 책임을 믿고 과도하게 위험한 결정을 내렸더라도 그 결과는 회사를 100퍼센트 소유하고 있는 경영자들이 모든 위험을 신중하게 고려하여 내린 의사 결정보다도 더 나은 경우가 대부분이었다.

하지만 시간이 지나면서 전문 경영인이라는 새로운 계급이 출현하여 카리스마 넘치는 기업가들을 대체해 나갔다. 기업 규모가 확대됨에 따라 어느 한 사람이 상당한 지분을 보유하는 것도 점점 더 어려워졌다. 다만 스웨덴 같은 일부 유럽 국가에서는 의결권이 적은(대개는 10퍼센트였으나 0.1퍼센트인 경우까지 있다) 주식의 신규 발행이 법적으로 허용된 덕분에 창업자 가족이나 그들 소유의 재단이 지배 주주의 지위를 유지할 수 있었다. 이런 변화 속에서 전문 경영인들이 경영권을 장악해 나갔고, 주주들은 기업의 경영 방침을 결정하는 데 점차 소극적이 되었다.

1930년대가 되면서 경영자 자본주의(managerial capitalism)의 탄생을 이야기하는 사람들이 많아졌다. 19세기 빅토리아 시대에 산업의 지휘관(captains of industry)으로 불리던 전통적 의미의 자본가들이 관료들로 대체되기 시작한 것이다. (전문 경영인도 민간 부문에서 일하지만 결국 관료이다.) 그렇게 되면서 고용된 경영자들이 기업의 법적 소유자인 주주들의 이익이 아니라 자신들의 이익을 위해 기업을 경영한다는 우려가 높아졌다. 비판자들에 따르면 전문 경영인들은 이윤을 극대화하기보다는 매출 극대화를 통해 회사 규모를 키우고, 그를 통해 자신들의 명성을 높이려 한다거나 회사에서 받는 특전을 최대화하려 했다. 극단적인 경우에 전문 경영인들은 기업의 수익성이나 기업 가치와는 무관하지만 자신들에게 개인적 만족감을 주는 전시성 사업에 치중한다는 비판까지 받았다.

일부에서는 이런 전문 경영인의 등장을 전적으로 환영할 만한 일은 아니나 불가피한 현상으로 받아들였다. 오스트리아 태생의 미국 경제학자로 기업가 이론으로 유명한 조지프 슘페터(Joseph Schumpeter)는 기업 규모가 확대되고 연구개발 분야에 과학적 원리가 도입되는 당시의 추세가 계속되면 초기 자본주의 시대의 영웅적인 기업가들은 관료적인 전문 경영인들로 대체될 것이라고 1940년대에 주장했다(Thing 15 참조). 슘페터는 그로 인해 자본주의의 역동성은 약화되겠지만 이는 불가피한 일이라고 생각했다. 캐나다 태생의 미국 경제학자 존 케네스 갤브레이스(John Kenneth Galbraith)도 1950년대에 쓴 글에서 전문 경영인이 경영하는 거대 기업의 등장은 대세라고 보았다. 따라서 그는 정부 규제의 확대와 노동조합의 강화만이 이런 거대 기업에 대항할 수 있는 견제 세력을 확보하는 유일한 방법이라고 주장했다.

그 뒤로 수십 년 동안 사유 재산 제도를 철저하게 옹호하는 사람들은 경영자들이 기업 이윤을 극대화하는 쪽으로 경영자 인센티브가 설계되어야 한다고 생각했다. 수많은 우수 인재들이 어떻게 하면 그런 인센티브를 만들어 낼 수 있을까 고민했지만, 이 '성배'는 쉽게 찾아지지 않았다. 한 기업의 이윤이 낮은 이유가 경영자가 수익 지표에 제대로 관심을 기울이지 않았기 때문인지 아니면 불가항력적 요인 때문인지 주주들이 입증하기가 쉽지 않고, 따라서 경영자들은 언제나 계약서의 문구를 어기지 않으면서도 계약서의 정신은 위배할 수 있었기 때문이다.

'성배'인가, '비신성 동맹'인가?

1980년대에 이르러 마침내 성배가 발견되었다. 바로 주주 가치 극대화 원칙이었다. 이것은 주주들에게 얼마나 큰 이익을 안겨 주느냐에 따라 전문 경영인들의 보수를 정해야 한다는 것을 내용으로 하고 있다. 주주들의 몫을 크게 하기 위해서는 먼저 임금이나 투자, 재고, 중간 관리자 등의 비용을 무자비하게 삭감해 수익을 극대화해야 한다. 다음에 그 수익 중에서 최대한 많은 부분을 배당금 지급이나 자사주 매입(share buyback) 형태로 주주들에게 분배해야 한다. 경영자들이 이런 식으로 행동하게 만들기 위해서는 그들의 이익과 주주들의 이익을 동일시하도록 경영자들의 보수 가운데 스톡옵션의 비중을 늘릴 필요가 있다. 이 아이디어는 주주들은 물론이고 대다수 전문 경영인들에게도 널리 지지를 받았는데, 그 중 가장 유명한 인물이 오랫동안 GE 회장을 맡았고, 1981년에 한 연설에서 주주 가치라는 용어를 만들어 냈다고 알려진 잭 웰치(Jack Welch)였다.

잭 웰치의 연설 이후 곧 주주 가치 극대화는 미국 재계의 시대정신이 되었다. 초기에는 이 원칙이 경영자와 주주 모두에게 정말 좋은 것처럼 보였다. 미국 국민소득에서 이윤이 차지하는 비중은 1960년대 이후 감소 추세를 보이다가 1980년대 중반 들어 급격하게 오르더니 이후 계속 증가 추세를 나타냈다.[3] 주주들은 그 이윤 중에서 더 많은 몫을 배당금으로 받아냈고 주가 상승의 덕을 보았다. 그에 따라 미국 전체 기업 수익에서 배당금이 차지하는 비율은 1950년대부터 1970년대까지만 해도 35~45퍼센트 수준이었으나, 1970년대 말 이후로는 꾸준한 증가세를 보여 이제는 약 60퍼센트 수준에 이르렀다.[4] 그 과정에서 경영자들의 보수는 하늘 높은 줄 모르고 올랐다(Thing 14 참조). 그러나 계속 오르기만 하는 주가와 두둑한 배당금으로 행복에 젖은 주주들은 경영자들의 보수에 의문을 제기하지 않았다. 이런 행태는 기업의 지배 구조나 경영 문화가 미국과 유사한 영국 같은 나라에는 아주 쉽게, 그렇지 않은 나라에는 그보다 좀 더 시간이 걸려 전파되었다.

전문 경영인들과 주주들 간에 결성된 이 '비신성' 동맹(unholy alliance)'은 기업의 기타 이해 당사자들을 착취한 자금으로 유지되었다. (기타 이해 당사자들의 영향력이 상대적으로 강한 비영미계 선진국일수록 이 같은 비신성 동맹의 확산이 더뎠던 까닭이 바로 여기에 있다.) 일자리는 무자비할 정도로 줄었고, 수많은 노동자들은 일단 해고당한 뒤 더 낮은 임금에 복지 혜택도 거의 없다시피 한 비(非)노조원 자격으로 재고용되었다.

임금 인상은 중국이나 인도 같은 저임금 국가로 설비 이전이나 해외 아웃소싱을 통해, 혹은 그렇게 하겠다는 위협만으로도 억제되었고, 납품 업체와 그 종업원들은 지속적인 단가 인하 압박에 시달려야 했다. 정부 또한 법인세가 낮고 기업 보조금이 많은 나라로 설비를 재배치하겠다는 위협으로 인해 끊임없이 법인세 인하 및 보조금 확대 압력에 휘둘려야 했다. 그 결과 소득 불균형은 극심해졌고, 그런 속에서 미국과 영국 국민 대다수는 전례 없는 규모의 빚을 지지 않고서는 겉만 번드레한 번영에 동참할 수 없게 되었다(Thing 13 참조).

노동자를 비롯하여 다른 이해 당사자들에게 돌아가던 소득 중 많은 부분이 이윤으로 재분배된 것도 문제였지만 1980년대 이후 국민소득에서 이윤이 차지하는 비중은 지속적으로 증가했음에도 그것이 투자 확대로 이어지지 않았다는 것이 더 큰 문제였다(Thing 13 참조). 미국 국민총생산에서 투자가 차지하는 비중이 1980년대에는 20.5퍼센트였으나 그 이후 1990~2009년 동안에는 증가하기는커녕 오히려 18.7퍼센트로 떨어졌다. 자본을 효율적으로 사용하여 낮은 투자율을 상쇄하고 성장률을 높였다면 투자율 감소는 큰 문제가 되지 않는다. 하지만 1960년대부터 1970년대까지 연간 약 2.6퍼센트 증가하던 미국의 1인당 국민소득은 주주 자본주의 시대의 전성기라 할 1990년부터 2009년까지 연간 1.6퍼센트 증가하는 데 그쳤다. 기업 행태에서 미국과 유사한 변화를 보였던 영국도 1인당 국민소득이 '영국병'을 앓던 1960년대부터 1970년대까지는 연간 약 2.4퍼센트 증가했으나 정작 1990년부터 2009년까지는 1.7퍼센트 증가하는 데 머물렀다. 이렇듯 주주의 이익을 위해 기업을 경영하면 (그에 따른 상류층으로의 소득 재분배 문제를 무시한다고 해도) 경제 전체에 도움이 되지 않는다.

이것이 전부가 아니다. 최악의 문제는 주주 가치 극대화가 심지어 해당 기업에도 전혀 이롭지 않다는 것이다. 기업이 수입을 늘리기는 대단히 어렵다. 따라서 이윤을 극대화하는 가장 손쉬운 방법은 고용을 줄여 임금 지출을 삭감하고, 투자를 최소화하여 자본 지출을 줄이는 식으로 비용 지출을 최대한 낮추는 것이다. 하지만 이런 식의 이윤 창출은 주주 가치 극대화의 시작일 뿐이다. 이렇게 해서 창출된 이윤을 주주들에게 최대한 배당해야 한다. 아니면 이윤의 일부를 자사주 매입에 사용하여 주가를 높게 유지해야 한다. 그렇게 되면 주주들은 보유 주식 일부를 내다팔아 더 많은 자본 이득을 실현할 수 있고, 이는 더 많은 이윤이 (간접적으로) 주주에게 돌아감을 의미한다. 1980년대 초반까지만 해도 미국은 기업 이윤에서 자사주 매입에 사용하는 비율이 5퍼센트를 밑돌았다. 하지만 이 수치는 계속 증가하여 2007년에는 90퍼센트라는 놀라운 수준이 되더니, 2008년에는 물경 280퍼센트라는 터무니없는 기록을 세웠다.[5] GM은 2009년에 파산을 막는 데 필요한 350억 달러의 자금을 조달하느라 쩔쩔맸다.[6] 이는 미국의 기업 경제학자 윌리엄 라조닉(William Lazonick)의 추정에 따르면 GM이 1986년부터 2002년까지 자사주 매입에 투입한 204억 달러를 (세금 공제 후 2.5퍼센트의 수익을 올릴 수 있는) 은행에 예치해 두었더라면 아무런 문제 없이 조달할 수 있는 액수이다. 주주들이 이런 식으로 흥청망청 지내는 동안 스톡옵션으로 막대한 양의 주식을 챙긴 전문 경영인들도 엄청난 혜택을 누렸다.

이 모든 것은 장기적으로 기업에 해를 입힌다. 고용 삭감은 단기적으로는 생산성을 높일지 몰라도 장기적으로는 부정적인 결과를 낳는다. 노동력 부족은 노동 강도의 강화로 이어지고, 그에 따라 노동자들이 지치면 실수가 잦아져 결국 제품의 품질이 저하되면서 기업의 평판 역시 나빠진다. 하지만 더 중요한 사실은 끊임없는 해고 위협으로 인해 일자리에 대한 불안감이 높아지면 노동자들이 해당 기업에 특화된 기술을 익히는 데 필요한 시간 투자를 꺼리게 되고, 이는 궁극적으로 기업의 생산 잠재력을 훼손한다는 점이다. 게다가 미국을 비롯한 선진 자본주의 국가에서 기업 투자의 주요 재원은 사내 유보 이윤이다. 그런데 배당금을 높이고 자사주 매입을 늘릴수록 사내 유보 이윤은 줄어들고, 그에 따라 투자도 감소된다. 투자 위축은 그 효과가 단기적으로는 드러나지 않을지 몰라도, 장기적으로는 기업의 기술력을 후퇴시켜 기업의 생존 자체를 위협한다.

하지만 주주들은? 기업이 망해 버린다면 결국 기업의 주인인 주주들이 가장 큰 손해를 입는 것 아닌가? 집이 되었건 땅이 되었건 기업이 되었건 자산에 소유자가 필요한 것은, 소유자만이 그 자산의 장기적인 생산성에 관심이 있기 때문이 아닌가? 현 상태를 유지하기를 원하는 사람들은 이에 대해 이렇게 답할 것이다. 주주들이 이 모든 문제를 방관한다면 제3자가 보기에는 정신 나간 짓으로 보이더라도 결국은 자기들이 원해서 그렇게 하는 것이라고.

문제는 주주들이 기업의 법적 소유주이기는 하지만, 불행하게도 여러 이해 당사자 중에서 기업의 장기적 생존에 제일 관심이 없는 집단이라는 사실이다. 주주들이야말로 기업에서 가장 쉽게 손을 뗄 수 있는 사람들인 것이다. 가망 없는 회사의 주식을 무작정 붙잡고 있지 않을 정도로만 눈치 있는 주주라면, 필요할 때 약간의 손실을 감수하고 보유 주식을 내다 팔면 그만이기 때문이다. 반면 노동자나 납품 업체 같은 다른 이해 당사자들은 해당 기업의 요구에 특화된 기술을 축적

했거나 설비 투자를 해 놓은 상태이기 때문에 해당 기업에서 벗어나 다른 대안을 찾기가 훨씬 더 어렵다. 따라서 대부분의 주주들보다는 노동자나 납품 업체가 해당 기업의 장기적인 생존 여부에 더 민감할 수밖에 없다. 주주 가치 극대화가 경제 전체를 위해서는 물론이고, 해당 기업을 위해서도 바람직하지 않다고 하는 이유가 바로 여기에 있다.

세상에서 가장 바보 같은 아이디어

유한 책임은 주주들이 손쉽게 빠져나갈 수 있는 출구를 제공하여 투자에 따른 리스크를 완화해 주었다. 인류의 생산력이 크게 진보할 수 있었던 것도 유한 책임을 통해 대규모 자본 축적이 가능해진 덕분이었다. 하지만 바로 그렇게 손쉽게 빠져나갈 수 있기 때문에 주주들은 기업의 장기적인 미래를 책임질 만큼 믿음직한 후견인이 되지 못하는 것이다.

미국과 영국을 제외한 다른 대부분의 선진국에서 여러 가지 공식, 비공식적 수단을 통해 부동(浮動) 주주들의 영향력을 줄이고, 장기 투자를 추구하는 일부 주주를 포함한 장기적인 이해 당사자 집단을 유지하거나 새로 만들어 내고자 노력해 온 것도 바로 그 때문이다. 많은 나라에서 정부가 핵심 기업들에 상당한 지분을 가지고 안정적인 주주로서 역할을 하고 있다. 프랑스의 르노나 독일의 폭스바겐처럼 정부가 직접 소유하는 방식도 있고, 프랑스나 한국처럼 국영 은행을 통해 간접 소유하는 방식도 있다. 앞서도 잠깐 언급했지만 스웨덴 같은 나라에서는 주주들이 행사할 수 있는 의결권의 수가 주식의 종류에 따라 다르다. 이를 이용하여 창업자 가족은 기업 경영권을 상당 부분 유지하면서도 추가로 자본을 공모할 수 있었다. 어떤 나라들에서는 (부동 주주들보다 훨씬 더 장기적 관점에서 행동하는) 노동자 대표가 공식적으로 기업 경영에 참여하기도 한다. 독일에서 기업의 감사위원회에 노조 대표들이 참석하는 것처럼 말이다. 일본은 서로 우호적인 기업들 사이의 상호 출자를 통해 부동 주주들의 영향력을 최소화하고 있다. 그 결과 이들 나라에서는 전문 경영인과 부동 주주들이 자신들에게 유리한 주주 가치 극대화 모델을 아무리 선호한다 해도 그를 위한 비신성 동맹을 결성하기가 대단히 어렵다.

따라서 이들 나라에서는 장기 전망을 중시하는 이해 당사자들이 기업을 완전하게 통제하지는 못할지라도 상당히 강력한 영향력을 발휘한다. 그러므로 미국이나 영국에서만큼 쉽게 기업들이 노동자를 해고할 수도 없고, 납품업자를 쥐어짤 수도 없으며, 투자에 소홀한 채 이윤을 수익 배당이나 자사주 매입에 남용할 수도 없다. 이는 이들 나라 기업이 장기적으로 미국이나 영국 기업보다 생존 가능성이 더 높을 수 있음을 의미한다. GM이 세계 자동차 시장에서 누리던 절대 우위를 잃어버리고 끝내 파산한 이유를 생각해 보라. GM은 주주 가치 극대화의 선봉에 서서 끊임없이 다운사이징을 추진하고 투자를 기피했다(Thing 18 참조). 이런 단기 전략 위주의 GM식 경영이 가진 약점은 최소한 1980년대 후반부터 이미 가시적으로 드러났으나 GM은 2009년에 파산할 때까지 전략을 바꾸지 않았다. 그 과정에서 GM 자체는 허물어지고 있었으나 경영인과 주주들은 행복했기 때문이다.

부동 주주들의 이익을 위해 기업을 경영하는 것은 불공평할 뿐 아

니라 효율적이지도 않다. 이는 국민 경제와 기업 모두에게 마찬가지
이다. 잭 웰치가 최근 고백했듯이 주주 가치란 아마도 "세상에서 가장
바보 같은 아이디어"이다.

03

잘사는 나라에서는 하는 일에 비해 임금을 많이 받는다

● 그들은 이렇게 말한다

시장 경제에서는 생산성이 높으면 그만큼 보수를 많이 받는다. 똑같은 일을 하고도 스웨덴 사람이 인도 사람에 비해 임금을 50배쯤 더 받고 있는 현실을 동정심 넘치는 진보주의자라면 용납하기 힘들지 모르지만, 이는 모두 생산성의 차이를 반영한 결과이다. 따라서 인도 같은 곳에서 최저 임금제를 도입하여 인위적으로 이런 차이를 좁히려 해 봤자 결국 개인의 능력과 노력에 대해 불공평하고 비효율적인 보상을 하게 될 뿐이다. 공평하고 효율적인 보상은 자유로운 노동 시장에서만 가능하다.

● 이런 말은 하지 않는다

잘사는 나라와 못사는 나라의 임금 격차는 개인의 생산성이 달라서가 아니라 각 정부의 이민 정책 때문에 생기는 것이다. 나라 간의 이주가 자유롭다면 잘사는 나라의 일자리는 대부분 못사는 나라에서 온 노동자들이 차지하게 된다. 다시 말해서 임금이라는 것은 정치적 결정의 산물이라고 할 수 있다. 이 것을 뒤집어 보면, 가난한 나라가 가난한 것은 가난한 계층의 국민들 때문이 아니라 부유한 계층의 국민들 때문이라는 말도 가능하다. 사실 가난한 나라의 가난한 사람들은 잘사는 나라의 가난한 사람들과 경쟁해서 이길 수 있지만, 가난한 나라의 부자들은 부자 나라의 부자들에 비해 경쟁력이 높지 않기 때문이다. 하지만 이는 부자 나라의 부자들이 개인적으로 특별히 잘나서 그런 것이 아니다. 이들의 높은 생산성은 단지 역사적으로 축척해 온 다양한 제도들 덕분일 확률이 높기 때문이다. 진정으로 공평한 사회를 만들기 위해서는 사회 구성원 모두가 개인의 가치에 맞는 임금을 받고 있다는 잘못된 신화를 깨뜨려야만 한다.

길 따라 똑바로 운전하기 대 길로 뛰어드는 소, 달구지, 인력거 등을 피해서 곡예 운전하기

인도 뉴델리에서 일하는 버스 기사 람은 시간당 18루피를 받는다. 스톡홀름의 버스 기사 스벤의 시급은 130크로나로 2009년 여름 환율을 기준으로 계산하면 870루피 정도 된다. 스웨덴의 버스 운전사는 같은 일을 하는 인도 기사에 비해 50배를 더 받는 셈이다.

  자유 시장 경제학에서는 어떤 상품이 그와 대체할 수 있는 다른 상품에 비해 값이 비싼 것은 그것이 더 나은 상품이기 때문이라고 설명한다. 이 말은 자유 시장에서는 노동을 포함해서 모든 상품이 제값을 받는다는 의미이다. 그러므로 스웨덴 운전기사 스벤이 인도 운전기사람보다 50배 높은 임금을 받는다는 것은 스벤의 생산성이 람에 비해 50배가 더 높다는 뜻이 된다.

일부 자유 시장 경제학자들은(물론 다는 아닐 것이고) 사람들이 유행 같은 것 때문에 상품의 가치에 맞지 않는 지나친 값을 지불하는 현상이 단기적으로 나타날 수 있다는 점을 인정하기도 한다. 최근 금융 시장이 일대 호황을 맞이했을 때 투기 열풍에 휩쓸린 사람들이 어처구니없는 가격으로 악성 부실 자산을 사들인 것이 그 한 예이다. 물론 이 호황이 결국은 대공황 이후 최악의 불황을 가져왔다는 것은 모두 다 아는 일이다. 그러나 자유 시장 경제학자들은 얼마 가지 않아 사람들이 자산의 진정한 가치를 깨닫기 때문에 이런 현상은 오래 갈 수가 없다고 말한다(Thing 16 참조). 이와 마찬가지로 어떤 노동자가 학력을 위조한다든가, 면접 때 거짓말을 한다든가 하는 속임수를 써서 자기 자격에 넘치는 좋은 임금의 직장을 얻는 데 성공했다 하더라도 임금 수준에 합당한 생산성을 내지 못할 것이기 때문에 곧바로 해고당할 게 분명하다. 이 논리를 그대로 적용하면, 스벤이 람보다 50배 높은 임금을 받는다면 같은 시간에 그가 생산하는 재화나 용역이 람보다 50배 많기 때문이라는 말이 된다.

그러나 과연 실제로 그럴까? 먼저, 한 운전기사가 다른 운전기사보다 50배 운전을 잘한다는 것이 가능한 일인가? 어찌어찌해서 운전의 질을 수치로 평가하는 방법을 찾아낸다 하더라도 이 정도의 생산성 차이를 낸다는 것이 가능할까? 물론 미하엘 슈마허나 루이스 해밀턴과 같은 세계적인 카레이서들과 운전면허를 갓 딴 운동신경 제로의 열여덟 살짜리 초보 운전자를 비교하면 그런 차이가 가능할지도 모르겠다. 하지만 평범한 버스 운전기사가 다른 기사보다 50배나 운전을 잘한다는 건 나로서는 잘 납득이 가지 않는다.

사실 굳이 따지자면 람이 스벤보다 운전 솜씨가 훨씬 좋을 가능성이 크다. 물론 스웨덴 사람치고 스벤은 운전 솜씨가 좋은 쪽에 속할 것이다. 그러나 스벤은 평생 한 번이라도 갑자기 코앞에 뛰어드는 소를 피해 본 적이 있을까? 이런 일이 람에게는 거의 날마다 벌어진다. 어쩌다가 토요일 밤 난폭 운전을 하는 음주 운전자들을 피하는 것 말고 스벤은 대체로 앞으로 곧장 가기만 하면 된다. 반면 람은 거의 쉴 틈 없이 뛰어나오는 소, 달구지, 인력거, 하늘 높이 쌓아올린 짐을 싣고 비틀거리고 가는 자전거 등을 피하며 운전을 해야 한다. 따라서 자유 시장 논리에 충실하자면 임금을 더 많이 받아야 하는 것은 스벤이 아니라 람이다.

자유 시장 경제학자들은 스벤이 '인적 자본', 즉 교육과 훈련을 통해 축적한 기술과 지식이 더 많기 때문에 많은 임금을 받아야 한다고 반론을 제기할지도 모른다. 물론 스벤은 적어도 고등학교는 마쳤을 것이다. 학교 교육을 12년은 받았을 스벤에 비해 람은 아마도 라자스탄에 있는 고향 마을에서 간신히 4~5년 정도 학교에 다닌 것이 전부여서 제대로 글을 읽고 쓸 줄 알면 다행인 학력일 것이다.

그러나 스벤이 7년이나 더 학교를 다니면서 추가로 축적한 인적 자본은 버스를 운전하는 일과는 하등의 관계가 없는 내용이다(Thing 17 참조). 인간 염색체 구조나 1809년 스웨덴-러시아 전쟁의 의미 따위를 아는 것이 버스 운전을 더 잘하는 것과 무슨 관계가 있다는 말인가? 따라서 스벤이 인적 자본을 더 많이 지니고 있다는 사실로는 람보다 돈을 50배 더 받는 현상을 설명할 수 없다고 결론 내릴 수 있다.

스벤이 람보다 50배 높은 임금을 받을 수 있는 것은 간단히 말해서 보호주의 덕택이다. 자국 정부의 이민 통제 정책 덕에 스웨덴의 노동자들은 인도를 비롯한 가난한 나라의 노동자들과 직접 경쟁하지 않아도 되는 것이다. 생각해 보면 스웨덴의 버스 운전기사들을 비롯해서 직업을 가진 대부분의 사람들, 나아가서는 부자 나라의 노동 인력 대다수를 인도나 중국, 또는 가나 출신의 노동 인력으로 대체하지 못할 이유가 없다. 이들 외국인 노동자의 대다수는 스웨덴 노동자들이 받는 임금의 몇 분의 일 정도만 받아도 만족할 것이고, 일은 자국 노동자와 비슷한 수준이거나 더 잘 해낼 것이다. 이는 청소부나 환경 미화원 같은 단순 노동자들에게만 해당하는 이야기가 아니다. 상하이, 나이로비, 키토 등에는 스톡홀름, 린쉐핑, 말뫼*의 엔지니어, 은행가, 컴퓨터 프로그래머들을 대체할 만한 사람들로 넘쳐 난다. 그러나 이들은 스웨덴 노동 시장에 진입하지 못한다. 이민 통제 정책으로 인해 자유롭게 스웨덴으로 이민 올 수 없기 때문이다. 그 결과 스웨덴의 노동 인력은 같은 일을 하는 인도 사람에 비해 생산성이 높지 않은데도 50배나 높은 임금을 받게 되는 것이다.

방 안의
코끼리

두 나라의 버스 기사 이야기를 듣고 나면 방 안의 코끼리**를 볼 수 있는 눈이 생긴다. 부자 나라에 사는 대다수 사람들의 생활수준은 자

---

* Stockholm, Linköping, Malmö는 스웨덴의 주요 도시들이다.

** 좁은 방에 들어와 있는 코끼리처럼 무시할 수 없는데도 무시되고 있는 진실을 일컫는 영어 표현이다.

국 노동 시장에 대한 엄격한 정부 통제, 즉 이민 제한 정책에 따라 결정적으로 좌우된다. 하지만 자유 시장을 옹호하는 많은 사람들은 이 이민 정책을 보지 못하거나 혹은 보면서도 무시하는 경우가 많다.

나는 이미 Thing 1에서 자유 시장이라는 것은 없음을 설명한 바 있다. 그러나 이민 제한 정책이야말로 우리가 소위 '자유 시장 경제'라 알고 있는 시스템 속에 시장 규제가 얼마나 속속들이 퍼져 있고, 어느 정도로 그 사실을 보지 못하는지 알려 주는 좋은 예라 할 수 있다.

최저 임금제, 노동 시장 규제, 그리고 노조에서 요구하는 '인위적' 노동 시장 진입 장벽 같은 것이 자유로운 노동 시장을 방해하는 요소들이라고 비난하는 경제학자들도 이민 제한 정책이 얼마나 자유 노동 시장에 해가 되는지 지적하는 일은 거의 없다. 그러나 이민의 자유를 포함하지 않은 자유 노동 시장에 대한 논의는 일관성이 없다. 이런 주장을 하는 경제학자가 드물다는 사실 자체도 내가 Thing 1에서 했던 주장을 다시 한 번 증명한다. 즉 시장의 범위는 정치적으로 결정되며, 시장 규제를 옹호하는 사람들만큼이나 자유 시장 경제학자들도 '정치적'이라는 것이다.

이민 제한 정책에 관해 눈을 감아 버리는 자유 시장 경제학자들의 모순을 비판한다고 해서 이민 정책을 철폐해야 한다고 주장하는 것은 물론 아니다. 나는 이민 제한 정책이 없어져야 한다고 생각하지 않는다. 지금쯤 독자들도 눈치를 챘겠지만 나는 자유 시장 경제학자가 아니기 때문이다.

각 나라마다 어느 부분의 노동 시장에 얼마의 이민자를 받아들일지 결정할 권리가 있다. 문화적 배경이 서로 다른 이민자를 무제한 수용할 능력을 지닌 사회는 존재하지 않는다. 따라서 수용 능력을 벗어나는 수준의 이민자를 받아들이도록 요구하는 것은 잘못이다. 이민자가 갑자기 너무 많이 들어오면 일자리를 둘러싼 경쟁이 지나치게 치열해질 뿐 아니라 주택, 의료와 같은 물리적, 사회적 인프라에 큰 부담이 생겨 자국인과 이민자 사이에 긴장이 조성될 수 있다. 이와 더불어 앞의 이유들만큼 측정하기가 쉽지는 않지만 국가 정체성도 중요한 이슈로 떠오를 것이다. 각 민족마다 변할 수도 없고 변해서도 안 되는 정체성이 있다는 개념은 여러 면에서 꼭 필요한 신화일지는 모르나 신화임에는 분명하다. 그러나 너무 많은 이민자가 한꺼번에 유입되면 그를 받아들이는 사회는 결속력을 유지하기 위해 필요한 민족적 정체성을 새로 만들어 내는 데 어려움을 겪는다. 이는 이민자들의 수와 유입 속도를 통제할 필요가 있다는 뜻이다.

그렇다고 부자 나라들의 현행 이민 정책이 최선이라는 말은 아니다. 한 사회가 이민자들을 수용할 능력에 한계가 있는 것은 맞지만 총인구가 미리 고정된 것은 아니다. 이민 문제에 대한 사회의 태도와 정책들을 바꿈으로써 이민자에 대한 문호 개방의 정도를 조절할 수 있다. 이와 더불어 이민자의 구성에도 문제가 있다. 대부분의 부자 나라들이 받아들이는 이민자의 종류는 개발도상국 쪽에서 보면 '잘못된' 것일 수 있다. 일정액 이상의 '투자금'을 들고 오는 사람들에게는 거의 바로 이민 허가를 내주는 제도를 통해 국적을 '판매'하는 나라들도 많다. 이런 제도는 대부분의 개발도상국이 겪는 자본 부족 현상을 더 가중시키는 결과를 낳는다. 부자 나라들은 또 고학력, 고급 기술 소지자를 선호함으로써 개발도상국의 두뇌 유출을 더 심화시키기도 한다. 이들 고학력, 고급 기술 소지자들이야말로 미숙련 이민자들보다 조국에 남아서 국가 발전에 더 기여해야 하는 인물들이기 때문이다.

가난한 나라는 가난한 사람들 때문에 가난한가?

버스 운전기사 이야기는 자유 시장에서는 모든 사람이 자신의 가치에 걸맞은 보수를 받는다는 신화를 깰 뿐 아니라 개발도상국이 빈곤한 원인에 대한 중요한 통찰을 제공한다.

많은 사람들이 가난한 나라가 가난한 것은 그 나라의 가난한 사람들 때문이라고 생각한다. 가난한 나라의 부자들은 대부분 자기 나라의 가난한 사람들이 무지하고, 게으르고, 수동적이기 때문에 자기 나라가 가난하다고 생각한다. 그들이 일본 사람처럼 열심히 일하고, 독일 사람처럼 시간을 잘 지키며, 미국 사람처럼 창의적이기만 했어도 나라 전체가 부자가 되었을 것이라고 주장한다.

산술적으로 계산하면 가난한 나라의 평균 국민소득을 끌어내리는 것은 빈곤층임에 틀림없다. 그러나 가난한 나라의 부자들이 모르는 게 있다. 바로 자기 나라가 못사는 이유가 빈곤층 때문이 아니라 자기 자신들 때문이라는 사실이다. 버스 운전기사 이야기로 다시 돌아가 보자. 스벤이 람보다 50배 높은 임금을 받을 수 있는 것은 그가 속한 스웨덴 노동 시장에 비슷한 일을 하는 인도 노동자에 비해 50배가 훨씬 넘는 생산성을 올리는 사람들이 있기 때문이다.

스웨덴의 평균 임금 수준이 인도에 비해 50배라 하더라도 이것이 대부분의 스웨덴 사람들이 같은 업종의 인도 사람들보다 생산성이 50배라는 이야기는 아니다. 스벤을 비롯해서 많은 노동자들은 어쩌면 인도 사람들보다 숙련 정도가 더 낮을 것이다. 그러나 에릭슨, 사브, SKF와 같은 세계 첨단 기업에서 일하는 최고 경영진, 과학자, 엔지니어 등은 인도에서 유사한 일을 하는 사람들에 비해 수백 배 높은 생산성을 자랑한다. 그 덕분에 스웨덴의 국민 생산성 평균이 대충 인도보다 50배가 높아진 것이다.

간단히 말해 가난한 나라의 가난한 사람들은 부자 나라의 동일 직종 종사자들과 붙여 놓아도 지지 않는다. 정작 자기 몫을 하지 못하는 것은 가난한 나라의 부자들이다. 상대적으로 낮은 그들의 생산성 때문에 나라가 가난하다는 말이다. 따라서 가난한 사람들 때문에 나라가 가난하다는 부자들의 불평은 얼토당토하지 않다. 가난한 사람들이 자기 나라 전체를 끌어내린다고 불평하기 전에 가난한 나라의 부자들은 왜 부자 나라의 부자들처럼 자신들이 나라 전체를 끌어올리지 못했는지를 생각해 봐야 한다.

마지막으로, 자신들의 높은 생산성 덕에 자국의 가난한 사람들이 높은 임금을 받을 수 있다는 말에 부자 나라의 부자들이 너무 의기양양할 것에 대비해 한 가지 경고를 하고 넘어가야 할 것 같다.

부자 나라의 어떤 개인이 비슷한 일을 하는 가난한 나라의 개인보다 실질적으로 생산성이 월등히 높은 분야에서조차, 그 격차는 개인의 능력 차라기보다는 시스템의 차이에서 생기는 경우가 대부분이다. 부자 나라의 일부 개인이 가난한 나라의 동일 직종 종사자에 비해 생산성이 수백 배나 높을 수 있는 것은 단순히 그들의 머리가 더 좋다거나 교육을 더 잘 받았다는 것만으로는 설명이 되지 않는다. 그들은 더 나은 기술, 더 나은 조직, 더 나은 제도와 물리적 인프라를 가진 경제 환경에서 살기에 그런 성과를 낼 수 있는 것이다. 그리고 이 모든 것은 수세대에 축적된 집단적인 노력의 산물이다(Thing 15, 17 참조). 유명한 투자가 워런 버핏(Warren Buffet)은 1995년 한 TV 인터뷰에서

이 점을 훌륭하게 정리한 적이 있다. "개인적으로 나는 지금까지 벌어들인 돈의 많은 부분이 내가 몸담고 있는 사회가 벌어 준 것이라 생각합니다. 만일 나를 방글라데시나 페루 같은 곳에 갑자기 옮겨 놓는다면 맞지 않는 토양에서 내 재능이 얼마나 꽃 피울지 의문입니다. 30년 후까지도 고전을 면치 못할 거예요. 지금 활동하는 시장은 내가 하는 일에 아주 후한 보상을 내리는 환경입니다. 사실 불공평하다고 할 수 있을 만큼 큰 보상이지요."

결국 출발했던 지점으로 다시 돌아왔다. 한 개인이 받는 임금은 그의 가치를 완전히 반영하지 못한다. 부자 나라든 가난한 나라든 대부분의 사람들이 받는 임금은 이민 제한 정책이 있기 때문에 그렇게 정해진 것이다. 이민 노동자들로 쉽게 대체할 수 없는 부자 나라의 일부 시민들, 따라서 자신의 가치만큼 임금을 받는다고 할 수 있는(그렇지 않을 수도 있지만—Thing 14 참조) 사람들마저 그들이 일하는 사회 경제적 시스템 덕에 그만큼의 생산성을 올릴 수 있는 것이지 단순히 개인의 뛰어난 능력이나 근면성만으로 그렇게 된 것은 아니다.

시장에 맡겨 두기만 하면 결국에는 모든 사람이 타당하고 공평한 임금을 받게 될 것이라는 널리 알려진 주장은 신화에 불과하다. 이 신화에서 벗어나 시장의 정치성과 개인 생산성의 집단적 성격을 이해해야만 더 공평한 사회를 건설할 수 있을 것이다. 즉 개인의 재능과 노력뿐 아니라 역사적 유산과 축적된 집단적 노력까지 적절히 고려해서 개인의 노동에 대한 보상이 행해지는 사회 말이다.

인터넷보다 세탁기가
세상을 더 많이 바꿨다

● 그들은 이렇게 말한다

최근 인터넷으로 대표되는 통신 기술 혁명은 세상이 돌아가는 방식을 근본적으로 바꿔 놓았다. 통신 기술 혁명은 물리적 '거리의 파괴'로 이어졌고, 그에 따라 '국경 없는 세계'가 출현하면서 국가의 경제적 이해관계나 정부의 역할에 대한 구태의연한 사고방식이 타당하지 않게 되었다. 지금 우리가 살고 있는 시대는 바로 이와 같은 기술 혁명에 의해 규정되고 있다. 따라서 국가나 기업, 그리고 개인도 그에 상응하는 속도로 변화하지 않으면 존망의 위기에 처할 수 있다. 이제 개인이나 기업 혹은 국가는 과거보다 훨씬 더 유연한 자세를 견지해야 하고, 그러기 위해서는 강력한 시장 자유화가 필요하다.

● 이런 말은 하지 않는다

변화를 인식할 때 우리는 가장 최근의 것을 가장 혁신적인 것으로 생각하는 경향이 있는데, 이는 사실과 다르다. 예를 들어 최근의 전자 통신 기술상의 발전은 상대적인 관점에서 볼 때 19세기 후반의 전보만큼 혁명적이라고 할 수 없다. 인터넷 혁명의 경제적, 사회적 영향은 최소한 지금까지는 세탁기를 비롯한 가전제품만큼 크지 않았다. 가전제품은 집안일에 들이는 노동 시간을 대폭 줄여 줌으로써 여성들의 노동 시장 진출을 촉진했고, 가사 노동자 같은 직업을 거의 사라지게 만들었다. 과거를 돌아볼 때 망원경을 거꾸로 들고 보아서는 안 된다. 옛것을 과소평가해서도 안 되고 새것을 과대평가해서도 안 되는 것이다. 그렇게 할 경우 국가의 경제 정책이나 기업의 정책은 물론이고 우리 자신의 직업과 관련해서도 여러 가지 잘못된 결정을 내리게 된다.

라틴 아메리카에서는
가정부가 없는 사람이 없다

어떤 미국인 친구가 해 준 이야기이다. 1970년대에 자기가 학교에 다닐 때 쓰던 스페인어 교과서에 "라틴 아메리카에는 가정부가 없는 사람이 없다."라는 예문이 있었다고 한다.

논리적으로 불가능한 문장이다. 그렇다면 라틴 아메리카에서는 가정부도 가정부를 데리고 산다는 말인가? 가정부도 가정부를 데리고 살 수 있도록 가정부들이 순번을 정해 서로 상대의 가정부가 되어 주는 제도가 있다면 몰라도 이건 있을 수 없는 일이다.

물론 그 교과서를 쓴 미국 사람이 왜 그런 예문을 생각해 내었는지는 짐작이 간다. 가난한 나라에서는 선진국에 비해 가정부를 데리고 있는 사람의 비율이 월등히 높다. 예를 들어 선진국에서라면 교사나 중소기업의 과장이 입주 가정부를 두고 산다는 것은 꿈도 꾸지 못할 일이다. 하지만 가난한 나라에서는 그 정도 사람이면 대부분 입주 가정부를 한둘은 데리고 산다. 정확한 통계를 구하기는 어렵지만 국제 노동기구(ILO)에 따르면 브라질에서는 노동자의 7~8퍼센트, 이집트에서는 노동자의 9퍼센트 정도가 가사 노동자로 고용되어 있는 것으로 추정된다. 그에 반해 독일에서는 가사 노동자의 비율이 전체 노동자의 0.7퍼센트, 미국에서는 0.6퍼센트, 영국과 웨일즈에서는 0.3퍼센트, 노르웨이에서는 0.05퍼센트, 스웨덴에서는 0.005퍼센트 정도에 불과하다.[1] 비율로만 따지면 브라질은 가사 노동자로 일하는 사람이 미국의 12~13배에 이르고, 이집트는 스웨덴의 1800배 이상인 셈이다. 그러니 미국 사람들이 라틴 아메리카에서는 '누구나' 가정부를 데리고 산다고 생각하고, 이집트를 방문한 스웨덴 사람들이 온 나라가 가정부로 뒤덮여 있다고 느끼지 않을 수 없다.

한 가지 흥미로운 사실은 지금의 선진국들 역시 과거에는 가사 노동자로 일하는 사람의 비율이 오늘날의 개발도상국과 거의 비슷했다는 점이다. 미국은 1870년만 해도 유급으로 고용된 사람의 8퍼센트 정도가 가사 노동자였다. 또 독일도 1890년대 이후 상당히 빠른 속도로 떨어졌다고는 하나 그때까지만 해도 그 비율이 8퍼센트 내외였다. 반면 지주 계급의 힘이 강해 다른 나라보다 하인 문화가 오랫동안 남아 있던 영국과 웨일즈에서는 그 비율이 훨씬 더 높았다. 1850년부터 1920년까지 해마다 어느 정도 증감이 있기는 하나 전체 노동자의 10~14퍼센트가 가사 노동자로 일하고 있었던 것이다. 실제로 추리 소설의 여왕 애거사 크리스티가 1930년대 이전에 쓴 작품들을 보면, 문이 잠긴 서재에서 살해당한 언론 재벌은 말할 것도 없고, 돈에 쪼들리는 중산층 노처녀마저 다만 한 명이라도 하녀를 두고 있는 것으로 나온다.

　선진국에서 이렇듯 가사 노동자로 일하는 사람의 비율이 현격히 낮은 주된 이유는 노동력이 상대적으로 더 비싸기 때문이다. 물론 예나 지금이나 소득 수준이 비슷한 나라들 사이에도 문화적 차이가 있기 때문에 이것만이 유일한 이유라고 단언하기는 어렵지만 말이다. 하지만 경제가 발전하면 '사람'이 제공하는 서비스가 '물건'보다 상대적으로 더 비싸지게 마련이고, 그에 따라 선진국에서는 가사 노동자를 고용한다는 것이 극소수 부자들이나 누릴 수 있는 사치가 되고 말았다 (Thing 9 참조). 반면 개발도상국에서는 여전히 가사 노동자의 임금이 저렴한 탓에 소득 수준이 중하위권에 속하는 사람들도 가정부를 둘 수 있는 것이다.

세탁기의
등장

'물건 가격'에 비해 '사람 가격'이 상대적으로 훨씬 더 비싸졌다 해도 세탁기를 선두로 한 여러 가전제품이 나오지 않았더라면 지난 100여 년 사이에 부자 나라들에서 목격된 것처럼 가사 노동자의 비중이 그렇게 현저하게 떨어지는 일이 가능했을까? 빨래, 청소를 하고 불을 때는 사람을 고용하는 것이 상대적으로 아무리 비싸다 하더라도 이 일들을 기계가 대신하지 않았다면 사람을 쓰는 것 말고 다른 도리가 없었을 것이다. 그렇지 않으면 많은 시간을 들여 자신이 직접 그 일을 해야 하기 때문이다.

　세탁기는 가사 노동 시간을 어마어마하게 절약해 주었다. 데이터를 구하기는 쉽지 않으나 1940년대 중반 미국 농촌전력화사업청(Rural Electrification Authority)이 조사한 결과를 보면, 전기세탁기와 전기다리미가 도입된 이후 17킬로그램에 달하는 빨래를 세탁하는 시간이 4시간에서 41분으로 줄어들어 거의 6분의 1로 단축되었고, 이를 다리미질하는 데 드는 시간도 4시간 30분에서 1시간 45분이 되어 5분의 2로 줄어든 것으로 나타났다. 수도시설은 물을 긷는 데 들이는 시간을 필요 없게 만들었다.[2] (유엔개발프로그램UNDP에 따르면 아직도 일부 개발도상국에서는 물을 긷기 위해 여자들이 매일 2시간을 소비한다고 하니, 수도가 절약해 준 시간은 엄청나다.) 진공청소기는 빗자루질과 걸레질을 해야 했던 옛날에 비해 시간은 훨씬 적게 쓰고도 집안을 몇 배나 청결하게 만드는 데 이바지했고, 가스(혹은 전기)레인지와 중앙 난방 시스템은 난방과 조리에 필요한 땔감을 구하여 불을 피우고 그 불이 꺼지지 않도록 하며 사용 후 청소하는 데 필요한 시간들을 엄청나게 줄여 주었다. 그것만이 아니다. 과거 미국 농림부에 근무했던 루비노(I. M. Rubinow)는 1906년 『정치경제 저널(The Journal of Political Economy)』이라는 학술지에 발표한 논문에서 앞으로 이 물건을 발명하는 사람이야말로 '인류의 진정한 은인'이 될 것이라 한 적이 있다. 그가 말한 물건은 바로 오늘날 선진국에서 많은 사람들이 쓰고 있는 식기세척기이다.

전기, 수도, 가스와 더불어 가전제품의 등장으로 가사 노동 부담이 줄어들면서 여성들의 삶이 완전히 변모했고, 그로 인해 남성들의 삶도 크게 달라졌다. 가전제품은 훨씬 많은 여성들이 노동 시장에 참여할 수 있게 만들었다. 미국의 경우 1890년대 말까지만 해도 한창 일할 나이인 35~44세의 백인 기혼 여성 중에서 집 밖에서 일하는 여성의 비율은 불과 몇 퍼센트 되지 않았다. 그러나 오늘날에는 그 비율이 거의 80퍼센트에 이를 정도로 높아졌다.[3] 가사 노동자의 숫자가 크게 줄어들면서 여성의 고용 구조 역시 극적으로 달라졌다. 일례로 1870년대만 해도 미국에서는 취업 여성의 절반 정도가 가정부나 웨이트리스였다. 하지만 당시 아직 외식 산업이 크게 발달하지 않았던 현실을 감안할 때 실제로 이들의 대부분은 가정부로 고용되어 있었다고 보아야 한다.[4] 여성들의 노동 시장 참여가 늘면서 가정과 사회에서 여성들의 지위도 확실히 높아졌다. 그 결과 남아 선호 사상이 약해지면서 여성에 대한 교육 투자가 늘어났고, 이것이 다시 여성들의 노동 시장 참여를 촉진시켰다. 더욱이 자녀 양육을 위해 직장을 포기하고 주부로만 지내는 여성의 경우에도 가정 내에서 지위가 올라갔다. 자신이 원하기만 하면 남편 곁을 떠나 혼자 힘으로 살아갈 수 있다는 위협이 설득력을 갖게 되었기 때문이다. 반면 여성들이 경제 활동에 나설 수 있는 기회가 늘어나면서 자녀 양육에 따르는 기회비용이 높아졌고, 그에 따라 자녀 수가 줄어들었다. 이런 모든 것이 전통적인 가족 내의 역학관계를 바꾸었다. 세상에 엄청난 변화가 일어난 것이다.

물론 이 모든 변화가 단지 가사 관련 기술에서 비롯되었다고 말하는 것은 아니다. 피임약을 비롯한 피임술의 발달로 출산 시기와 빈도를 조절할 수 있게 된 것도 여성들이 교육과 노동 시장에 참여하는 데 지대한 영향을 미쳤다. 또 기술 외적인 요인도 있다. 예를 들어 가난한 여성들은 늘 일해 왔으니 논외로 친다고 해도 중산층 여성들의 경제 활동 참여가 사회 관습상 용인되는지에 따라 기술력이 비슷한 나라들 사이에서도 여성들의 노동 시장 참여율이나 고용 구조가 크게 달라질 수 있다. 세금 제도가 임금 노동과 자녀 양육 중 어떤 것에 더 유리한지, 또 탁아 시설은 얼마나 잘 되어 있는지 등도 영향을 미친다. 하지만 이런 모든 사실을 감안해도 세탁기와 더불어 가사 노동을 줄이는 여타의 설비와 가전제품이 나오지 않았더라면 사회나 가정에서 여성의 역할은 지금처럼 극적일 정도로 변하지는 못했을 것이다.

인터넷,
세탁기에게 지다

세탁기가 가져온 이런 변화들과 많은 사람들이 세상을 완전히 바꾸어 놓았다고 생각하는 인터넷이 현재까지 이루어 놓은 변화들을 비교해 보자. 물론 인터넷이 우리가 여가를 보내는 방식을 완전히 바꾸어 놓았다는 데에는 반론의 여지가 없다. 웹서핑을 하고, 페이스북을 통해 친구들과 채팅을 하며, 스카이프로 대화를 나누고, 5000마일이나 떨어진 누군가와 전자 게임을 즐길 수 있는 것은 모두 인터넷 덕이다. 또 인터넷을 이용하여 보험, 휴가, 음식점에 관한 정보는 물론이고 채소나 샴푸 가격까지 찾아보는 것도 무척 쉬워졌다.

하지만 인터넷이 생산 분야에서도 그렇게 혁명적인 영향력을 발휘했는지는 아직 분명하지 않다. 일부 사람들의 경우에는 인터넷으로 인해 일하는 방식이 완전히 달라진 것이 사실이다. 나도 그 중의 하나이다. 콜로라도 덴버에서 교편을 잡고 있는 아일린 그레이블(Ilene Grabel) 교수와 공동 집필을 한 적이 있는데, 같이 책 한 권을 다 쓰는 동안 한 번 직접 만나고 한두 번 정도 전화를 한 것 외에 나머지 작업은 모두 인터넷을 통해 진행했다.[5] 그러나 대부분의 사람들에게는 인터넷이 생산성에 그다지 대단한 영향력을 발휘하지 못했다. 인터넷이 생산성 전반에 미치는 영향을 확인하기 위한 연구는 활발히 진행되었으나, 노벨 경제학상 수상자 로버트 솔로(Robert Solow)가 말한 바와 같이 "말만 떠들썩하고 정작 구체적인 증거는 없다."

이런 식의 비교가 공정하지 못하다고 생각하는 사람들이 있을지 모르겠다. 가전제품이 등장한 것은 최소한 수십 년이 지났고, 경우에 따라서는 100년 전으로 거슬러 올라가는 반면, 인터넷이 등장한 것은 고작 20년 정도에 불과하니 말이다. 일면 옳은 지적이다. 저명한 과학사학자 데이비드 에저튼(David Edgerton)이 『과거의 충격―1900년 이후의 기술과 세계 역사(*The Shock of the Old-Technology and Global History Since 1900*)』라는 책에서 이야기하듯이, 새로운 기술은 흔히 개발되고 나서 수십 년이 지나야 최대한으로 사용되고, 영향력도 그때가 가장 커진다. 하지만 즉각적인 영향만을 놓고 보더라도 인터넷이 많은 사람들이 생각하듯이 과연 그렇게 혁명적인 기술인지 나로서는 회의적이다.

인터넷,
전보에게도 지다

1866년에 대서양을 잇는 전보 서비스가 개통되기 직전까지만 해도 대서양을 건너 소식을 전하는 데에는 3주 정도 걸렸다. 돛단배를 타고 바다를 건너야 했기 때문이다. 증기선을 이용하여 속달로 보낸다고 해도 2주는 걸렸다. (8~9일에 간 적도 있지만 이는 세계 기록이다.)

하지만 전신 서비스가 보급되면서 300단어짜리 편지라면 소식을 전하는 데 7~8분이면 될 정도로 시간이 대폭 단축되었다. 심지어 더 빠른 적도 있다. 가령 1861년 12월 4일자 『뉴욕 타임스』 기사에 따르면, 7578단어로 이루어진 에이브러햄 링컨 대통령의 연두교서는 92분 만에 미국 전역으로 전송되었다고 한다. 분당 82단어의 속도로 전해진 셈이니 300단어짜리 메시지를 전하는 데에는 채 4분이 걸리지 않았다는 계산이 나온다. 하지만 이는 최고 기록이고 평균 속도는 분당 40단어였다. 따라서 300단어짜리 메시지를 전하는 데에는 대략 7~8분이 걸렸다고 보아야 한다. 전보의 발명으로 인해 대서양을 건너 소식을 전하는 데에 필요한 시간이 2주일에서 7~8분으로 줄었으니 2500배가 넘게 빨라진 셈이다.

반면에 인터넷은 300단어짜리 메시지를 전하는 데에는 2초 정도가 걸린다. 팩스로 전송할 때 10초 정도가 필요한 것과 비교하면 겨우 5배 단축시킨 것이다. 물론 길이가 긴 메시지의 경우에는 전송 속도가 더 많이 단축된다. 예를 들어 3만 단어짜리 문서를 팩스로 전송할 경우에는 16분(1000초) 이상 걸리지만, 인터넷으로 전송하는 데에는 파일 업로드에 필요한 시간을 고려해도 10초 정도면 보낼 수 있다. 따라서 전송 속도가 팩스에 비해 100배 정도 빨라진 셈이라 할 수 있다. 하지만 이를 전신 서비스가 이룩했던 2500배 단축 기록과 비교해 보라.

물론 인터넷에는 다른 혁명적인 특징도 있다. 사진을 빠른 속도로 보내는 것 같은 일은 인터넷 아니면 못 하는 일이고, 전보와는 달리 우체국 외의 다른 곳에서도 접속이 가능하다. 무엇보다도 인터넷을 통하면 원하는 정보를 다양한 자료에서 검색할 수 있다. 그러나 순전히 속도의 혁명이라는 점만 놓고 보자면 인터넷은 그 보잘것없는 (그나마 무선도 아니라 유선) 전보에도 상대가 안 되는 것이다.

우리는 단지 지금 이 순간 우리에게 영향을 미치고 있다는 이유만으로 인터넷의 영향력을 지나치게 과대평가하고 있다. 우리만 그러는 것은 아니다. 인간은 본래 가장 최신의 기술이자 가장 눈에 띄는 기술에 현혹되는 경향이 있다. 조지 오웰(George Orwell)은 이미 1944년에 '물리적 거리'가 파괴되고 국경이 사라지게 될 것이라고 흥분하는 사람들을 비판한 바 있다. 당시 사람들로 하여금 그렇게 호들갑을 떨게 만든 기술은 다름 아닌 비행기와 라디오였다.

변화를 큰 그림 안에서 이해하기

사람들이 전신 서비스나 세탁기보다 인터넷이 더 중요하게 영향을 미친 것으로 잘못 생각한다고 해서 그게 어쨌다는 말인가? 사람들이 가장 최근에 일어난 변화에 영향을 더 많이 받는다고 해서 뭐가 문제라는 말인가?

이런 왜곡된 시각이 단지 개개인의 견해에 그친다면 별 문제가 아닐 수 있다. 그러나 그로 말미암아 귀중한 자원이 잘못 쓰이기 때문에 문제가 되는 것이다.

일부 선진국들, 특히 미국과 영국에서는 인터넷으로 대표되는 정보 통신 기술 혁명에 마음이 팔려 이제는 '구닥다리' 제조업은 필요 없고 아이디어만 있으면 된다는 잘못된 생각을 했다. 그에 따라 많은 나라들이 '탈산업화 사회'의 시대가 왔다고 철석같이 믿고 제조업을 홀대하여 자국 경제를 약화시켰다(Thing 9 참조).

더 걱정스러운 일은 선진국 사람들이 인터넷에 매료되면서 선진국과 개발도상국 사이의 정보 격차(digital divide)가 국제 문제화되고, 이에 따라 많은 기업이나 자선단체, 개인들이 개발도상국에 컴퓨터와 인터넷 설비를 갖추라고 많은 돈을 기부한다는 사실이다. 그러나 과연 정보 격차 해소가 개발도상국들이 가장 절실하게 필요로 하는 것일까? 개발도상국 아이들에게 노트북 컴퓨터를 한 대씩 마련해 주고, 시골 마을마다 인터넷 센터를 세워 주는 것이 도움은 될 터이다. 하지만 그보다는 우물을 파 주고, 전기를 넣어 주며, 세탁기를 구입할 수 있도록 자금을 지원하는 것이 비록 고리타분해 보일지는 모르나 실제로 개발도상국 국민들의 생활을 개선하는 데에는 더 보탬이 되지 않을까? 우물이나 전기, 세탁기 같은 것이 반드시 컴퓨터나 인터넷보다 더 중요하다는 말은 아니다. 단지 많은 기부자들이 돈을 다른 용도로 사용할 경우 거둘 수 있는 혜택을 장기적 관점에서 비용과 비교해 가며 면밀하게 평가해 보지도 않은 채 그저 그럴싸해 보이는 프로그램에 돈을 주고 있다는 사실을 지적하고 싶을 뿐이다.

또 다른 예를 들어 보자. 새로운 것에 푹 빠진 사람들은 최근 통신 및 운송 기술상에서 이루어진 혁명적 변화 덕분에 일본의 비즈니스 구루 오마에 겐이치의 유명한 책 제목 그대로 우리는 이제 '국경 없는 세계'에 살고 있다고 믿게 되었다.[6] 그에 따라 최근 20년 사이에 많은 사람들이 현재 일어나는 모든 변화가 최근에 일어난 '세상을 바꾸는' 기술 진보의 산물이라고 생각하고, 따라서 이런 변화에 반대하는 것은 시계를 거꾸로 돌리는 짓이나 다름없는 것으로 간주하게 되었다. 각국 정부 역시 국경 없는 세계의 도래를 믿어 의심치 않았다. 국경을 넘어 흘러들어 오는 자본과 노동, 상품에 대해 반드시 가해야 할 규제마저 일부 철폐한 것도 그런 이유에서였다. 하지만 그 결과는 그다지 바람직하지 않았다(구체적인 예는 Thing 7, 8 참조). 지금까지 설명했듯이 최근의 기술 변화는 100년 전에 있었던 변화만큼 혁명적이라고 할 수 없다. 사실 100년 전의 세계는 1960년부터 1980년까지에 비해 통신과 운송 부문에서의 기술은 훨씬 뒤떨어졌으나 오히려 세계화는 월등히 진전된 상태였다. 1960년부터 1980년까지는 정부들, 특히 힘센 나라의 정부들이 자본, 노동, 상품이 국경을 넘어 들어오는 것에 엄격하게 규제를 가할 필요가 있다고 믿었기 때문이다. 이렇게 본다면 세계화의 정도(혹은 각국의 개방 정도)를 결정하는 것은 정치이지 기술이 아니다. 그러나 가장 최근의 기술 혁명에 사로잡혀 시각이 왜곡될 경우에는 이런 사실을 제대로 인식하지 못한 채 결국 잘못된 정책을 펴게 되는 것이다.

기술의 흐름을 이해하는 것은 개별 국가뿐 아니라 국제적으로 경제 정책을 올바르게 입안하는 데 대단히 중요하고, 개인 차원에서는 직업 선택 등을 제대로 하기 위해서도 중요하다. 그런데 최근의 것에만 사로잡혀 이제는 보편화된 것들을 저평가할 경우 과거의 사례에서도 볼 수 있듯이 여러 가지 잘못된 방향으로 나아갈 위험이 있다. 여기서는 바로 이런 사실을 보여 주고자 일부러 보잘것없는 세탁기와 인터넷을 맞붙여 보았다. 일견 도발적인 이 예를 통해 우리는 자본주의 경제하에서 기술력이 경제 발전이나 사회 발전에 미치는 영향은 흔히 생각하는 것보다 훨씬 더 복잡하다는 사실을 엿볼 수 있다.

Thing

05

최악을 예상하면
최악의 결과가 나온다

● 그들은 이렇게 말한다

애덤 스미스가 한 유명한 말이 있다. "우리가 저녁 식사를 제대로 할 수 있는 것은 정육점, 양조장, 빵집 주인들이 관대해서가 아니라 그들이 이익을 추구하는 사람들이기 때문이다." 시장은 오직 자기 자신 아니면 기껏해야 자기 가족만을 생각하는 이기적인 사람들의 에너지를 완벽하게 아울러서 사회적 조화를 만들어 내는 기능을 한다. 공산주의가 실패한 것은 이런 인간의 본성을 부정하고 모든 사람이 이타적 내지는 자기희생적으로 행동한다는 전제하에 경제 체제를 운영했기 때문이다. 지속될 수 있는 경제 체제를 만들기 위해서는 인간이 근본적으로 자기만 생각하는 존재라는 사실, 즉 사람들이 항상 최악의 행동을 할 것이라는 사실을 전제해야 한다.

● 이런 말은 하지 않는다

이기심은 대부분의 인간이 지닌 가장 강력한 본성 중의 하나이지만, 유일한 본성도 아니고 많은 경우 인간 행동의 가장 중요한 동기도 아니다. 사실 세상이 경제학 교과서에서 묘사하는 이기심 가득한 사람들로만 이루어져 있다면 아무것도 되는 일이 없을 것이다. 우리 모두 남을 속이고, 나를 속인 사람을 잡아내고, 잡은 사람을 벌주는 데 온 시간을 써야 할 테니 말이다. 세상이 지금처럼 돌아가는 이유는 인간이 자유 시장 경제학자들이 믿듯이 전적으로 이기적이기만 한 것은 아니기 때문이다. 우리가 추구해야 할 경제 제도는 사람들이 이기심을 지닌 존재라는 것을 인정은 하되 인간의 다른 본성들을 모두 활용하고 사람들이 최선의 행동을 할 수 있도록 격려하는 제도일 것이다. 결국 최악의 행동을 기대하면 최악의 행동밖에 나오지 않는 경우가 대부분이기 때문이다.

회사를 잘(못)
경영하는 법

1990년대 중반 무렵, 세계은행이 일본에서 개최한 '동아시아 경제 기적'이라는 주제의 회의에 참석한 적이 있다. 논쟁의 한편에는 정부 개입이 동아시아 경제 성장에 큰 몫을 했다는 주장을 펼치는 나 같은 사람들이 있었다. 정부가 시장의 물결을 거스르면서 자동차, 전자 등의 산업을 보호하고 보조를 해 준 것이 유효했다는 주장이었다. 반면 다른 쪽에는 정부 개입은 경제 성장과 전혀 관계가 없거나, 심한 경우 득보다 실이 많은 정책이었다고 주장하는 세계은행을 지지하는 사람들이 있었다. 이들은 또 설혹 이 지역의 경제가 정부 개입의 덕을 본 것이 사실이라 하더라도 동아시아 국가들이 사용한 정책을 다른 나라들에게도 추천할 수는 없다는 점이 더 중요하다고 주장했다. 그들에 따르면 모든 인간들과 마찬가지로 정책을 만드는 정부 관료들도 이기심으로 움직이는 개인에 불과하기 때문에 국가 이익보다는 자신의 권력과 위신을 확장하는 데 더 신경을 쓴다는 것이다. 동아시아에서 정부 개입이 성공을 거둔 유일한 이유는 이 나라들에는 역사적인 이유로 특별히 이기심이 없고 능력 있는 정부 관료들이 많기 때문이라는 것이 그들의 설명이었다. 심지어 정부가 능동적인 역할을 맡아야 한다고 주장하는 학자들까지도 일부는 이 점에 동의했다.

이 논쟁이 한참 진행되고 있는데, 청중석에서 점잖아 보이는 일본 신사 한 명이 손을 들었다. 당시 일본에서 네 번째로 큰 철강 업체였던 고베 철강의 중역이라고 자신을 소개한 그 신사는 그것이 정부 조직이냐, 민간 기업이냐를 떠나서 현대식 관료 체제 자체를 학자들이 이해하지 못하고 있다고 꾸짖었다.

"미안하지만 여러 경제학자분들께서는 실제 세상이 어떻게 돌아가는지 모르는 것 같습니다. 저는 금속 공학 박사 학위를 소지하고 있고, 고베 철강에서 지난 30년간 일한 덕에 철강 제조에 대해 제법 안다고 말씀드릴 수 있습니다. 그런 저도 회사 규모가 너무 크고 복잡하기 때문에 회사 일이 어떻게 돌아가는지 반 정도 이해하면 다행입니다. 회계나 마케팅 분야 출신의 다른 임원들은 거의 아무것도 모른다고 해야 하겠지요. 그럼에도 이사회에서는 직원들이 올린 사업 계획을 대부분 받아들입니다. 직원들이 회사를 위해서 일한다는 것을 믿기 때문이지요. 모든 사람이 자기 이익만을 추구한다고 가정하고 직원들의 동기를 사사건건 의심하기만 한다면 회사는 마비되고 말 겁니다. 이해하지도 못하는 사업 계획을 검토하려고 애만 쓰다가 말 테니까요.

고베 철강이든 정부든 간에 모든 사람이 자기 이익만을 위해 행동한다고 전제하면 대규모 관료 기구를 운영하는 것은 불가능합니다."

단지 일화에 불과한 이야기지만 인간의 여러 본성 중에서 우리가 고려해야 할 것은 이기심뿐이라는 가정에서 출발하는 주류 경제학 이론의 한계를 극명하게 보여 주는 예이다. 좀 더 자세히 이야기해 보자.

이기적인 정육점 주인과 탐욕스러운 빵집 주인

애덤 스미스가 정육점, 양조장, 빵집 주인에 관해 한 이야기에서 잘 나타났듯이 자유 시장 경제학은 모든 경제 주체가 이기적이라는 전제에서 출발한다. 그들은 탐욕, 이기심과 같은 인간의 가장 추악한 본성을 사회에 이롭고 생산적으로 바꾸는 것이 시장 시스템의 장점이라고 주장한다.

이기적인 본성 때문에 상점 주인들은 틈만 나면 바가지를 씌우려 들고, 노동자들은 일 안하고 농땡이 칠 기회만 노리며, 고용 사장들은 주주들에게 갈 이윤보다는 자신들의 월급과 특전을 늘리는 데 혈안이 될 것이다. 그러나 시장은 이런 행위를 완전히 없애지는 못하더라도 적어도 엄격하게 통제할 힘은 지니고 있다. 가까운 곳에 경쟁 상점이 있으면 상인은 바가지를 씌우지 못할 것이고, 자기 일자리를 다른 사람에게 빼앗길 수 있다는 사실을 아는 노동자는 게으름을 피우지 않을 터이다. 또 주식 시장이 활발한 환경에서는 고용 사장들도 주주들의 돈을 떼어먹지 못한다. 이윤을 조금 남기면 주가가 떨어지고, 그러면 인수 합병 등을 통해서 자신의 일자리 자체가 위협받기 때문이다.

이런 면에서 공직자, 즉 정치인들과 정부 관료들은 자유 시장 경제학자들의 논리가 쉽게 적용되지 않는 존재들이다. 시장 원리에 따르지 않아도 되는 이들이 사리사욕을 챙기기 시작하면 효과적으로 제어할 방법이 별로 없다. 정치인들은 서로 경쟁을 하지만 어쩌다 하는 선거의 제어 효과는 미미하다. 따라서 국가의 이익을 희생해서 자신의 부와 권력을 늘리는 정책을 추진할 여지가 많아진다. 사리사욕을 채울 수 있는 기회는 직업 관료들이 더 많다. 정치인들이 선거구민이 원하는 정책을 추진하려 해도 실질적으로 그 일을 수행하는 직업 관료들이 정치인들을 혼돈하게 만들어 자기 뜻대로 조정하는 것은 그리 어렵지 않다. (〈예, 장관님〉이라는 제목에서 시작해서 〈예, 총리님〉이라는 후속편으로 장관이 총리가 된 후까지를 그린 BBC 코미디에서는 직업 관료와 정치인 사이의 이런 관계가 재치 있게 묘사되어 있다.) 한 가지 더 고려할 점은 정치인들과 달리 직업 관료들은 평생 고용은 아니지만 고용 보장이 잘 되어 있기 때문에 일의 진행을 지연시켜 명령을 내리는 정치인이 바뀌기를 기다릴 수도 있다. 이것이 바로 앞에서 언급한 일본 회의에 참가한 세계은행 경제학자들이 한 주장의 핵심이다.

자유 시장 경제학자들은 이런 이유에서 정치인과 관료들이 경제에 영향을 줄 수 있는 범위를 최소화해야 한다고 주장한다. 이 관점에서 보면 탈규제와 민영화는 경제적 효율을 높일 수 있을 뿐 아니라 공직자들이 일반 대중을 희생해서 사리사욕을 채울 수 있는 기회를 최소화한다는 의미에서 정치적으로도 합리적인 길이다. 이른바 '신 공공 관리 학파(New Public Management School)'는 여기에 한술 더 떠서 정부의 운영 자체까지 시장의 힘에 맡겨야 한다고 주장하기도 한다. 공공 서비스를 더 많이 외주로 돌리고, 공공 분야와 민간 분야 간에 인적 교류를 확대해야 한다는 것이다.

우리가 천사는
아니지만…

모든 인간이 자기 이익만을 취한다는 전제를 논리의 기초로 삼고 있는 자유 시장 경제학에서 하는 이야기는 우리가 실제로 경험한 일들과도 많이 겹친다. 봉지 제일 밑에 썩은 사과를 끼워 넣는 양심 없는 과일 가게 주인이 되었든, 제품의 효능을 과대 광고하는 요구르트 제조사가 되었든 상인들에게 속아 보지 않은 사람은 거의 아무도 없다. 부패한 정치인과 복지부동의 공무원 이야기로 귀에 못이 박힐 지경이니 공직자들이 국민만을 위해 일한다는 말을 믿을 사람도 거의 없다. 나를 포함해서 사람들은 대부분 일을 하다 농땡이 친 적이 있고, 부하직원이나 비서들이 일을 열심히 하지 않아 화가 난 경험을 한 사람도 많을 것이다. 게다가 GE의 잭 웰치나 GM의 릭 왜고너같이 주주 자본주의의 선봉장(Thing 2 참조)인 사람들까지도 주주들에게 최대의 이윤을 돌려주기 위해 최선을 다한 것이 아니었다는 소식이 최근 대중매체를 통해 간간이 들려온다.

모두 맞는 말이다. 그러나 경제 활동을 하는 데 이기심만이 유일한 동기가 아니라는 것을 체계적으로 보여 주는 증거도 수없이 많다. 물론 이기심이 가장 중요한 동기일지는 모르나 유일한 동기라 할 수는 없다. 정직성, 자존심, 이타심, 사랑, 연민, 신앙심, 의무감, 의리, 충성심, 공중도덕, 애국심 등은 모두 우리의 행동을 결정짓는 중요한 요

소들이다.[1]

고베 철강의 예에서도 볼 수 있듯이 성공적인 기업들은 의심과 이기심보다는 신뢰와 충성심을 바탕으로 돌아간다. 이것이 '일개미의 나라' 일본에서만 볼 수 있는 특이한 예라고 생각한다면 서구에서 출판된 경영 지침서 혹은 성공한 기업가의 자서전 아무거나 한 권만 들춰 보라. 성공적인 경영자가 되기 위해서는 직원들이 농땡이를 부리고 속임수를 쓸 경우에 대비해 늘 의심의 눈초리를 거두지 말라고 충고하는 경영서가 한 권이라도 있는가? 아마 대부분의 책에서는 어떻게 하면 직원들과 공감대를 형성하고, 그들이 사물을 보는 시각을 바꾸고, 비전을 제시하고, 팀워크를 다질 수 있는지에 관해 많은 지면을 할애하고 있을 것이다. 좋은 경영자는 사람이 오로지 자기의 이익만을 추구하는 편협한 시각의 로봇이 아님을 안다. 그는 또 사람마다 좋은 면과 나쁜 면이 있는데, 좋은 경영의 비밀은 직원 개개인의 좋은 면을 최대한 살리고, 나쁜 면을 바꿔 나가는 데 있다는 것도 안다.

인간 행동 동기의 복잡성을 잘 보여 주는 또 하나의 좋은 예는 '규칙대로 일하기'*라는 합법적 파업 수단에서 찾아볼 수 있다. 이것은 노동자들이 일을 하는 데 적용되는 규칙들을 모두 철저히 준수해서 작업에 드는 시간을 늘리는 투쟁 방법이다. 이 말을 처음 듣는 사람은 어떻게 노동자들이 규칙을 준수하는 것이 고용주에게 피해가 되는지 의아할 터이다. 그러나 이탈리아식 파업, 혹은 백색 스트라이크(이탈

---

* work to rule. 한국에서는 '준법 투쟁'이라 부르기도 한다. 단체 행동이 금지된 공무원들이 민원인들이 기다리는데도 점심시간을 엄수한다든지, 택시 기사들이 모두 규정 속도를 절대 넘지 않고 운행을 한다든지, 생산 라인 노동자들이 모두 동시에 휴가를 낸다든지 하는 식으로 법을 어기지 않으면서 의사표현을 하는 방법이다.

리아 말로는 쇼페로 비앙코Sciopero Bianco)라고 부르기도 하는 이 방법은 생산량을 30~50퍼센트까지 떨어뜨린다. 이 현상은 고용 계약서, 즉 규칙에 고용인의 임무를 모두 명시하는 것이 불가능하기 때문에 고용인이 계약서에 쓰여 있지 않은 가외의 일도 해내고, 임무를 신속하게 해결하기 위해 주체적 결정도 내리고, 규칙이 너무 복잡할 경우 지름길도 알아서 택하리라는 것을 전제로 회사를 경영하는 탓에 벌어지는 일이다. 계약서에 명시되지 않은 것을 기대하는 것은 전적으로 고용인의 선의에 의존하는 일인데도 말이다. 고용인들이 평상시에 이렇게 이기적인 것과는 거리가 먼 행동을 하는 동기는 일에 대한 애정, 자기 기술에 대한 자부심, 자존심, 동료들과의 결속력, 경영진에 대한 신뢰, 애사심 등으로 다양하다. 그러나 여기서 가장 주목해야 할 것은 사람들이 자유 시장 경제학에서 주장하는 것처럼 완전히 이기적으로만 행동하면 기업들, 더 나아가서는 사회 전체가 제 기능을 할 수 없다는 점이다.

노동자들의 행동 동기에 내재된 이런 복잡한 특성을 깨닫지 못한 대량생산 시대 초기의 자본가들은 작업 속도와 강도를 조절할 여지를 노동자들에게 주지 않는 컨베이어 벨트를 도입하면 일을 게을리할 수 없기 때문에 생산성이 극대화될 것이라 생각했다. 그러나 자율성과 존엄성을 빼앗긴 노동자들은 얼마 가지 않아 스스로 생각하지 않고 수동적으로 일을 했고 심지어 비협조적인 태도를 보이기 시작했다. 그 결과 1930년대 기업과 노동자, 노동자와 노동자 사이의 원활한 의사소통을 강조하는 인간관계 학파(Human Relations School)의 등장을 필두로 인간 행동 동기의 복잡성을 강조하고 노동자들의 좋은 면을 극대화하는 방법에 초점을 맞추는 경영 관리 기법들이 많이 등장했다. 이 경영 기법을 완성시킨 것은 도요타 방식이라고도 알려진 일본식 생산 방식이다. 이 방식은 노동자들에게 책임을 부여하고 각 개인을 도덕적 주체로 신뢰함으로써 개인이 선의와 창의성을 발휘하도록 북돋운다. 노동자들에게 생산 라인 관리에 상당한 권한을 주는 것은 물론이고 생산 공정을 개선할 수 있는 아이디어를 내는 것 또한 장려한다. 이렇게 접근한 일본 기업들이 이루어 낸 생산성과 품질은 가히 전설적인 것이어서 이를 모방하는 타국 기업들도 많이 생겨났다. 일본 기업들은 고용인들에게서 최악의 행동을 기대하지 않음으로써 그들에게서 최선의 행동을 끌어내는 데 성공한 것이다.

도덕적 행위는
착시 현상에 불과하다?

주위를 돌아보고 조금만 생각을 해 봐도 세상은 자유 시장 경제학자들의 전제에 어긋나는 도덕적 행위들로 가득하다는 것을 알 수 있다. 이런 예들을 들이대면 그들은 대개 이를 착시 현상으로 치부해 버린다. 사람들이 도덕적으로 행동하는 것처럼 보일지는 모르지만 그것은 모두 눈에 보이지 않는 보상과 제재에 반응하는 것일 뿐이라는 주장이다.

이런 논리에 따르면 사람들은 이기적인 존재 이상이 될 수 없다. 어떤 개인이 도덕적으로 행동하는 것은 그 도덕적 가치를 믿어서가 아니라 자기에게 돌아올 보상을 극대화하고 제재를 최소화하기 위해서일 뿐이다. 법적으로 문제가 없고 경쟁자에게 고객을 뺏길 위험이 없는 상황에서도 상인이 손님에게 바가지를 씌우지 않는 것은 굳이 정직하고 싶어서가 아니라 정직하다는 소문이 나면 손님들이 더 올 것이라 기대하기 때문이다. 관광지에서 아무렇게나 행동하는 사람이 고향에 돌아가면 행동을 조심하는 이유도 집에 가면 갑자기 예의 바른 사람이 되어서가 아니라 거기서 행동을 잘못하면 자기를 알고 자기가 중요하게 생각하는 사람들로부터 흉을 잡히고 따돌림을 당할까 두려워서이다.

이런 논리에는 맞는 구석이 있다. 세상에는 바로 눈에 보이지 않는 미묘한 보상과 제재 장치가 있고, 사람들이 그런 것을 염두에 두고 행동하는 것도 사실이다. 그러나 이런 논리는 끝까지 밀고가면 결국 무너지고 만다.

보이지 않는 미묘한 보상과 제재가 없을 때에도 사람들은 대부분 정직하게 행동한다. 예를 들어 달리기를 아주 잘하는 사람들을 포함해 대부분의 사람들은 택시에서 내린 뒤 택시 요금을 떼어먹고 도망하지 않는다.[2] 택시 기사는 차를 길가에 오래 세워 둘 수 없기 때문에 우리가 도망간다 해도 끝까지 쫓아오지는 못할 것이다. 게다가 대도시에 살면 같은 택시 기사를 다시 만날 확률은 거의 제로에 가깝기 때문에 미래에 모종의 앙갚음을 당할 걱정도 별로 없다. 이런 걸 생각해 보면 택시 요금을 내지 않고 도망하는 사람이 드물다는 사실이 놀라울 정도이다. 예를 하나 더 들어 보자. 외국 여행을 하다 만난 자동차 정비공이나 노점상이 우리를 속이지 않는 이유는 무엇일까? 결국 그곳을 떠나고 나면 자기에 대해 좋은 소문을 내줄 가능성도 없는 여행객에게 바가지를 씌우지 않는, 이름을 기억하기조차 어려운 터키의 정비소나, 다음날이면 또 다른 곳에서 국수를 팔고 있을 캄보디아의 국수 행상 아주머니가 손님에게 바가지를 씌우지 않는 이유는 무엇일까?

그러나 더 중요한 것은 이기적인 개인만 존재하는 세상에서는 보이지 않는 보상과 제재라는 장치가 존재할 수 없다는 사실이다. 누군가의 행동에 대해 보상이나 제재를 하려면 그것을 행동에 옮기는 사람이 시간과 에너지를 들여야 하는데, 그 결과 사람들의 태도가 개선된 데 따른 혜택은 사회 구성원 모두에게 돌아가기 때문이다. 앞의 예로 다시 돌아가 보자. 요금을 내지 않고 도망간 승객을 쫓아가서 혼내 주려면 택시 기사는 불법 주차 벌금을 물거나, 최악의 경우 택시를 도난당할 위험까지 감수해야 한다. 다시 만날 일도 없는 승객의 행동에 제재를 가해 다시 만날 확률도 거의 없는 그 사람의 태도를 고쳤다고 한들 자기에게 돌아오는 혜택은 무엇인가? 터키 정비소에 대해 좋은 소문을 내주려면 시간과 에너지를 들여야 하는데 그곳에 다시 갈 계획도 전혀 없는 마당에 굳이 그런 수고를 할 필요가 있겠는가? 따라서 이기적인 개인이라면 양심 없는 승객을 혼내 주거나, 외진 곳에서 정직하게 영업하는 정비소를 칭찬하는 일에 시간과 노력을 낭비하는 대신 누군가 바보 같은 사람이 나와 그런 일을 대신해 줄 때까지 기다릴 것이다. 그러나 모든 사람이 똑같이 이기적인 존재라면 아무도 그런 일을 하지 않을 테고, 결국 아무도 다른 사람의 행동에 대해 보상이나 제재를 하려 들지 않게 된다는 결론이 나온다. 다시 말해서 자유 시장 경제학자들이 도덕적 행위가 착시 현상에 불과하다는 주장의 근거로 사용하는 보이지 않는 보상과 제재 장치는 그들이 생각하는 것과는 반대로 우리가 이기적이고 무도덕한 존재가 아니기 때문에 가능한 것이다.

도덕성은 착시 현상이 아니다. 고객을 속이지 않는 상인, 아무도 보지 않는데도 열심히 일하는 노동자, 쥐꼬리 월급에도 불구하고 뇌물을 받지 않는 공무원 등 사람들이 이기적이지 않은 행동을 하는 것은 대부분 그렇게 하는 것이 옳다고 믿기 때문이다. 보이지 않는 보상과 제재 장치도 중요하다. 그러나 그것으로는 우리가 하는 이기적이지 않은 행동의 많은 부분을 설명할 수가 없다. 그 장치의 존재 자체가 우리가 전적으로 이기적이지만은 않다는 것을 증명하고 있음에야 무슨 다른 설명이 필요하랴. "사회 공동체라는 것은 없다. 오직 남자, 여자라는 개인, 그리고 가족 단위만 존재할 뿐이다."라는 대처 여사의 주장과는 달리 인간은 사회라는 울타리 없이 고립된 이기적 존재로 살아 온 적이 없다. 우리 모두는 도덕적 규범이 형성되어 있는 사회 안에서 태어나 그 규범들을 내 것으로 만드는 사회화 과정을 거치면서 성장한다.

이렇게 이야기한다고 해서 자기 이익을 추구하는 것이 가장 중요한 인간의 행동 동기 중의 하나라는 사실을 부정하는 것은 물론 아니다. 그러나 모든 사람이 늘 자기 이익만을 쫓는다면 상거래에 속임수가 만연하고, 생산 라인이 너무 느려지는 등 세상은 제대로 돌아가지 못했을 것이다. 더 중요한 사실은 이런 전제를 기반으로 경제 구조를 설계하면 효율성이 높아지는 것이 아니라 도리어 더 떨어진다는 점이다. 그런 사회에 사는 사람들은 자신이 도덕적 주체로 신뢰받지 못한다고 느끼게 되고, 결과적으로 도덕적 행동을 하려 들지 않을 것이다. 그렇게 되면 사람들을 감시, 판단, 제재하는 데 엄청난 자원을 들여야 하는 상황이 벌어진다. 사람들이 최악의 행동을 할 것이라 예상하면 결국 최악의 행동을 하게 될 것이다.

06

거시 경제의 안정은 세계 경제의
안정으로 이어지지 않았다

● 그들은 이렇게 말한다

1970년대까지만 해도 인플레이션은 경제 부문 공공의 적 1호였다. 많은 나라가 재앙에 가까운 하이퍼인플레이션으로 고통을 겪었다. 인플레이션이 '하이퍼'라고 부를 정도까지 치솟지 않은 나라에서도 물가상승률이 높고 변동이 심하면 경제가 불안정해져 투자가 부진해지고 결과적으로 성장이 둔화되었다. 다행히도 1990년대 이후 세상은 인플레이션이라는 괴물을 길들이는 데 성공했다. 정부 예산 적자를 더 엄격히 다스리고, 중앙은행을 독립시켜 인플레이션 억제에 전념할 수 있도록 한 나라들이 많아지면서 가능해진 일이다. 경제 안정이 장기 투자와 경제 성장에 필수적이라는 점을 감안하면 인플레이션이라는 맹수를 길들인 것은 장기 번영의 초석을 놓은 것이라 할 수 있다.

● 이런 말은 하지 않는다

인플레이션을 길들였는지는 모르지만 세계 경제는 상당히 더 불안정해졌다. 지난 30년 사이에 물가 변동을 잡았다는 사실에 지나치게 흥분해서 우리는 같은 기간 동안 전 세계 여러 나라가 겪어 온 극도로 불안정한 경제 상황을 못 본 척했다. 그 사이 수많은 금융 위기가 발생했다. 과도한 개인 채무, 파산, 실업 등으로 많은 사람의 삶을 파괴했던 2008년 금융 위기도 그 한 예이다. 인플레이션에만 지나치게 집착하면서 우리는 완전 고용이나 경제 성장 같은 중요한 문제에 충분히 신경 쓰지 못했다. '노동 시장 유연성'이라는 미명 아래 고용이 불안정해지면서 수많은 사람들의 삶이 불안해졌다. 물가 안정이 성장의 전제 조건이라고들 주장하지만, 1990년대 이후 인플레이션에 고삐를 매었음에도 성장률은 미미했다. 바로 인플레이션을 억제하기 위한 정책들이 성장을 둔화시켰기 때문이다.

돈이 있는 곳이 바로 거기니까
정말 그럴까?

1923년 1월 프랑스와 벨기에 군은 석탄과 철강 산지로 알려진 독일 루르 지방을 점령했다. 독일이 1차 대전을 종결지으면서 합의한 베르사유 조약에 따른 부채 상환을 1922년 한 해 동안 하지 못했기 때문이다.

하지만 프랑스와 벨기에가 정말 돈을 원했다면 석탄 광산이나 제철 공장보다는 은행을 점령했어야 옳지 않을까? 미국의 유명한 은행 강도 윌리 서튼이 왜 은행을 털었냐는 질문에 "돈이 있는 곳이 바로 거기니까."라고 대답했다는 일화처럼 돈은 은행에 있는 것 아닌가? 그렇다면 왜 두 나라는 은행으로 가지 않았을까? 바로 독일의 인플레이션을 우려했기 때문이다.

1922년 여름 이후, 독일의 인플레이션은 통제 불능 상태로 치닫고 있었다. 1922년 하반기 6개월 사이에 생활비 지수가 16배나 오를 정도였다. 물론 프랑스와 벨기에의 무리한 배상금 요구도 하이퍼인플레이션을 초래한 주된 요소 중의 하나였지만, 일단 이런 현상이 시작되자 두 나라는 어디까지 가치가 떨어질지 모르는 쓸모없는 종이쪼가리보다는 석탄과 철강 같은 실물 배상금을 확보하는 것이 낫다는 판단을 하고 루르 지역을 점령한 것이다.

옳은 판단이었다. 두 나라가 루르 지역을 점령한 후 물가는 정말로 통제 불능이 되어 1923년 11월 새로운 화폐 렌텐마르크가 도입되기까지 100억 배가 뛰었으니까. (오타가 아니다. 100배나 100만 배가 아니라 100억 배가 맞다.)

독일의 이 하이퍼인플레이션 경험은 독일과 세계 역사 발전에 크고 깊은 상흔을 남겼다. 일부에서는 이 하이퍼인플레이션 때문에 바이마르 공화국의 자유주의 체제에 대해 불신이 생겼고 결국 그것이 나치 세력의 등장을 불러왔다고 주장하는데, 상당히 설득력 있는 이야기이다. 이 해석을 받아들이면 1920년대 독일의 하이퍼인플레이션이 2차 세계 대전을 부른 주요 원인 중의 하나였다고 암묵적으로나마 인정하는 것이다. 이때의 아픈 상처를 잊지 못했는지 2차 대전 후 설립된 서독 중앙은행 분데스방크는 통화 팽창 정책을 지나치게 피한다는 평판을 얻었다. 유럽 단일 통화 유로가 채택되어 각국 중앙은행의 역할이 사실상 유명무실해진 후에도 유럽중앙은행(ECB)은 분데스방크의 영향을 받아 높은 실업률이 떨어질 기미를 보이지 않는 상황에서도 긴축 통화 정책을 고수했다. 이런 행태는 2008년 세상을 휩쓴 금융 위기로 말미암아 전 세계 거의 모든 중앙은행이 전례 없는 통화 완화 정책을 감행하기 전까지 계속되었다. 이렇게 보면 독일의 하이퍼인플레이션은 거의 1세기에 가까운 세월 동안 독일뿐 아니라 다른 유럽 국가들, 나아가서는 전 세계 역사에 영향을 끼쳤다고 할 수 있다.

인플레이션은
얼마나 나쁜 것일까?

하이퍼인플레이션을 경험한 나라는 독일만이 아니다. 아르헨티나는 금융계에서 현대 하이퍼인플레이션의 대표주자로 통한다. 그러나 아르헨티나의 인플레이션은 최악일 때에도 2만 퍼센트밖에 되지 않았다. 독일보다 더한 인플레이션은 2차 대전 이후 헝가리와 로버트 무가베 대통령 독재 정권 말기인 2008년 짐바브웨에서 일어났다. (무가베 대통령은 현재 전 야당과 공동 집권 중이다.)

하이퍼인플레이션은 시장 가격을 의미 없는 소음에 불과한 것으로 만들어 버림으로써 자본주의를 기초부터 뒤흔든다. 헝가리의 인플레이션이 정점에 달했던 1946년 물가는 매 15시간마다 두 배로 뛰었고, 1923년 독일에서는 물가가 두 배로 뛰는 데 4일이 걸렸다. 이 책 전반에 걸쳐 가격 신호가 절대적 기준이 될 수는 없다고 이야기하지만 이렇게 물가가 치솟는 상황에서는 정상적인 경제 활동이 불가능해진다. 게다가 아돌프 히틀러나 로버트 무가베의 사례에서도 볼 수 있듯이 하이퍼인플레이션은 정치적 재난의 원인이 되기도 하고 결과가 되기도 한다. 왜 사람들이 그토록 하이퍼인플레이션을 피하기 위해 몸부림치는지 이해할 만도 하다.

그러나 인플레이션이라고 모두가 하이퍼인플레이션이 되는 건 아니다. 물론 어떤 인플레이션이라도 그냥 두면 하이퍼인플레이션으로 변할 것이라고 두려워하는 사람들도 있다. 2000년대 초, 일본 중앙은행의 하야미 마사루 총재가 하이퍼인플레이션을 우려해서 통화 공급을 늘리기 거부한 유명한 사례가 있다. 당시 일본은 물가가 하락하는 디플레이션을 겪고 있었는데도 말이다. 그러나 제때 손을 쓰지 않으면 인플레이션이 하이퍼인플레이션으로 변하는 것을 피할 수 없다는 증거는 어디에도 없다. 하이퍼인플레이션 현상이 바람직하다고, 아니 받아들일 수 있는 것이라고 생각하는 사람은 아무도 없겠지만 모든 인플레이션이 그 비율과 상관없이 나쁘다는 생각은 의문의 여지가 많다.

1980년대 이후 자유 시장 경제학자들은 0퍼센트를 지향하는 극도로 낮은 인플레이션을 경제 안정의 바로미터로 정의하고 무슨 수를 써서라도 이 상태를 유지해야 한다고 전 세계를 설득하는 데 성공했다. 인플레이션은 경제에 나쁘기 때문이라는 것이다. 전 MIT 교수이자 1994년부터 2001년 사이 IMF 수석 이코노미스트를 지낸 스탠리 피셔가 권고한 대로 '권장 물가상승률'은 1~3퍼센트이다.[1]

그러나 적당히 낮은 수준의 인플레이션이 경제에 나쁘다는 증거는 전혀 없다. 시카고 대학이나 IMF에 적을 둔 자유 시장 경제학자들이 행한 연구에서도 인플레이션이 8~10퍼센트 이하일 경우 국가 경제 성장과 아무 상관관계가 없다는 결론을 내렸다.[2] 그 기준을 더 높게 잡아 20퍼센트, 심지어 40퍼센트라고 주장하는 연구 논문들도 있다.[3]

각 나라의 실제 사례를 살펴봐도 상당히 높은 인플레이션과 급격한 경제 성장이 공존할 수 있다는 것을 알 수 있다. 1960년대에서 1970

년대까지 브라질의 평균 인플레이션은 42퍼센트였지만 1인당 국민소득은 연평균 4.5퍼센트 증가를 기록해서 세계적으로 가장 빨리 성장하는 나라 중의 하나였다. 같은 기간 한국은 연평균 20퍼센트의 물가상승률에도 불구하고 1인당 국민소득이 7퍼센트씩 성장했다. 한국의 인플레이션은 당시 라틴 아메리카의 여러 나라들보다도 더 높은 것이었다.[4]

여기에 더해 과도한 인플레이션 억제 정책이 실은 경제에 해롭다는 증거도 있다. 브라질은 하이퍼인플레이션까지는 아니지만 상당히 높은 인플레이션을 경험한 후 1996년부터 실질 금리(명목 금리에서 물가상승률을 차감한 수치)를 세계 최고 수준인 연 10~12퍼센트로 높여서 인플레이션을 억제하는 정책을 채택하기 시작한 이후 물가상승률이 연간 7.1퍼센트로 떨어졌다. 그러나 이와 함께 경제도 둔화되어 성장률이 연간 1.3퍼센트까지 떨어지고 말았다. 남아프리카공화국도 비슷한 경험을 했다. 인플레이션 억제를 정책의 최우선 순위에 두고 금리를 브라질 수준으로 높인 1994년 이후 경제 성장률이 현저히 떨어진 것이다.

왜 이런 현상이 벌어지는 것일까? 그것은 인플레이션을 잡기 위한 정책이 도가 지나칠 경우 투자가 감소하고, 결과적으로 성장을 둔화시키기 때문이다. 인플레이션에 대해 극도로 적대적인 태도를 고수하는 자유 시장 경제학자들은 경제가 안정되면 저축과 투자가 늘어나고 이는 결국 경제 성장으로 이어진다고 주장한다. 낮은 인플레이션으로 규정되는 거시 경제의 안정이 동아시아 경제가 고도성장을 하게 된 주요 요인이었다는 주장을 뒷받침하기 위해(위에서 밝힌 통계 수치들을 볼 때 한국에는 이 논리가 전혀 해당되지 않지만) 세계은행은 1993년에 발표한 보고서에서 다음과 같이 말했다. "거시 경제의 안정은 장기 계획과 민간 투자를 활성화하고, 실질 금리와 금융 자산의 실질 가치를 높여 저축을 장려했다." 그러나 인플레이션을 2~3퍼센트 이하로 끌어내리기 위해 사용하는 정책들이 실제로는 투자를 저해하는 부작용을 낳았다.

실질 금리가 8, 10, 12퍼센트에 달하면 투자자들은 실물 투자를 꺼린다. 어디에 투자를 해도 7퍼센트 이상의 이윤을 내기 어렵기 때문이다.[5] 이런 상황에서 유일하게 이윤을 많이 낼 수 있는 방법은 고위험, 고수익의 금융 자산에 투자하는 것뿐이다. 금융 투자는 얼마 동안은 경제 성장을 촉진할 수 있지만 이런 식으로 창출된 성장은 오래 계속되지 못한다. 결국 실물 부문에 대한 장기 투자로 뒷받침되지 않는 금융 투자는 2008년 금융 위기에서 드러난 것처럼 사상누각이기 때문이다(Thing 22 참조).

자유 시장 경제학자들은 득보다 실이 많은 과도한 인플레이션 억제 정책을 추진하기 위해 하이퍼인플레이션에 대한 사람들의 공포감을 이용해 왔다. 여기까지만 들어도 화가 날 일이지만 이보다 더한 이야기가 아직 남았다. 인플레이션 억제 정책은 투자와 성장을 저해했을 뿐 아니라 원래 목표, 즉 경제 안정을 공고히 하는 것조차 실패했다.

안정이라는
착각

1980년대 이후, 특히 1990년대에 들어선 이후 많은 나라에서 인플레이션을 잡는 것을 최우선 과제로 삼았다. 각 나라는 정부 지출을 줄여

서 재정 적자로 말미암아 인플레이션이 촉발되지 않도록 하고, 중앙
은행을 정치적으로 독립시켜야 한다는 충고를 받았다. 정치적으로 독
립된 중앙은행은 필요하면 국민들이 반대를 하더라도 금리를 높은 수
준으로 인상할 수 있다. 이는 투표로 선출되는 정치인들은 할 수 없는
일이다.

시간이 좀 걸리기는 했지만 최근 들어 대다수 나라들이 인플레이션
이라는 이름의 맹수를 길들이는 데 성공했다. IMF 자료에 따르면
1970년대에서 1980년대와 비교할 때 1990년에서 2008년 사이에는
162개국 중 97개국의 평균 인플레이션이 감소한 것으로 나타났다.
인플레이션과의 투쟁에서 특히 큰 성공을 거둔 나라는 주로 부자 나
라들이었다.

OECD 국가들(부자 나라가 다 OECD 회원국은 아니지만 OECD 회원국의
대부분은 부자 나라이다)의 평균 인플레이션은 위 두 기간 사이에 7.9퍼
센트에서 2.7퍼센트로 떨어졌다. 세상은, 특히 부자 나라는 더 안정적
이 된 것이다. 그러나 그것이 과연 사실일까?

세상이 더 안정적이 되었다는 말은 사실 경제적 안정성을 측정하는
데 낮은 물가상승률을 유일한 척도로 사용했을 때에만 성립이 된다.
대부분의 사람들이 실생활에서 느끼는 것은 안정과는 거리가 있다.

자유 시장 경제학이 맹위를 떨치고 강력한 인플레이션 억제책이 채
택된 지난 30년 사이에 세상이 더 불안정해졌다고 느끼는 원인 중 하
나는 금융 위기가 더 자주, 그리고 더 심하게 발생했다는 사실이다.
IMF 수석 이코노미스트를 지내고 하버드에서 가르치고 있는 케네스
로고프 교수와 메릴랜드 대학의 카르멘 라인하트 교수의 연구 결과에
따르면, 2차 대전 종전 직후에서 1970년대 사이에 금융 위기를 겪은

나라는 거의 없었다. 이 기간은 인플레이션 측면에서만 보면 지금보다 경제적으로 훨씬 불안정한 시기였음에도 말이다. 많은 나라에서 인플레이션에 가속이 붙기 시작하던 1970년대 중반부터 1980년대 말 사이에 금융 위기를 겪은 나라의 비율은 세계 소득에서 차지하는 몫을 가중치로 적용했을 때 5~10퍼센트로 올라서 잠시 인플레이션 중심의 세계관을 정당화시켜 주는 듯했다. 그러나 1990년대 중반에 들어서면서 금융 위기를 겪은 나라의 비율은 20퍼센트로 치솟는다. 이때야말로 인플레이션이라는 맹수를 길들이고 신기루처럼 손에 넣기 힘들었던 경제적 안정이라는 목표를 달성한 시기인데도 말이다. 이 비율은 2000년대 중반에 잠시 0퍼센트로 떨어졌다가 2008년 글로벌 금융 위기를 기점으로 다시 35퍼센트가 되었다. (이 글을 쓰고 있는 2010년 초의 상황을 볼 때 이 수치는 더 올라갈 전망이다.)[6]

지난 30년 사이에 세상이 더 불안정해졌다는 느낌을 주는 또 하나의 원인은 이 기간에 고용이 크게 불안해졌기 때문이다. 개발도상국에서는 늘 고용 불안이 문제가 된다. 그러나 이들 국가에서는 등록이 되어 있지 않아 세금을 내지도 않고, 고용 안정법 등의 법을 지키지 않는 이른바 '비공식 부문'의 불안정한 일자리의 비율이 이 기간에 특히 많이 늘었다. 이는 섣부른 무역 자유화로 산업 분야의 안정된 '공식' 일자리가 많이 없어진 결과이다. 1980년대에는 선진국들 역시 고용 불안이 커졌다. 다른 무엇보다도 인플레이션 억제에 초점을 맞춘 긴축 정책 때문에 (1950년대~1970년대에 비해) 늘어난 실업이 그 주요 원인이었다. 1990년대 이후 실업률은 감소했지만 1980년대 이전과 비교하면 고용 불안은 더 심화되었다.

원인은 여러 가지이다. 첫째, 일부에서 생각하는 것처럼 엄청난 규모는 아니지만 대부분의 선진국에서 단기 고용의 비중이 높아졌다. 둘째, 해고되지 않은 사람들이 같은 직장에 근무하는 기간은 1980년 대 이전 노동자들과 비슷할지 모르지만, 적어도 미국을 비롯한 일부 나라에서는 비자발적 고용 종료, 다시 말해서 노동자가 원하지 않는 데도 직장에서 떠나야 하는 비율이 늘었다. 셋째, 특히 미국과 영국에 서는 1980년대까지는 상당히 안정적이었던 관리, 사무, 전문직 일자 리들이 1990년대 이후 불안해졌다. 넷째, 고용 자체의 안전성은 유지 된다 해도 일의 성격과 강도에서 더 빈번하고 심한 변화를 겪게 되었 고, 이 변화는 대부분 노동자에게 바람직하지 않은 방향으로 일어났 다. 예를 들어 유명한 퀘이커 교도 사업가이자 자선 운동가의 이름을 따서 설립된 영국 사회 개혁 자선 단체 조지프 라운트리 재단이 1999 년 발표한 보고서에 따르면, 영국에서 지난 5년 사이에 일의 속도나 강도가 증가했다고 답한 노동자가 전체 노동자의 3분의 2에 가까웠 다. 마지막으로, 다는 아니지만 많은 부자 나라들이 1980년대 이후 복지 예산을 삭감했기 때문에 실직할 확률이 객관적으로는 높아지지 않았더라도 사람들이 느끼는 불안감은 더 심해졌다.

문제는 물가 안정이 경제 안정도를 측정하는 여러 지표 중 하나에 불과하다는 것이다. 사실 물가 안정은 대부분의 사람들이 가장 중요 하다고 생각하는 경제 안정의 지표도 아니다. 사람들의 삶을 흔드는 가장 큰 사건은 일자리를 잃거나, 하는 일의 성격이 완전히 달라지는 것, 혹은 금융 위기가 몰아닥쳐 집을 압류당하는 것들이다. 하이퍼인 플레이션이 일어나지 않는 이상 물가가 오르는 것은 위 사건들에 비 하면 아무것도 아니다. 가슴에 손을 얹고 솔직히 말해 보자. 물가상승 률이 2퍼센트일 때와 4퍼센트일 때의 차이를 느낀다고 말할 수 있는 사람이 몇이나 되겠는가. 바로 이런 이유들 때문에 인플레이션을 길들였음에도 불구하고 반(反)인플레이션 투사들이 예고했던 안정감이 느껴지지 않는 것이다.

물가 안정(즉 낮은 인플레이션)과 잦은 금융 위기, 고용 불안 증대 등 물가로 표시되지 않는 경제 불안 요소들이 공존하는 것은 우연이 아니다. 이 현상들은 모두 동일한 자유 시장 정책의 산물이기 때문이다.

앞서 언급한 연구에서 로고프와 라인하트는 금융 위기를 겪는 나라의 비율과 자유로운 국제적 자본 이동의 허용 정도 사이에 밀접한 관련이 있다고 말한다. 국경에 구애받지 않고 자본을 자유롭게 이동시킬 수 있으면 자본의 이용 효율이 높아진다고 믿는 자유 시장 경제학자들은 자본의 자유로운 국제적 이동을 또 하나의 중요한 목표로 삼는다(Thing 22 참조). 이에 따라 자유 시장주의자들은 (최근 들어 개발도상국들에게는 조금 더 유연한 자세를 취하기 시작했지만) 모든 나라에게 자본 시장을 개방하라는 압력을 꾸준히 가해 왔다.

고용 불안이 커지게 된 것도 마찬가지로 자유 시장 정책의 직접적 결과이다. 1980년대 선진국들의 높은 실업률로 나타난 고용 불안 현상은 인플레이션을 잡기 위해 긴축적 거시 경제 정책을 추진한 결과였다. 1990년대부터 금융 위기가 터진 2008년 사이, 실업률은 줄었지만 비자발적 고용 종료 위험과 단기 고용 비율이 높아지는 한편, 일의 성격이 수시로 변했고 일의 강도가 높아진 경우가 많았다. 모두 노동 시장의 유연성을 높여서 경제의 효율성을 증대시키겠다는 의도로 노동 시장에 대한 규제를 변화시켰기 때문에 벌어진 일이다.

신자유주의 정책 패키지로도 알려진 자유 시장 정책 패키지의 일련의 정책들은 낮은 인플레이션, 자유로운 자본 이동, 그리고 (노동 시장 유연성이라는 미사여구로 표현되는) 높은 고용 불안정성 등을 중시한다. 기본적으로 금융 자산 보유자의 이익을 보호하기 위해 이 정책들이 입안된 것이다. 인플레이션을 억제해야 한다고 강조하는 것은 금융 자산의 수익은 대부분 명목상 고정되어 있어 물가가 오르면 상대적으로 수익이 줄어들기 때문이다.

금융 자산은 물적, 인적 자산보다 더 신속하게 이동시킬 수 있는 성질 덕분에 다른 자산에 비해 더 높은 이윤을 낼 수 있다. 금융 자산은 바로 이런 장점을 극대화하기 위해 자본 이동의 중요성을 강조하는 것이다(Thing 22 참조).

한편 노동 시장의 유연성을 높여야 한다고 주장하는 이유는 금융 투자자들의 입장에서 볼 때 노동자들의 고용, 해고 절차를 쉽게 하면 기업들의 구조 조정이 더 쉬워져서 당장 보기 좋은 대차대조표를 만들기가 용이해지므로 기업 매매가 원활해져 높은 금융 수익을 올릴 수 있는 장점이 있기 때문이다.

물가 안정을 목표로 하는 정책들이 금융 불안과 고용 불안정을 증대시켰다 하더라도 정책 주창자들이 장담했던 대로 투자 증가와 그에 따른 경제 성장을 가져오기만 했다면 그 정당성을 어느 정도는 인정할 수 있었을 것이다. 그러나 1960년대 및 1970년대와 비교해 볼 때 1980년대 이후 인플레이션이 낮아진 상황에서 세계 경제는 훨씬 더 딘 속도로 성장했고, 이는 많은 나라에서 투자가 감소한 데에서 그 주요 원인을 찾을 수 있다(Thing 13 참조). 1990년대 이후 인플레이션을 완전히 잡는 데 성공한 선진국에서조차 1인당 소득 증가율은 1960년대와 1970년대의 3.2퍼센트에서 1990년에서 2009년 기간에는 1.4퍼센트로 떨어졌다.

여러 가지를 종합해 볼 때 적당히 낮은 수준의 인플레이션은 자유 시장 경제학자들이 걱정하는 것처럼 그렇게 위험하지 않다. 인플레이션이 낮아져 경제가 안정되면 투자를 불러일으켜 결과적으로 경제 성장으로 이어질 것이라는 주장과는 정반대로, 인플레이션을 아주 낮은 수준으로 유지하려는 시도는 투자와 성장을 위축시켰다. 이보다 더 중요한 것은 인플레이션이 낮아졌어도 우리는 대부분 진정한 경제적 안정을 맛보지 못했다는 사실이다. 인플레이션 억제 정책을 주요 목표로 하는 자유 시장 정책 패키지의 근간을 이루는 자본과 노동 시장의 자유화는 금융 불안과 고용 불안정을 초래해서 불안정한 세상을 만들었고, 설상가상으로 이 정책이 약속했던 이른바 '성장 촉진'마저 실현하지 못했다.

인플레이션에 대한 강박관념은 이제 잊어버리자. 인플레이션은 장기적 안정, 경제 성장, 그리고 인류의 행복을 희생해서 금융 자산 보유자들에게나 유리한 정책을 추진하려는 사람들이 대중을 겁주기 위해 사용해 온 '무서운 망태 할아범' 같은 것에 불과하기 때문이다.

07

자유 시장 정책으로
부자가 된 나라는 거의 없다

● 그들은 이렇게 말한다

식민 지배에서 벗어난 개발도상국들은 국가 개입 정책을 써서 경제 발전을 추진했고, 그 중에는 노골적으로 사회주의를 표방하는 나라들까지 있었다. 개발도상국들은 보호 무역, 외국인 직접 투자 금지, 산업 보조금, 심지어 국영 은행, 국영 기업 등의 인위적인 수단까지 동원해서 철강이나 자동차 산업과 같은 자국의 능력을 벗어나는 산업들을 육성하고자 노력했다. 식민 통치를 했던 나라들이 자유 시장 정책을 신봉하는 자본주의 국가라는 점을 감안하면 이런 행태를 감정적으로 이해하지 못할 바는 아니다. 그러나 결과는 잘해야 경제 침체, 잘못하면 경제적 재앙이었다. 성장률은 미미한 수준이었고 심지어 마이너스 성장을 기록하는 나라까지 있었는가 하면, 국가의 보호를 받은 산업은 '자라는 것'을 멈췄다. 다행히도 대부분의 나라들이 1980년대 이후 정신을 차리고 자유 시장 정책을 채택하기 시작했다. 생각해 보면 처음부터 그렇게 했어야 했다. 일본을 제외한(한국도 제외해야 한다는 말이 있지만 그

건 더 논란의 여지가 있다) 모든 선진국들은 자유 시장 정책, 특히 전 세계를 상대로 한 자유 무역을 통해 부자가 되었기 때문이다. 최근 들어 이 정책을 더 적극적으로 취한 개발도상국일수록 더 좋은 성적을 올렸다.

● 이런 말은 하지 않는다

통상적으로 알려진 바와는 정반대로 개발도상국들의 경제 실적은 국가 주도의 발전을 꾀하던 시절이 그 뒤를 이어 시장 지향적인 개혁을 추진할 때보다 훨씬 나았다. 국가가 개입해서 그야말로 엄청난 실패로 끝난 경우도 없지는 않지만, 이들 중 대부분은 시장 지향적 개혁 기간보다 이른바 '어두운 과거' 시절에 훨씬 더 빠른 성장과 비교적 고른 분배를 이루었고 금융 위기도 훨씬 적었다. 게다가 대부분의 부자 나라들이 자유 시장 정책 덕에 부자가 되었다는 말도 사실이 아니다. 진실은 오히려 그 반대편에 가깝다. 극소수 예외를 제외하면 자유 무역과 자유 시장이라는 논거의 본고장이라 할 수 있는 영국과 미국을 포함하여 현재 잘살고 있는 나라들은 모두 보호 무역과 정부 보조 등을 통해 오늘의 선진국 반열에 오를 수 있었다. 이 보호 무역주의, 정부 보조금 지원 등의 정책들이야말로 요즘 부자 나라들이 개발도상국들에게 하면 안 된다고 설파하는 것들인데도 말이다. 자유 시장 정책을 써서 부자가 된 나라는 과거에도 거의 없었고, 앞으로도 거의 없을 것이다.

심란한
사례 두 가지

다음은 두 개발도상국의 프로필이다. 당신이 이들 국가의 향후 개발

전망을 가늠하는 일을 맡은 애널리스트라면 과연 어떤 평가를 내리겠는가?

A 국: 10년 전까지도 엄격한 보호 무역 정책을 사용해서 공산품 관세가 평균 30퍼센트를 웃돌았다. 최근 관세는 낮추었지만 여전히 가시적, 비가시적 무역 규제들이 많이 남아 있다. 자본이 국경을 넘나드는 데에도 심한 제약이 따르고, 국가가 운영하며 고도로 통제를 받는 은행들로 금융권이 이루어져 있으며, 외국인에게는 금융 자산 보유를 제한한다. 이 나라에서 제품을 생산하는 외국 기업들은 세제와 법률이 차이나서 외국인들이 차별받는다고 불평을 한다. 이 나라에는 선거도 없고, 부정부패가 만연해 있다. 재산 소유권에 대한 규정은 불투명하고 복잡하다. 특히 지적 소유권에 대한 보호는 형편없어서 이 나라는 전 세계 해적판의 본산지로 명성을 떨치고 있다. 많은 수의 국영 기업들이 엄청난 손실에도 불구하고 정부가 주는 보조금과 독점권의 힘으로 버티고 있다.

B 국: 과거 수십 년 동안 세계에서 가장 강력하게 보호 무역주의를 추진한 이 나라의 평균 공산품 관세율은 40~55퍼센트에 달한다. 국민 대부분은 선거권이 없고, 매표 행위와 선거 부정이 횡행한다. 부정부패가 만연해서 정당들이 정치 자금과 공직을 맞바꾸는 일이 비일비재하며, 공개 경쟁으로 공무원을 뽑아 본 적이 단 한 번도 없다. 공공 재정은 위태로운 상태인 데다 이미 정부가 채무를 갚지 않은 전력까지 있어서 외국인 투자자들은 마음을 놓지 못한다. 이에 더해서 이 나라 정부는 외국인 투자자들을 심하게 차별한다. 특히 은행업 부문에서는 차별 정도가 더 심해서 외국인은 이사가 될 수도 없고, 이 나라에 거주하지 않는 외국인은 주

주 의결권도 행사할 수 없다. 경쟁법이 없어서 카르텔을 비롯한 다양한 형태의 독점 현상이 팽배하다. 지적 소유권의 보호는 구멍이 많은데, 특히 외국인의 저작권은 아예 보호가 되지 않아서 악명이 높다.

이 두 나라는 모두 경제 발전을 저해하는 요인으로 지목받은 것들로 넘쳐난다. 철저한 보호 무역, 외국인 투자자 차별, 강력하지 못한 재산권 보호, 독점, 열악한 민주주의, 부정부패, 실력보다는 연줄이나 자금력을 중시하는 분위기 등 점수가 깎이는 요소들을 다 열거하기도 힘들 정도이다. 애널리스트인 당신은 두 나라 모두 경제 개발은커녕 재난을 향해 치닫고 있다고 평가할 것이다. 그러나 다시 한 번 생각해 보자.

A 국가는 현재의 중국이다. 독자들 중 일부는 이미 짐작했을 법도 하다. 그러나 B 국가가 미국이라는 것을 누가 짐작이나 했으랴. 그렇다, 이 나라는 현재 중국보다 더 가난했던 1880년경 미국이다.

이른바 성장에 해롭다고 간주되는 제도와 정책을 골라가며 채택해 왔지만, 중국은 지난 30년 사이 세계에서 가장 역동적이고 성공적인 경제 성장을 이루어 냈다. 1880년대 미국 또한 당시 가장 빠르게 성장하는 나라 중의 하나로 세계 최부국으로 가는 길을 다지고 있었다. 19세기 말과 현대의 경제 성장 부문 슈퍼스타인 미국과 중국은 둘 다 현대 신자유주의 자유 시장 독트린을 완전히 역행하는 정책 레시피를 선택했다.

어떻게 이런 일이 가능한가? 자유 시장 독트린이야말로 오늘날 선진국 대열에 낀 스물대여섯 개 국가들이 2세기에 걸쳐 경험한 정수를 모아서 만든 것 아닌가? 이 질문에 대한 답은 역사에서 찾아볼 수 있다.

죽은 대통령들은
말이 없다

미국 사람들은 달러 지폐를 '죽은 대통령'*이라 부르기도 한다. 사실 완전히 들어맞는 표현은 아니다. 모두 죽은 건 틀림없지만, 달러 지폐에 얼굴이 실리는 영광은 비단 미국 대통령들에게만 돌아간 것이 아니기 때문이다.

인류 역사상 가장 널리 알려진 지폐인 100달러권에 등장하는 벤저민 프랭클린은 대통령이 된 적이 없었다. 마음을 먹었으면 할 수 있었을지도 모르지만 말이다. 그는 미국 '건국의 아버지'들 중 가장 나이가 많았고, 새롭게 탄생한 이 젊은 나라에서 가장 존경받는 정치인 중의 하나였다. 1789년 당시 너무 나이가 많고, 조지 워싱턴의 정치적 위상이 너무 버거웠을지는 모르지만 프랭클린은 워싱턴에 대적하여 대통령에 출마할 만한 유일한 인물이었다.

대통령들의 명예의 전당이라고도 할 수 있는 달러 지폐에 등장하는 얼굴들 중 가장 의외의 인물은 10달러 지폐에 나오는 알렉산더 해밀턴(Alexander Hamilton)이다. 해밀턴도 대통령이 된 적이 없다는 점에서는 벤저민 프랭클린과 같다. 그러나 그는 인생 자체가 미국 역사의 전설이 된 벤저민 프랭클린과는 사뭇 종류가 다른 인물이다. 해밀턴은 달러 지폐의 다른 등장인물들의 경력에 비하면 초라하기 그지없는 재무 장관에 불과했다. 초대 재무 장관이기는 했지만 말이다. 그런 그가 기라성 같은 대통령들 사이에서 어떻게 낄 수 있었을까?

---

* dead presidents, 혹은 줄여서 dead prez.

요즘 미국인들 대부분은 모르는 사실이지만 해밀턴은 현대 미국 경제 시스템을 설계한 인물이다. 달러 지폐에 등장하는 것도 그 이유에서이다. 1789년 서른세 살이라는 믿을 수 없이 젊은 나이에 재무 장관으로 임명된 지 2년 후, 그는 「제조업 분야에 관한 보고서(The Report on the Subject of Manufacture)」를 의회에 제출했다. 새로 태어난 조국을 위한 경제 발전 전략을 담은 보고서였다. 그는 당시 미국이 보유하고 있던 산업 같은 '유치 산업들'은 제 발로 설 힘을 기를 때까지 정부가 보호, 육성해야 한다고 주장했다. 그 보고서에는 보호 무역주의적인 주장뿐 아니라 운하와 같은 사회 간접 자본에 공공 투자가 필요하고 금융 시스템 육성, 국채 시장 형성의 중요성 등을 역설하는 내용이 들어 있었다. 그러나 해밀턴이 내건 전략의 핵심은 역시 보호주의였다. 그가 현대의 개발도상국 재무 장관이었다면 미국 재무부로부터 이단이라며 엄청나게 비난받았을 것이고, IMF와 세계은행은 그런 나라에 대출하기를 거부하는 사태까지 갔을지도 모른다.

그러나 재미있는 사실은 그런 대접을 받았을 사람이 해밀턴만이 아니라는 것이다. '죽은 대통령들'은 모두 하나같이 미국 재무부, IMF, 세계은행, 그리고 자유 시장 신앙에 돈독한 사람들로부터 해밀턴과 같은 대접을 받았을 것이다.

1달러 지폐에는 미국 초대 대통령 조지 워싱턴의 얼굴이 실려 있다. 그는 대통령 취임식에 미국제 옷을 입겠다고 고집했다. 당시 훨씬 질이 좋던 영국제 옷감이 아니라 그날을 위해 특별히 코네티컷에서 직조된 옷감으로 지은 옷을 입은 것이다. 요즘 이런 일이 있었으면 세계무역기구(WTO)에서 정한 정부 조달 투명성에 관한 규정을 위배하는 일이라고 해서 말썽이 났을 수도 있다. 결국 해밀턴을 재무 장관으로 임명한 사람이 워싱턴이라는 사실도 잊지 말아야 한다. 해밀턴은 미국 독립 전쟁 때 워싱턴의 부관이었고, 그 후로도 아주 가까운 정치적 동반자였기 때문에 그가 경제 정책에 관해 어떤 생각을 하는지 워싱턴은 누구보다도 잘 알고 있었을 것이다.

5달러 지폐에는 남북전쟁 당시 관세를 사상 최고 수준으로 올렸던, 보호 무역주의자로 유명한 에이브러햄 링컨이 등장한다.[1] 50달러 지폐는 율리시스 그랜트가 장식하고 있다. 남북전쟁의 영웅이었던 그는 대통령으로 선출된 후 자유 무역을 하라는 영국의 압력에 맞서서 다음과 같은 말을 남겼다. "한 200년 정도 보호 무역을 해서 거기서 얻을 수 있는 장점을 다 취한 다음에 미국도 자유 무역을 할 것이다."

벤저민 프랭클린은 해밀턴의 유치 산업 보호론에는 동의하지 않았지만 완전히 다른 이유에서 고율의 보호 관세를 주장했다. 당시 미국의 토지는 거의 공짜나 다름없었다. 임금을 유럽 평균보다 약 네 배 정도 주지 않으면 공장을 떠나서 농장을 차리겠다는 노동자들을 잡아 놓을 도리가 없었다. 노동자들이 이민 오기 전에 대부분 농부들이었기 때문에 농장 차린다는 말은 그냥 하는 소리들이 아니었다(Thing 10 참조). 프랭클린은 미국 제조업자들이 저임금으로 생산되는 유럽 제품들*과 경쟁에서 살아남기 위해서는 보호를 받아야 한다고 주장했다. 기업가 출신 억만장자 정치인 로스 페로가 1992년 대통령 선거 유세 때 북미자유무역협정(NAFTA)을 반대한 것도 바로 같은 논리에 서였고, 18.9퍼센트의 미국 국민도 그의 논리에 수긍을 했다.

하지만 잘 유통되지 않는 2달러 지폐에 나오는 토머스 제퍼슨과 20

---

* 이렇게 저임금으로 경쟁력을 확보하는 것을 요즘은 소셜 덤핑(Social dumping)이라고 부르기도 한다.

달러 지폐의 앤드루 잭슨 같은 미국 자유 시장 자본주의의 수호성인들이라면 미국 재무부의 '자유 시장 신봉도' 테스트를 통과할 수 있지 않을까?

토머스 제퍼슨은 해밀턴의 보호주의에 전적으로 반대했다. 그러나 해밀턴은 특허 제도를 지지했고 제퍼슨은 이를 강력히 반대했다. 제퍼슨은 아이디어라는 것은 '공기와 같아서' 누구의 소유도 되어서는 안 된다고 생각했다. 현대의 자유 시장 경제학자들이 특허권 및 기타 지적 소유권의 보호를 얼마나 강조하는지를 생각하면 제퍼슨의 이런 논리는 어불성설로 받아들여졌을 것이다.

그러면 '보통 사람'의 권익을 보호하고 미국 역사상 최초로 정부 채무를 모두 청산하는 등 보수적인 재정 정책을 운용한 것으로 이름을 남긴 앤드루 잭슨 대통령은 과연 어떨까? 잭슨 대통령의 팬들에게는 안됐지만 그 역시 불합격이다. 잭슨 대통령 집권 당시 미국의 공산품 관세는 평균 35∼40퍼센트 수준이었다. 그는 또 외국인에게 적대적이기로 유명했다. 1836년 정부가 20퍼센트 지분을 소유하고 있던 준공영 미합중국은행(Bank of the USA)의 허가를 취소하면서 내놓은 주요 이유 중의 하나가 바로 외국인(주로 영국인들) 지분 비율이 너무 높다는 것이었다. 과연 얼마나 높았기에 은행 문까지 닫게 만들었을까? 30퍼센트였다. 요즘 세상에 어느 개발도상국에서 미국인들이 30퍼센트나 지분을 가지고 있기 때문에 은행 허가를 취소했다고 하면 미국 재무부가 발칵 뒤집혔을 것이다.

자, 느낌이 어떠신지. 날마다 수천만 미국인들이 택시를 타고, 샌드위치를 사면서 해밀턴과 링컨으로 지불을 하고, 거스름돈으로 워싱턴을 받는다. 존경해 마지않는 이 정치인들이 날이면 날마다 좌파, 우파에 관계없이 미국의 모든 신문 방송에서 공격해 대는 그 못된 보호 무역주의자들이라는 사실은 전혀 모르는 채. 우고 차베스 베네수엘라 대통령이 외국인을 차별하는 정책을 밀어붙인다는 기사를 읽으며 혀를 찰 뉴욕의 은행가들과 시카고 대학의 교수들도 그 기사를 실은 월 스트리트 저널을 살 때 쓴 앤드루 잭슨이 차베스보다 훨씬 더 외국인 차별을 심하게 했다는 사실은 미처 깨닫지 못했을 것이다.

죽은 대통령들은 말이 없다. 그러나 그들이 말을 할 수 있었더라면 노예 노동에 의존했던 2류 농업 국가를 세계 최강의 산업 부국으로 끌어올리기 위해 자신들이 사용했던 정책들은 21세기 후손들이 신봉하는 정책들과 정반대라는 것을 미국과 전 세계 시민에게 증언했을 것이다.

내가 했던 대로 하지 말고
내가 말하는 대로 하라

미국의 보호주의적 과거를 이야기하면 자유 시장 경제학자들은 보통 미국이 보호주의 때문에 성공한 것이 아니라 보호주의에도 불구하고 성공했다고 반박한다. 그들은 미국이 빠른 성장을 할 수밖에 없었다고 말한다. 풍부한 천연자원에 야심차고 근면한 이민자를 많이 받아들였기 때문이란다. 이와 더불어 미국은 내수 시장 규모가 커서 국내 기업들 간의 경쟁이 있었기 때문에 보호 무역주의로 인한 부작용이 어느 정도 상쇄되었다는 이유도 든다.

이런 반박은 그럴듯하게 들릴지는 모르지만 문제가 있다. 자유 시장 독트린에 반하는 정책을 써서 성공한 나라가 미국만이 아니기 때문이다. 아래에서 더 자세히 이야기하겠지만 현대 선진국의 대부분은 미국과 같은 방법으로 부자가 되었다.[2] 이 나라들은 서로 확연히 다른 조건들을 가지고 있기 때문에 보호주의를 비롯한 기타 '잘못된' 정책들의 부작용을 상쇄할 특별한 조건이 공통적으로 있었다고 말할 수 없다. 미국은 거대한 내수 시장 덕을 봤을지 모르지만 손바닥만 한 핀란드와 덴마크의 성공은 뭘로 설명한단 말인가? 미국이 풍부한 천연자원의 덕으로 성장했다면 이렇다 할 천연자원 하나 없는 한국과 스위스의 경우는 어떻게 해석해야 할까? 미국의 경제 발전에 이민이 기여를 했다면 미국을 비롯한 다른 신세계 국가들에게 재능 있는 국민을 많이 빼앗긴 독일과 타이완 같은 나라는 무슨 수로 발전을 했을까? '특별한 조건'을 내세우는 논리는 말이 되지 않는다.

대부분의 사람들이 자유 무역이라는 개념을 창안한 나라라고 생각하는 영국은 해밀턴이 주장한 것들과 비슷한 정책으로 부를 축적했다. 이것은 우연의 일치가 아니다. '유치 산업론'을 이론으로 정리한 최초의 인물은 해밀턴이지만 그가 사용한 정책들 중 많은 부분은 1721년부터 1742년 사이 영국을 다스렸던 이른바 최초의 대영제국 수상 로버트 월폴에게서 베껴 온 것들이다.

18세기 중반에 접어들면서 영국은 모직 산업에 진출했다. 그때까지는 (지금의 벨기에와 네덜란드 지역을 가리키는) 로우컨트리가 주도하는 하이테크 산업이었던 이 분야에 진출한 영국 모직 제조업자들은 월폴과 그의 계승자들이 제공한 관세, 보조금 등의 정부 지원을 받아 성장했다. 얼마 가지 않아 모직물은 영국의 주요 수출 상품으로 자리 잡았고, 이렇게 해서 벌어들인 돈은 18세기 말, 19세기 초의 산업혁명에 필요한 식량과 원자재를 사는 데 사용되었다. 아무도 넘볼 수 없는 산업적 우위를 확보한 1860년대에 이르러서야 영국은 비로소 자유 무역을 시작했다. 미국이 1830년대에서 1940년대 사이 경제 도약기에 전 세계에서 가장 보호주의적인 정책을 고수했던 것과 마찬가지로 영국 또한 경제가 성장하는 동안, 즉 1720년대에서 1850년대 사이에는 가장 보호주의적인 나라 중의 하나였다.

현대 선진국들 중 유치 산업을 보호하기 위해 보호 무역과 보조금 정책을 사용하지 않은 나라는 거의 없다. 일본, 핀란드, 한국 등 많은 나라가 외국인 투자를 강력하게 규제했다. 1930년대에서 1980년대까지 핀란드는 외국인 지분이 20퍼센트 이상 되는 기업들을 공식적으로 '위험 기업'으로 분류했다. 프랑스, 오스트리아, 핀란드, 싱가포르, 타이완 등 여러 나라들이 주요 산업을 육성하기 위해 국영 기업을 세웠다. 자유 무역 정책을 쓰고 외국인 투자를 환영하기로 이름난 싱가포르는 국내총생산에서 국영 기업의 생산이 차지하는 비중이 세계 평균인 10퍼센트의 두 배인 20퍼센트가 넘는다. 현재 부자가 된 나라들 중에 외국인의 지적 소유권을 잘 보호해 주었던 나라도 별로 없다. 외국인의 발명품을 내국인이 자기 이름으로 특허 내는 것을 허용하는 나라도 많았다.

물론 예외는 있다. 네덜란드, 1차 대전 전까지의 스위스, 홍콩 등은 보호 무역 정책을 거의 사용하지 않았다. 그러나 이 나라들조차 오늘날의 정통 독트린을 따른 것은 아니다. 특허라는 것이 자유 무역 원칙에 어긋나는 인위적 독점이라는 논리(현대 자유 무역 경제학자들은 이 논리를 이상스럽게도 망각한 듯하지만)를 내세워 네덜란드와 스위스는 20세기 초반까지도 특허권을 인정하지 않았다. 원칙에 입각하여 그런 것은 아니지만 최근까지도 홍콩은 네덜란드, 스위스보다 훨씬 더 심하게 지적 소유권을 침해해 왔다. 우리 모두 친구, 혹은 친구의 친구가 해적판 컴퓨터 소프트웨어, 가짜 롤렉스 시계, 짝퉁 캘빈 앤 홉스 티셔츠 등을 홍콩에서 싼 값에 산 이야기를 한 번쯤 들어 보지 않았는가.

지금까지 한 말들이 직관을 거스르는 이야기라고 느끼는 독자들이 많을 것이다. 자유 시장 정책이 경제 발전에 가장 좋다는 이야기를 반복적으로 들어온 사람들은 보호주의, 보조금, 규제, 산업의 국유화 등 나쁘다는 정책들은 다 가져다 쓰고도 오늘날 선진국이 된 나라들을 보면서 의아한 느낌을 지울 수 없을 것이다.

대답은 간단하다. 그 나쁜 정책들이 사실은 당시 그 나라들의 경제 상황에 적절한 좋은 정책이었던 것이다. 이유는 여러 가지가 있다. 내 전작 『나쁜 사마리아인들』에서 '여섯 살 먹은 내 아들은 일자리를 구해야 한다!'라는 장에서 자세히 설명한 바 있지만 해밀턴이 내세운 유치 산업론이 그 첫째 이유이다. 우리가 자녀들을 노동 시장에 내몰아 성인들과 경쟁하도록 하지 않고 학교에 보내는 것과 같은 논리로, 개발도상국 정부는 자국의 기업들이 도움 없이도 세계 시장에서 경쟁할 능력을 갖출 때까지 유치 산업을 보호하고 육성해야 한다. 둘째, 경제 발전의 초기 단계에는 미비한 운송 수단, 원활하지 못한 정보의 흐름, 큰손들이 조작하기 쉬운 작은 규모 등 여러 이유에서 시장이 제 기능을 발휘하지 못한다. 이 말은 정부가 시장에 더 적극적으로 개입해야 할 때도 있고, 의도적으로 시장을 형성해 주어야 할 때도 있다는 의미이다. 셋째, 이런 단계에서는 정부가 국영 기업들을 통해서 많은 일을 직접 할 필요가 있다. 대규모, 고위험 프로젝트를 맡아 수행할 만한 능력 있는 민간 기업의 수가 충분하지 않기 때문이다(Thing 12 참조).

자기들의 과거 행적에도 불구하고 부자 나라들은 개발도상국들에게 국경을 허물어서 경제를 본격적으로 국제 경쟁에 노출시키도록 요구한다. 이런 요구는 지적 우위를 이용한 이데올로기 공세뿐 아니라 국가 간 원조나 자신들이 영향력을 행사하는 IMF, 세계은행 등 국제 기구에서 제공하는 원조에 조건을 다는 방법 등으로 부과되곤 한다. 자신들이 개발도상국이었을 때에는 쓰지도 않았던 정책을 그들에게 요구하는 선진국들의 행태는 다음 한 마디로 요약할 수 있다. '내가 했던 대로 하지 말고 내가 말하는 대로 하라.'

성장을 감소시키는 성장 지향 정책

부자 나라들의 역사적 위선을 지적하면 자유 시장주의를 신봉하는 사람들 중 일부는 이렇게 대답하곤 한다. "19세기 미국이나 20세기 중반의 일본한테는 보호주의와 정부 개입적인 정책들이 유효했을지 모르지만, 1960년대와 1970년대에 그런 정책을 채택했던 개발도상국들은 엄청난 실패를 경험하지 않았는가?" 과거에 효과가 있었던 정책이라도 현대에 같은 효과를 기대할 수는 없다는 의미일 것이다.

사실 개발도상국들이 보호주의와 정부 개입 정책을 썼던 '어두운 과거', 즉 1960년대와 1970년대 그들의 경제 성장 성적은 결코 나쁘지 않았다. 오히려 이 기간의 성장률이 개방과 탈규제를 추진했던 1980년대보다 훨씬 나았다.

1980년대 이후 대부분의 개발도상국들은 심화된 불평등(부자 위주의 개혁이었으므로 예상된 결과였다—Thing 13 참조)에 더해 극심한 경제 성장률 하락을 경험했다. 1960년대에서 1970년대 사이에 3퍼센트이던 개발도상국들의 1인당 국민소득 증가율은 자유 시장 개혁이 더 많이 진행된 1980~2000년 동안 1.7퍼센트로 떨어졌다. 2000년대에 들어서는 회복세를 타서 1980~2009년 기간의 평균 성장률을 2.6퍼센트까지 끌어올렸다. 그러나 이 회복세는 주로 인도와 중국이라는 두 거대 경제권의 급속한 성장이 주된 원인이었다. 아이러니컬하게도 이두 나라는 신자유주의 정책을 채택하지 않았다.

신자유주의 처방을 충실하게 따른 지역, 즉 라틴 아메리카와 사하라 이남 아프리카 지역은 '어두운 과거' 시절보다 훨씬 열등한 성장률을 보였다. 1960년대에서 1970년대까지 라틴 아메리카는 1인당 소득 기준으로 평균 3.1퍼센트 성장했다. 1980년에서 2009년 사이 성장률은 이전 수치의 3분의 1을 조금 넘는 1.1퍼센트 수준이었다. 그나마 이것마저도 2000년대 초기부터 신자유주의 노선을 노골적으로 거부해 온 아르헨티나, 에콰도르, 우루과이, 베네수엘라 등에서 이루어 낸 높은 성장률 덕분에 가능했다. 사하라 이남 아프리카 지역은 '어두운 과거' 시절 1.6퍼센트 성장했던 것이 1980년에서 2009년 사이에는 0.2퍼센트로 떨어졌다(Thing 11 참조).

요약해 보자. 자유 무역, 자유 시장 정책은 제대로 작동한 적이 거의 없다. 대부분의 부자 나라들은 자신이 개발도상국이었을 때에는 그런 정책들을 사용하지 않았다. 지난 30년 동안 이 정책을 도입한 개발도상국들은 성장률 둔화와 수입 불균형 등의 부작용을 떠안아야 했다. 자유 무역, 자유 시장 정책을 사용해서 부자가 된 나라는 과거에도 거의 없었고, 앞으로도 거의 없을 것이다.

Thing

08

자본에도
국적은 있다

● 그들은 이렇게 말한다

세계화의 진정한 주인공은 초국적 기업들이다. 초국적 기업이란, 그 이름에서

도 알 수 있듯이 자국의 국경을 벗어나 해외로 진출한 기업들이다. 본사는 여

전히 회사가 설립된 나라에 있을지 모르지만 생산과 연구 시설은 대부분 해외

에 있고, 최고 경영진을 포함해서 많은 직원을 외국인으로 채용한다. 이처럼

자본에 국적이 없어진 시대에 외국 자본에 대해 민족주의적 정책을 쓰면 잘

해 봐야 효과가 없고, 최악의 경우에는 역효과가 날 것이다. 외국 자본을 차별

하면 그 나라에는 초국적 기업들이 투자를 하지 않게 된다. 자국 기업을 육성

해서 자국 경제를 성장시키겠다는 의도일지는 모르나 이런 정책은 가장 효율

적인 기업이 들어오는 것을 막아서 결국 국가 경제를 해치는 결과를 낳는다.

● 이런 말은 하지 않는다

점점 더 많은 자본이 '초국화' 되어 가는 추세에도 불구하고 대부분의 초국적 기업들은 국적이 없는 기업이 되기보다는 사실상 해외 지사를 둔 '단일 국적 기업'으로 남아 있다. 핵심 기술 개발이나 전략 설정 등의 가장 중요한 활동은 대부분 본국에서 이루어지고 최고 경영진도 일반적으로 본국 국적을 지닌 사람들로 채워진다. 공장 문을 닫거나 일자리를 줄여야 하는 상황이 오면 다양한 정치적 이유와 그보다 더 중요한 경제적 이유에서 대개 본국의 공장과 일자리를 가장 나중에 없앤다. 이 말은 초국적 기업이 가진 혜택의 대부분이 본국으로 돌아간다는 뜻이다. 기업의 태도와 행동을 결정하는 요인이 국적 하나만 있는 것은 아니지만 자본의 국적을 무시하는 것은 위험한 일이다.

세계화의 화신
카를로스 곤

카를로스 곤(Carlos Ghosn)은 1954년 브라질의 포르투 벨류에서 레바논 출신 부모 밑에서 태어나 여섯 살 때 어머니를 따라 레바논 베이루트로 돌아갔다. 거기서 고등학교를 마친 뒤 프랑스로 건너간 그는 최고 명문인 에콜 폴리테크니크와 에콜 데 민 드 파리에서 공학을 전공했다. 1978년 프랑스의 타이어 제조 업체인 미쉐린에 입사해 18년을 근무하면서 그는 적자를 면치 못하던 남미 지사들의 경영을 정상화시키고, 미국 자회사와 유니로열 굿리치의 합병을 성사시켜 미국 사업 규모를 두 배로 키우는 등 실력 있는 경영자로 명성을 쌓았다.

1996년 프랑스 국영 자동차 회사 르노로 자리를 옮긴 곤은 위축되었던 르노를 회생시키는 데 중요한 역할을 해냈다. 그 과정에서 무자

비한 비용 절감을 단행하여 예의 명성을 확인하고 '르 코스트킬러'[*]
라는 별명까지 얻었다. 실제 그의 접근 방식은 별명과는 달리 상당히
합의를 중시하는 것으로 알려져 있지만 말이다. 1999년 적자의 늪에
서 허덕이던 닛산을 인수한 르노는 닛산 회복 작전을 위해 곤을 일본
에 보냈다. 그는 직원들을 해고하는 등 처음에는 일본 문화에 맞지 않
는 경영 방식으로 강력한 저항에 부딪혔지만 몇 년 안에 닛산을 완전
히 정상화시키는 데 성공해서 일본인들에게 인정받았다. 곤이 만화
주인공으로까지 등장했다는 사실만 봐도 그가 일본에서 누린 대중적
인기를 짐작할 수 있다. 일본에서 만화 캐릭터로 나오는 것은 가톨릭
교에서 성인으로 책봉되기 직전 단계인 시복에 비견되는 사건이다.
2005년 그는 닛산의 공동 회장직과 르노의 CEO 자리를 겸임한다고
발표해서 전 세계를 다시 한 번 놀라게 했다. 한 감독이 두 개의 프로
축구팀을 동시에 맡게 된 것이나 다름없는 위업을 이룬 셈이다.

　카를로스 곤의 라이프 스토리를 듣고 있으면 세계화라는 한 편의
드라마를 보는 듯하다. 사람들은 더 나은 삶을 찾아 다른 나라로 이주
를 한다. 곤의 가족이 그랬던 것처럼 어떤 때에는 세계 반대편으로까
지 간다. 그 중 일부는 곤의 어머니처럼 다시 고국으로 돌아가기도 한
다. 이런 현상은 옛날에 미국으로 이주했던 이탈리아 사람들이 자녀
들에게 이탈리아어조차 가르치지 않았던 것과는 대조적이다. (그들은
이탈리아로 다시 돌아갈 생각이 추호도 없었기에 자녀들이 미국에 완전히 뿌리
를 내리고 동화되기를 원했던 것이다.) 곤처럼 머리 좋고 야망을 품은 가
난한 나라의 많은 젊은이들이 선진국으로 유학을 떠난다. 요즘은 많

---

[*] le costkiller. 무자비한 비용 절감이라는 의미의 코스트킬러에 불어 관사 le를 붙여 불어 분
　위기를 냈다.

은 경영자들이 외국 회사에서 일을 한다. 그러다 보면 이 초국적 기업의 지사가 있는 또 다른 제3국으로 발령을 받기도 한다. 레바논계 브라질 인으로 태어나 모국으로 역이민을 한 곤도 프랑스 회사 두 군데에서 일하는 동안 브라질, 미국, 일본 등지를 돌아다니며 살았다.

이렇게 세계화가 진행되었으니 자본의 국적은 더 이상 아무 의미가 없다는 주장이 널리 받아들여지고 있다. 한 기업이 특정 국가에서 만들어져 아직 그 나라에 본사를 두고 있을지는 모르지만 그 외 모든 것은 더 이상 국경 따위에 구애받지 않게 되었기 때문이다. 스위스의 거대 식품 회사 네슬레의 본사는 스위스의 베베에 있지만 스위스에서 생산되는 네슬레 제품은 전체 생산량의 5퍼센트를 넘지 않는다. 네슬레의 본거지를 스위스가 아닌 유럽으로 잡는다 하더라도 유럽에서 거두는 수입은 회사 총수익의 30퍼센트 정도에 그친다. 이제는 초국적 기업들이 본국 밖에서 처리하는 업무 자체도 생산과 같은 비교적 낮은 수준의 업무에 국한되지 않는다. 연구개발과 같은 최고 레벨의 업무까지도 본국 밖으로 옮기는 경우가 허다한데, 특히 최근 들어 중국, 인도를 비롯한 개발도상국에 연구개발 센터를 세우는 경우가 늘고 있다. 심지어 최고 경영자를 뽑는 것도 본국인에 국한되지 않고 국제적으로 재능 있는 인재들을 고용하는 회사들이 많다.

그 결과 초국적 기업들은 특정 나라에 대한 소속감에서 자유로워졌다. 본국에서 공장 문을 닫고, 일자리를 없애고, 심지어 외국인 노동자들을 고용한다 해도 그것이 회사의 이익을 내는 데 필요하면 아무런 가책을 느끼지 않고 과감히 단행할 수 있게 된 것이다. 바로 이런 점들 때문에 많은 사람들이 외국인의 기업 소유를 제한하는 여러 정부의 처사가 현명하지 않다고 말한다. 자국 국경 안에서 부를 창출하고 일자리를 제공하는 기업이라면 그 기업의 주인이 내국인이든 외국인이든 상관없다는 것이다. 기업들이 이윤을 낼 기회가 있으면 세상 어디에라도 달려갈 준비가 되어 있는 분위기에서 외국 기업의 투자를 까다롭게 만들어 놓으면 그 나라에서 투자 기회를 찾는 외국 기업이 줄 수 있는 혜택을 놓치고 만다는 의미이다. 상당히 수긍이 가는 논리이다. 그렇지 않은가?

크라이슬러―미국 기업, 독일 기업, 다시 미국 기업… 이제 곧 이탈리아 기업?

1998년 독일 자동차 회사인 다임러―벤츠와 미국의 크라이슬러가 합병을 선언했다. 실질적으로는 다임러―벤츠가 크라이슬러를 인수한 것이었지만 공식적으로는 대등한 두 기업의 동등한 결합이라는 형식을 취했다. 다임러―크라이슬러라고 개명을 한 새 회사의 임원진에도 똑같은 숫자의 미국인과 독일인이 포진했다. 하지만 이 외양은 채 몇 년도 지속되지 않았다. 얼마 가지 않아 독일인 이사 수가 압도적 다수를 차지했다. 해마다 약간씩은 달라졌지만 보통 독일인 10~12명에 미국인 1~2명 정도의 비율이었다.

불행히도 이 인수는 그다지 성공적이지 못해서 2007년 다임러―벤츠는 크라이슬러를 미국의 사모펀드 서버러스에 팔아넘겼다. 여전히 19.9퍼센트의 지분을 유지하고 있는 다임러 대표들이 몇 명 남아 있기는 했지만 크라이슬러의 임원진은 곧 미국인들로 채워졌다.

그러나 서버러스는 회사를 되살리는 데 실패했고, 결국 크라이슬러는 2009년 파산하고 말았다. 이후 미국 연방 정부의 재정 지원과 이탈리아 자동차 회사 피아트의 대규모 주식 매수에 힘입어 크라이슬러는 구조 개편을 거쳤다. 대주주 자리를 확보한 피아트는 자사의 CEO 세르지오 마르치오네를 크라이슬러의 CEO 자리에 앉히고, 아홉 명으로 된 크라이슬러의 이사회에도 또 다른 피아트 임원 한 명을 더 투입했다. 현재 지분은 20퍼센트이지만 앞으로 35퍼센트, 최종적으로는 51퍼센트까지 늘릴 수 있는 권리를 피아트가 가지고 있다는 점을 감안하면 그에 따라 차차 이탈리아 인 이사 수가 늘어날 전망이다.

한때 미국을 대표하는 기업 중의 하나였던 크라이슬러는 지난 10년 사이에 독일 사람의 손에 운영되다가, 다시 미국인들 손으로 잠시 들어갔다가 이제는 점점 더 이탈리아 회사가 되어 가고 있다. '국적 없는' 자본은 없다. 내로라하는 미국의 거대 기업도 외국인이 인수하면 꼼짝없이 외국인 손에 운영될 수밖에 없다. 하긴 생각해 보면 바로 그렇게 하기 위해 인수합병을 하는 것 아닌가. 대부분의 기업은 회사 경영을 아무리 초국적으로 한다 해도 최고 의사 결정권자들은 여전히 본국인들, 즉 소유권이 있는 나라 출신들을 고용한다. 인수 기업이 고위 간부들을 인수된 기업이 있는 곳에 직접 파견하지 않는 원거리 경영을 할 경우 경영 효율성이 떨어질 수 있고, 고위 간부들을 외국에 파견할 경우에는 돈이 많이 든다는 단점이 있음에도 불구하고 말이다. 특히 양국 사이의 물리적 거리와 문화적 차이가 클 경우 가시적, 비가시적 비용이 더 든다. 카를로스 곤은 이런 관례에서 그야말로 예외적인 존재인 것이다.

기업들의 자국 편향은 단지 최고 경영진을 임명하는 일에서 그치지 않는다. 대다수 첨단 산업에서 기업 경쟁력의 핵심이라 할 수 있는 연구개발 부문도 자국 편향이 대단히 심하다. 기업들의 연구개발 활동은 대부분 본국에서 행해진다. 혹 연구개발의 일부를 해외로 옮기는 경우에도 극도로 '지역' 편향을 보인다. 이 말은 북아메리카 기업은 북아메리카 내에서, 유럽 기업은 유럽 내에서, 그리고 일본은 일본(일본은 그 자체가 하나의 '지역'처럼 기능을 한다) 내에서만 움직이는 경향이 심하다는 의미이다. 최근 들어 중국, 인도와 같은 개발도상국에 세우는 연구개발 센터의 수가 많아지고 있기는 하지만 이 센터들에서는 주로 낮은 수준의 연구개발이 이루어지는 경향이 있다.

기업이 하는 활동 중 가장 단순하기 때문에 해외로 이전하기 제일 좋은 분야라고 할 수 있는 생산 부문마저 대부분의 초국적 기업들은 아직도 본국에 확고한 생산 기반을 가지고 있다. 제품의 대부분을 외국에서 생산하는 네슬레와 같이 예외적인 경우가 있기는 하지만 이런 예는 아주 드물다. 미국에 기반을 둔 초국적 기업들 중 제조 업체들의 해외 생산량은 전체의 3분의 1을 넘지 못하고, 일본 기업들의 해외 생산량 비율은 10퍼센트도 되지 않는다. 유럽에서는 이 비율이 최근 들어 빠르게 증가하고 있지만 유럽 기업들의 해외 생산은 대부분 유럽 내에서 이루어진다는 점을 감안하면 이 현상은 유럽 기업들이 진정으로 국적을 초월했다기보다는 유럽연합이라는 새로운 나라에 걸맞은 새로운 기업을 만들어 가는 과정으로 이해하는 것이 더 적합하다.

간단히 말해 진정으로 초국적인 기업은 거의 없다. 대다수의 기업들이 여전히 대부분의 생산을 본국에서 한다. 특히 전략적 의사 결정이나 고급 연구개발 활동은 본국에서 이루어진다. 국경 없는 세계라는 표현은 엄청나게 과장된 표현이다.[1]

자국 편향은
왜 생기는 것일까?

그렇다면 요즘 같은 세계화 시대에 자국 편향 현상은 왜 생기는 것일까? 자유 시장론자들은 자본의 국적은 문제가 되지 않고 되어서도 안 된다고 생각한다. 기업들이 살아남기 위해서 이윤을 극대화해야 하는 마당에 애국심 같은 것은 분수에 맞지 않는 사치이기 때문이다. 흥미롭게도 마르크스주의자들도 이 점에는 동의한다. 그들 또한 자본은 보다 많은 이윤을 내기 위해, 그리고 스스로의 확대 재생산을 위해 자발적으로 국경이라는 한계를 넘어선다고 생각한다. 표현 방식은 다르지만 전하고자 하는 메시지는 같다. 돈은 다 같은 돈인데 굳이 자국에 조금 더 이롭다고 수익성이 떨어지는 일을 할 필요가 없다는 것이다.

그러나 기업들이 자국 편향을 보이는 것은 경영진들이 이런 감정을 지니고 있기 때문이다. 대부분의 초국적 기업에 종사하는 최고 경영진들이 자국 출신인 점을 감안하면 이들이 내리는 결정은 자국 편향적이 되지 않을 수가 없다. 자유 시장 경제학자들은 순수한 이기심 이외의 모든 동기를 고려할 만한 가치도 없는 것으로 일축해 버리지만 '도덕적' 동기는 실제로 존재하고, 그들이 말하는 것보다 훨씬 더 중요한 역할을 한다(Thing 5 참조).

경영진의 개인적 감정에 더해 기업도 종종 자신이 '자라 온' 국가에 역사적 의무를 갖는 경우가 많다. 기업들은 직간접적으로 공공 자금의 지원을 받는다. 이런 지원은 주로 초기 발달 단계에 더 많이 이루어지지만 꼭 초기에만 행해지는 것도 아니다(Thing 7 참조). 설비 투자나 종업원 교육 등의 특정 분야에 직접적인 지원을 받는 기업도 많다.

또 1949년 도요타, 1974년 폭스바겐, 2009년 GM의 경우처럼 정부의 구제 금융으로 위기를 모면하기도 한다. 혹은 보호 관세나 법적인 독점권 보장 등의 형태로 간접적인 보조를 받는 경우도 많다.

물론 많은 기업들이 이런 과거를 밝히는 것을 꺼리고, 적극적으로 감추기도 한다. 그러나 관련 당사자들 간에는 이런 역사적 채무 관계 때문에 기업이 국가에 대해 도덕적 의무를 가지고 있다는 암묵적 이해가 형성되어 있다. 단기적으로라도 기업의 이익에 반하고 법적으로도 해야 할 의무가 없는 행위를 할 것을 정부와 대중이 기업에게 기대하는 상황이 닥쳤을 때 외국 기업보다 자국 기업을 도덕적 명분을 내세워 설득하기가 훨씬 쉬운 것도 바로 이런 이유에서이다. 예를 들어 2009년 10월 한국의 금융감독원은 중소기업들에 대한 외국계 은행들의 대출을 늘리게 하는 데 실패했다. 2008년 글로벌 금융 위기가 발생했을 때 외국계 은행들도 한국 은행들과 마찬가지로 중소기업 대출을 늘리겠다는 (금융감독원과의) 양해각서에 서명을 했음에도 불구하고 말이다.

도덕적, 역사적 이유들도 중요하지만 초국적 기업들이 자국 편향이 되는 가장 중요한 이유는 바로 경제적인 것이다. 기업의 핵심 역량을 국경 너머로 옮기는 것이 쉽지 않기 때문이다.

보통 어떤 기업이 초국적 기업이 되어 외국에 지부를 내는 것은 그 기업에게 있는 기술적, 조직적 역량을 새로 발을 들이는 나라의 기존 기업들이 가지고 있지 않기 때문이다. 이는 (경영자, 엔지니어, 숙련 노동자 등) 인적 자원, (회사 내부 규정, 업무 관행, 기업 조직 속에 녹아들어 있는 지식 등) 조직적 자원, (조달 업체, 금융 업체, 동종 기업 연맹, 심지어 타 기업 경영진들과의 인맥 등) 관련 기업들과의 비즈니스 네트워크 같은 역량들을 말하는데, 이 중 어느 하나도 다른 나라로 쉽게 옮길 수 있는 것이 아니다.

기계를 해외로 옮기는 것은 쉽다. 그러나 숙련 노동자나 경영자를 옮기는 데에는 비용이 훨씬 많이 든다. 업무 관행이나 비즈니스 네트워크를 다른 나라로 이전하는 것은 그보다 더 어렵다. 예를 들어 1980년대 동남아시아에 자회사들을 설립하면서 일본 자동차 회사들은 납품업자들에게도 같은 곳에 자회사를 설립해 달라고 요청했다. 신뢰할만한 납품업자가 필요했기 때문이다. 게다가 사람, 조직, 네트워크에 내재되어 있는 보이지 않는 무형의 역량들이 제대로 발휘되려면 법률 제도, 비공식적인 규칙, 기업 문화 등과 같은 적절한 제도적 여건이 마련되어 있어야 한다. 아무리 영향력 있는 회사라 하더라도 이 모든 제도적 여건을 다른 나라로 이전하는 것은 불가능하다.

이런 모든 이유에서 높은 수준의 인적·조직적 역량과 적절한 제도적 여건이 필요한 고도의 기업 활동은 자국에 남게 된다. 자국 편향은 단순히 감정적인 애착이나 역사적 책임감 때문에만 생기는 것이 아니라 명확한 경제적 이유도 있다.

암흑의 왕자
마음이 변하다

이 글을 쓰고 있는 2010년 초 현재 사실상 영국 정부의 부총리라 할 수 있는 피터 만델슨 경은 마키아벨리를 닮은 데가 있다는 말을 많이 듣는다. 대단히 존경받던 노동당 정치인 허버트 모리슨의 손자로 태어나 텔레비전 프로듀서로 일하던 그는 토니 블레어 총리 시절 홍보 책임자 자리를 맡은 후 이른바 '신노동당'이라는 이미지를 성공시킨 장본인이다. 정치적 기류 변화를 감지하고 언론 매체들을 효과적으로 동원해서 정치적으로 이용할 줄 아는 능력과 무자비한 면모 덕에 '암흑의 왕자'라는 별명을 얻었다.

각료 시절 그는 국민의 이목을 한 몸에 받으며 유명세를 탔지만 부패 의혹으로 두 번이나 사임을 하는 고난도 겪었다. 영국 정치권을 떠난 후 그는 브뤼셀로 터전을 옮겨 2004년 유럽연합 통상 담당 집행위원으로 취임했다. 1998년에 잠깐 영국의 통상산업부 장관을 지내며 구축한 기업 지향적인 이미지를 더 발전시켜 그는 자유 무역과 투자 개방을 옹호하는 정치인이라는 명성을 전 세계에 각인시켰다.

따라서 2008년 말 예고 없이 산업 및 규제개혁부* 장관으로 영국 정계에 복귀한 그가 2009년 9월 『월스트리트 저널』과의 인터뷰에서 한 발언은 커다란 파장을 몰고 왔다. "하루아침에 벌어질 것은 아니고 오랜 기간에 걸쳐 진행될 일"이라는 단서를 달기는 했지만 외국인의 자산 소유에 관대한 영국 정부의 태도 때문에 "영국 제조업이 실패할지도 모른다."라고 말한 것이다.

지금이 바로 민족주의적인 발언을 해야 할 때임을 본능적으로 감지한 전형적인 만델슨식 언론 플레이였을까? 아니면 그를 포함한 영국 정책 입안자들이 모두 오래전에 깨달았어야 할 진리, 즉 외국인 자산 소유 비중이 너무 높으면 국민 경제에 해롭다는 사실을 뒤늦게나마 깨달은 것일까?

기업에 자국 편향성이 있다고 해서 외국인 투자를 제한해야 하는

---

* 통상산업부가 2007년 개편 개명되어 생긴 부처이다.

것은 아니라는 주장이 나올 수도 있다. 사실 기업들의 자국 편향성을 생각하면 외국 기업의 투자를 쌍수 들고 환영할 만한 일은 아닐지 모르지만 투자는 어디까지나 투자여서 결국은 생산을 늘리고 고용을 창출하는 것 아니냐는 논리일 터이다. 특정 '전략' 산업에는 투자를 못하게 한다든지, 대주주가 되는 것을 금지한다든지, 기술 이전을 요구한다든지 해서 외국인 투자에 제한 조건을 붙이기 시작하면 투자자들은 그냥 다른 나라로 가 버릴 것이므로, 결과적으로 그들이 창출하려 했던 일자리와 부도 다른 나라에 빼앗기게 된다는 의미이다. 특히 그런 정도의 투자 능력을 가진 국내 기업이 별로 없는 개발도상국에서는 단지 외국인이라는 이유만으로 외국인 투자를 거부하는 것은 솔직히 분별없는 짓이라는 말이다. 조립 공정 같은 낮은 수준의 기업 활동밖에 유치하지 못한다 하더라도 투자가 전혀 없는 것보다는 훨씬 나은 일 아닌가.

위 논리는 그 자체로만 볼 때에는 흠잡을 데가 없다. 그러나 외국인 투자를 규제하는 일은 없어야 한다고 결론을 내리기 전에 몇 가지 더 고려해야 할 문제들이 있다. 단, 여기서는 직접 경영 참여가 아닌 금융 수익 목적의 포트폴리오 주식 투자는 제외하고, 경영 참여를 목적으로 회사 주식의 10퍼센트 이상을 확보하는 외국인 직접 투자에만 초점을 맞추기로 하자.

우선 우리가 기억해야 할 것은 외국인 투자가 많은 경우 새로운 생산 시설을 설립하는 그린필드 투자(greenfield investment)가 아니라 기존 기업을 인수하는 브라운필드 투자(brownfield investment)라는 사실이다. 1990년대 이후 전 세계적으로 이루어진 외국인 직접 투자 중 브라운필드 투자가 절반 넘게 차지했다. 국제적 인수 합병 붐이 최고

조에 달했던 2001년에는 이 수치가 80퍼센트까지 육박하기도 했다. 이 말은 외국인 직접 투자의 많은 부분이 생산이나 고용을 새로 창출해 낸 것이 아니라 기존 기업의 경영권 인수에 집중되었다는 의미이다. 물론 카를로스 곤의 예에서 보았듯이 새로운 경영주가 피인수 기업에 보다 뛰어난 경영 기술 역량을 투입해서 병들어 쓰러져 가던 기업을 소생시키는 경우도 있다. 그러나 인수된 기업이 이미 지니고 있던 역량을 활용할 목적으로 이루어지는 인수 합병도 아주 흔하다. 보다 중요한 사실은 외국 기업이 자국 기업을 인수했을 경우 인수 기업의 자국 편향적 성향 때문에 장기적으로는 피인수 기업 직원들이 그 기업 내에서 승진하는 데 한계가 생기게 된다.

그린필드 투자에서도 자국 편향은 고려해야 할 요소이다. 그린필드 투자가 새로운 생산 시설을 창출한다는 의미에서 그 대안, 즉 투자가 전혀 없는 상태보다는 이론적으로 더 나은 것이 사실이다. 그러나 이런 투자를 받아들이기 전에 정책 입안자들이 고려해야 할 점은 앞으로 그 나라 경제가 나아갈 방향에 이 투자가 어떤 영향을 미칠지 하는 것이다. 기업 활동의 종류에 따라 기술 혁신과 생산성 증가를 가져올 잠재력도 다르다. 오늘 무슨 일을 하는가가 미래에 어떤 일을 하게 될지, 그리고 어떤 결과를 거두게 될지를 결정한다. 미국 산업 정책 전문가들 사이에서 1980년대에 유행하던 말처럼, 만들어 내는 내용물이 감자칩인지 나무칩인지 마이크로칩인지 상관없다는 듯이 행동할 수는 없는 것이다. 외국에서 들어온 기업이라면 마이크로칩보다는 감자칩이나 나무칩을 생산하고 싶어 할 확률이 높다는 것을 잊어서는 안 된다.

이런 점을 고려하면 국내 기업들이 아직 제대로 발달하지 않은 개발도상국에서는 최소한 일부 산업만이라도 외국인 직접 투자를 제한하고 국내 기업을 육성해서 외국 기업을 대체할 수 있도록 돕는 것이 더 나을 수도 있다. 이런 정책을 택하면 단기적으로 일부 투자자들을 다른 나라로 빼앗길지 모르지만 장기적으로는 자국 내 경제 활동의 수준을 높일 가능성을 열어 두는 것이다. 이보다 더 나은 방법은 개발도상국 정부가 외국인 투자를 받아들일 때 국내 기업의 역량을 발전시키도록 돕는 것을 조건으로 내세우는 것이다. 운영 기술의 이전을 쉽게 해 주는 조인트 벤처라든지, 기술 이전을 더 능동적으로 하라든지, 노동자 교육을 필수 조건으로 붙인다든지 하는 식으로 말이다.

국내 자본이 외국 자본보다 더 바람직하다고 해서 항상 외국 자본보다 국내 자본을 선호해야 한다는 말은 아니다. 자본이 어떤 식으로 움직이는지를 결정하는 요인은 비단 국적만이 아니기 때문이다. 자본의 의도와 역량 역시 중요하다.

기울어져 가는 자국의 자동차 회사의 매각을 고려하고 있다고 가정해 보자. 가장 이상적인 상황은 그 회사를 장기적으로 더 발전시키려는 의도와 역량을 가진 투자자에게 파는 것이다. 따라서 이 경우에는 국내 자본인지 외국 자본인지와 상관없이 사모펀드 같은 금융 자본보다는 매수한 회사를 발전시킬 기술적 역량을 지닌 경험 있는 자동차 생산 업체가 더 바람직한 투자자이다.

최근 들어 사모펀드들이 기업 인수 부문에서 점점 더 활동 영역을 넓혀 가고 있다. 특정 산업에 관한 전문가를 보유한 것은 아니지만 이론적으로는 사모펀드가 장기 투자를 계획하고 회사를 인수하여 외부에서 전문가를 영입하고 경영진에 앉혀 그 기업을 발전시키는 시나리오도 가능하다. 그러나 실제로는 이 펀드들이 장기적인 기업 발전을 계획하고 회사를 인수하는 경우는 거의 없고, 구조 조정을 통해 수익성을 높인 다음 3~5년 사이에 되팔 목적으로 기업을 인수하는 것이 관례이다. 이때 벌어지는 구조 조정은 시간적 제약 때문에 대개 기업의 역량 강화보다는 직원들을 해고하고 장기 투자를 줄이는 방향으로 흐르기 때문에 생산성 향상 능력을 약화시켜서 기업의 장기 전망을 어둡게 하는 결과에 이른다. 최악의 경우 사모펀드는 처음부터 노골적으로 '자산 수탈'을 목적으로 기업을 살 때도 있다. 그 기업의 장기적 전망은 전혀 고려하지 않고 값나가는 자산을 떼어내 매각하는 것이다. 악명 높은 피닉스 벤처 홀딩스가 BMW로부터 영국 자동차 회사 로버를 산 후 벌어진 일들이 바로 자산 수탈의 전형적인 본보기였다. 이들 '피닉스 4인방'은 각자 막대한 보수를 챙기고 친구들에게 터무니없는 컨설팅 수수료를 지급한 것으로도 유명하다.

물론 동종 업계에서 이미 영업하고 있는 기업이 인수를 했다고 해서 모두 피인수 기업을 장기적인 관점에서 발전시키려는 의도를 지니고 있다고 할 수는 없다. 2009년 파산하기 전 10년 사이 GM은 스웨덴의 사브, 한국의 대우 등 외국의 소규모 자동차 회사들을 연이어 인수했는데, 그 의도는 인수한 회사를 발전시키려는 게 아니라 그들이 축적해 놓은 기술을 이용하려는 것이었다(Thing 18 참조). 이와 더불어 최근 들어서는 산업 자본과 금융 자본의 경계가 모호해지고 있다는 사실도 고려해야 한다. GM, GE와 같은 산업 자본들이 자신의 고유 산업 분야보다 금융 분야에서 올리는 수입이 더 커지고 있는 것을 봐도 알 수 있다. 따라서 특정 산업 분야에서 생산 활동을 하는 인수 기업일지라도 그 산업에 장기적으로 전념할 것이라는 기대는 오산일 수 있다.

만일 어느 외국 기업이 같은 산업 분야에 해당하는 국내 기업을 장기적인 계획을 가지고 인수하려는 것이라면 이 외국 자본이 국내 사모펀드보다 더 낫다. 하지만 다른 조건이 모두 같다면 국내 기업이 국가 경제에 더 바람직한 방향으로 행동할 확률이 더 높다.

지금까지 설명했듯이 세계화론에도 불구하고 연구개발, 전략 수립과 같은 수준 높은 기업 활동의 기지를 어디에 두는지를 결정하는 데에는 아직도 기업의 국적이 중요한 역할을 한다. 기업 행동을 결정하는 것은 그 기업의 국적만이 아니다. 그러므로 그 투자자가 해당 산업에 어떤 경력이 있는지, 피인수 기업에 대한 장기 계획은 무엇인지 등 다른 요인들도 고려해야 한다. 외국 자본을 무조건 거부하는 것은 옳지 않지만, 자본에는 더 이상 국적이 없다는 신화에 근거해 경제 정책을 세우는 것은 너무도 순진한 발상이다. 만델슨 경이 뒤늦게나마 깨달은 외국 자본에 대한 생각은 현실에 근거한 것이기 때문이다.

09

우리는 탈산업화 시대에
살고 있는 것이 아니다

● 그들은 이렇게 말한다

최근 수십 년 사이에 세계 경제는 근본적인 변화를 겪었다. 특히 부자 나라에서 더 두드러지는 현상이지만 최근까지 자본주의의 동력이었던 제조업은 이제 더 이상 중요하지 않게 되었다. 서비스에 대한 수요가 상대적으로 늘어나는 자연스러운 현상과 함께 금융 산업이나 경영 컨설팅과 같은 생산성 높은 지식 기반 서비스가 발전하면서 제조업은 모든 선진국에서 사양길로 접어들었다. '탈산업화' 시대에 들어선 나라들에서는 대부분의 사람들이 서비스 분야에 종사하고, 서비스 제품이 주 생산품 자리를 차지한다. 제조업의 비중이 줄어드는 것은 자연스러운 현상이기 때문에 전혀 우려하지 않아도 되고 오히려 환영해야 할 일이다. 지식 기반 서비스 산업이 점점 커지는 것을 고려하면 개발도상국들도 사양길에 접어든 제조업 산업 단계는 아예 건너뛰고 서비스에 기초한 탈산업형 경제 구조로 바로 진입하는 것이 더 현명한 일일 수도 있다.

우리들 중 대다수가 이제는 공장에서 일하는 대신 상점이나 사무실에서 일을 한다는 의미에서 우리가 탈산업화 시대에 살고 있다고 말할 수 있을지도 모른다. 그러나 제조업 부문이 덜 중요해졌다는 의미에서 탈산업화 시대에 들어섰다고 생각하면 그것은 오산이다. 총생산에서 제조업 생산이 차지하는 비율이 줄어든 것은 대부분 제조업에서 생산되는 제품들의 가격이 서비스업에 비해 상대적으로 낮아졌기 때문이지 제조업 생산량의 절대량이 줄어서가 아니다. 이렇게 제조업 생산품의 가격이 낮아진 것은 제조업 분야의 생산성(투입 단위당 산출량)이 서비스업 분야보다 더 빨리 증가하기 때문이다. 탈산업화 현상이라는 것이 서비스 부문과 제조업 부문이 서로 다른 속도로 성장하기 때문에 생기는 것이고, 따라서 그 자체로는 부정적인 것이 아니지만 경제 전반에 걸친 생산성 향상과 국제수지 면에 끼치는 나쁜 영향을 무시하고 넘어가서는 안 된다. 개발도상국들이 산업화 단계를 건너뛰고 탈산업화 단계에 곧바로 진입할 수 있다는 아이디어는 허상에 불과하다. 서비스 산업은 생산성이 증가하는 데 한계가 있기 때문에 경제 성장의 원동력이 되기 힘들다. 또 서비스 상품은 교역하기도 힘들기 때문에 서비스 산업에 기초한 경제는 수출 능력이 떨어진다. 수출에서 얻는 수입이 적으면 해외에서 선진 기술을 사들일 수 있는 능력이 떨어지고 결국 경제 성장의 속도도 느려진다.

중국에서 만들지 않은
물건도 있어요?

하루는 아홉 살 먹은 아들 진규(내 책 『나쁜 사마리아인들』에 '여섯 살짜리

아들'로 출연하는 등 '다양한' 배역을 소화해 낸 바로 그 녀석이다)가 "아빠, 중국에서 만들지 않은 물건도 있어요?" 하고 물었다. 나는 중국이 생산하는 물건이 많은 건 사실이지만 다른 나라들도 여전히 물건을 만든다고 말하고, 그에 걸맞은 사례를 들기 위해 고심했다. 처음에는 진규가 가진 일제 닌텐도 게임기를 예로 들려 했으나 거기에도 '메이드 인 차이나'라고 찍혀 있던 것이 기억났다. 결국 휴대전화나 평판 TV 중 몇 종이 한국에서 생산된다고 일러 주기는 했으나 아홉 살 꼬마에게 친숙한 다른 사례를 떠올리기는 쉽지 않았다. (진규는 독일산 BMW 같은 제품에는 아직 관심이 없다.) 중국이 세계의 공장(workshop of the world)으로 불리는 것도 무리가 아닌 것이다.

지금이야 믿기 어렵겠지만 세계의 공장이라는 말은 원래 영국을 일컫는 표현이었다. 비록 지금의 영국은 프랑스 대통령 사르코지가 말했듯이 "제조업 따윈 없는" 나라이지만 말이다. 영국은 다른 나라들보다 앞서 산업혁명을 수행한 이래 19세기 중반에는 세계를 압도하는 산업 강국으로 군림했다. 당시 영국은 산업 경쟁력에 대한 자신감으로 넘쳐 자국의 무역을 완전히 자유화해 버릴 정도였다. 1860년에는 세계 제조업 생산량의 20퍼센트, 1870년에는 세계 제조업 제품 무역량의 46퍼센트를 영국이 차지했으니 그럴 만도 하다. 이에 비해 중국이 세계 전체 수출에서 차지하는 비중은 2007년 기준으로 대략 17퍼센트에 불과하다. 그런데도 오늘날 모든 물건을 중국에서 만든다고 생각하는 걸 보면 당시 영국의 산업 지배력이 어느 정도였는지 충분히 짐작될 것이다.

하지만 영국의 압도적인 지위는 그다지 오래 가지 못했다. 영국은 1860년 전후 무역을 완전히 자유화했지만 이미 1880년대부터 산업 지배력이 축소되기 시작했다. 미국과 독일 같은 나라들이 급속히 따라잡았기 때문이다. 영국은 결국 1차 대전이 일어날 무렵에는 선도적인 산업 강국의 지위마저 상실하고 만다. 그러나 이후로도 오랫동안 영국 경제 내에서는 제조업이 지배 산업의 위치를 유지했다. 영국은 1970년대 초반까지 전체 고용 인구 중 제조업 고용의 비중이 35퍼센트로 독일과 더불어 세계에서 가장 높은 수준을 보였다. 그 무렵 영국은 제조업 제품을 수출하고 식량과 연료, 원자재를 수입하는 전형적인 제조업 중심 경제(manufacturing economy)였다. 1960~1970년대만 해도 제조업 부문의 무역 수지 흑자(제조업 부문 수출에서 수입을 뺀 수치)는 일관되게 국내총생산의 4~6퍼센트 수준을 유지했다.

그러나 영국 제조업의 지위는 1970년대 이후 급격히 추락한다. 국내총생산에서 제조업이 차지하는 비중은 1950년에 37퍼센트에 달했으나 지금은 겨우 13퍼센트 정도에 불과하다. 또 전체 고용에서 제조업이 차지하는 비중은 1970년대 초반에 대략 35퍼센트 정도에 달했으나 지금은 겨우 10퍼센트를 웃도는 수준이다.[1] 국제 무역에서 영국이 차지하는 위치도 극적으로 달라졌다. 오늘날 영국은 제조업 부문의 무역 적자가 매년 국내총생산의 2~4퍼센트에 달한다. 그동안 도대체 무슨 일이 벌어진 것인가? 우리는 영국의 이런 현실에 대해 우려해야 하는가?

이에 대해서는 걱정할 필요가 없다는 의견이 압도적으로 많다. 무엇보다 이런 현상이 결코 영국에서만 일어나는 일은 아니라고 한다. 어떤 이들에 따르면 전체 생산 및 고용에서 제조업의 비중이 줄어드는 것(탈산업화로 알려진 현상)은 모든 부자 국가에서 벌어지는 자연스러운 일이다. 영국의 경우 북해 유전 개발로 가속화되기는 했지만 이런 현상이 벌어지는 이유는, 사람들이 부유해질수록 제조업 제품보다 서비스를 더 많이 원하게 되면서 제조업에 대한 수요가 줄어들기 때문이라고 한다. 이에 따라 제조업이 위축된 나라는 자연스럽게 '산업화 이후' 단계로 접어들게 된다는 것이다. 실제로 많은 사람들이 이 같은 서비스 산업의 부상(浮上)을 찬양한다. 이들에 따르면 금융, 컨설팅, 디자인, 전산·정보, 연구개발 등 지식 기반 서비스들은 최근 (다른 서비스업과 달리) 급격한 생산성 성장까지 동반하면서 발전하고 있다. 그리고 이는 서비스 산업이, 적어도 부자 나라에서는 제조업을 대체해서 국민 경제의 새로운 성장 동력으로 자리 잡은 증거라고 한다. 급기야 제조업은 중국 같은 개발도상국들이나 하는 저급한 경제 활동으로 전락해 버린 것이다.

컴퓨터와 이발 :
탈산업화 현상은 왜 일어나는가?

우리는 정말 '탈산업화 시대'에 살고 있는 것인가? 제조업은 시대에 뒤진 경제 부문인가? 첫 번째 질문에 대한 대답은 '어떤 면에 한해서만 그렇다'이고, 두 번째 질문에 대한 답은 '전혀 그렇지 않다'이다.

부자 나라들의 경우 전체 인구 중 공장에서 일하는 사람들의 비중이 과거에 비해 대폭 줄어들었다는 사실에 대해서는 논란의 여지가 없다. 19세기 후반에서 20세기 초까지 일부 국가(예를 들어 영국이나 벨기에)에서는 전체 고용에서 제조업 부문이 차지하는 비율이 대략 40퍼센트에 달했다. 그러나 오늘날에는 그 비율이 기껏해야 25퍼센트 수준이고, 특히 미국이나 캐나다, 영국 같은 나라에서는 고작 15퍼센트밖에 안 된다.

이처럼 공장에서 일하는 사람의 비율이 대폭 줄어들면서 사회의 성격도 변했다. 인간을 형성하는 요소 중 하나는 '일하며 겪는 경험'이다. '어디서 어떻게 일하는지'가 인간의 정체성에 영향을 미치는 것이다. 예를 들어 사무직이나 판매직은 컨베이어 벨트나 다른 기계에 얽매여 있지 않기 때문에 공장 노동자보다 육체노동을 덜 할뿐더러 일의 속도와 방법도 어느 정도 자율적으로 조절할 수 있다. 공장 노동자들은 일의 성격상 작업할 때에는 물론이고 작업장 이외의 공간에서도 노동조합 같은 활동 등을 통해 서로 긴밀하게 협력하는 편이다. 이와 대조적으로 사무직이나 판매직 직원들은 같이 하는 작업보다는 혼자하는 일이 많고, 노조 조직률도 낮다. 또 판매직과 일부 사무직 노동자들은 고객을 직접 대면하는 반면에 공장 노동자들은 고객을 접할기회가 없다. 나는 이런 관찰에서 뭔가 심오한 통찰을 끌어낼 수 있을 정도로 사회학이나 심리학에 정통하지 못하다. 그러나 이런 현상들에서 우리는 오늘날 부자 나라 시민들이 부모나 조부모 세대와 다른 방식으로 일할 뿐 아니라 사람 자체도 다른 유형으로 변했다는 것을 알수 있다. 이렇게 본다면 오늘날의 부자 나라들은 이미 사회적 차원에서 '탈산업 사회 시대'로 접어들었다고 할 수 있다.

그러나 경제적 차원에서 보면 부자 나라들 역시 아직 탈산업화 시대에 들어섰다고 볼 수 없다. 제조업은 여전히 이 나라들의 경제를 주도하고 있다. 왜 그런지를 알려면 먼저 선진국에서 탈공업화가 일어나게 된 원인을 이해할 필요가 있다.

탈산업화가 되어 간다고 느끼는 작지만 무시할 수 없는 원인은 '착시 현상' 때문이다. 실제 상황의 변화가 아니라 단지 통계 처리의 변화 때문에 탈산업화가 많이 진행된 것처럼 느끼게 되었다는 말이다. 예를 들어 제조업 부문의 기업 안에서 이루어지던 단체 급식, 청소, 기술 지원 등의 기능이 아웃소싱되는 경우를 생각해 보자. 급식, 청소, 기술 지원 등은 사실 그 자체로는 서비스에 속하지만 제조업 기업 안에서 이루어질 때에는 제조업의 실적으로 잡힌다. 그러나 이런 서비스들이 아웃소싱(청소 전문 회사가 제철소 밖에 설립되어 제철소에 청소 서비스를 제공하는 경우)되면 실제 서비스의 양은 늘어나지 않았지만 서비스 부문의 국민소득은 증가하고 제조업 부문의 국민소득은 감소한다. 이 같은 형태의 아웃소싱 규모가 얼마나 큰지에 대해 신뢰할 만한 추정치는 없다. 그러나 전문가들은 이런 아웃소싱이 미국과 영국에서, 특히 1980년대에 이루어졌다는 탈산업화의 중요한 이유라는 데에는 동의한다. 이를 아웃소싱 효과라고 할 수 있다.

이 같은 아웃소싱 효과 외에도 제조업의 쇠퇴가 실제보다 더 부풀려져 보이는 원인으로 이른바 재분류 효과[2]가 있다. 영국 정부의 보고서에 따르면 1998~2006년에 이 나라 제조업 부문의 고용 규모 하락 폭 중 10퍼센트 정도는 일부 제조 업체의 업종이 서비스업으로 재분류되었기 때문이다. 여전히 제조업을 하고 있는 일부 업체가 자기 회사의 업무 중 생산보다 서비스가 훨씬 더 많아졌다고 생각하면서 통계청에 서비스업으로의 등록 변경을 요청했다는 것이다.

최근 이른바 탈산업화의 원인으로 자주 거론되는 것이 있다. '저비용 개발도상국', 특히 중국으로부터 제조업 제품이 엄청나게 수입되면서 부자 나라들의 제조업이 사양길을 걷게 되었다는 주장이다. 그러나 이 또한 극적으로 보일지는 몰라도 부자 나라들의 이른바 탈산업화를 설명하는 데 결정적인 역할을 하지는 못한다. 중국의 수출품이 대다수 부자 나라의 경제에 실제로 영향을 미친 것은 1990년대 후반을 지나서인 반면에 탈산업화로 불리는 현상은 이미 1970년대 들어서 시작되었기 때문이다. 더욱이 대다수의 통계 분석도 새로운 '세계의 공장'으로 부상한 중국이 지금까지 부자 나라들에서 이루어진 탈산업화 현상에 대해 설명할 수 있는 부분은 고작 20퍼센트 안팎에 불과함을 말해 준다.

이른바 탈산업화 현상의 원인 중 나머지 80퍼센트는 대체로 국민경제가 부유해지면서 제조업 제품에 대한 수요가 서비스 수요에 비해 상대적으로 줄어드는 경향 때문이라고 많은 이들은 생각한다. 그러나 조금 더 자세히 들여다보면 제조업 제품에 대한 수요 하락은 실제로 매우 미미하다. 우리가 소득의 점점 더 많은 부분을 제조업 제품보다 서비스 구입에 사용하는 것처럼 느끼는 이유는, 우리가 소비하는 서비스의 양이 계속 늘어나고 제조업 제품의 양은 계속 줄어들기 때문이 아니라 서비스의 가격이 제조업 제품의 가격보다 상대적으로 점점 더 비싸지기 때문이다.

예를 들어 10년 전에 컴퓨터 한 대를 살 수 있던 돈이면, (10년 동안의 물가상승률을 반영할 때) 오늘날 네 대까지는 몰라도 세 대는 거뜬히 구입할 수 있다. 더욱이 새로 산 컴퓨터의 성능은 10년 전 컴퓨터보다 훨씬 뛰어난 데다 크기는 확실히 작다. 이에 따라 웬만한 가정은 컴퓨터 한 대가 아니라 두 대 정도는 갖게 되었다. 그래도 소득 중에서 컴퓨터 두 대 구매에 사용한 몫은 10년 전 소득 중 컴퓨터 한 대에 쓴 몫보다 크게 낮을 것이다. (논의의 편의상 물가상승률을 반영했을 때 현재 소득은 10년 전과 같다고 가정한다.) 이와 대조적으로 이발 횟수는 어떤가. 그동안 머리가 벗겨지지 않았다면 10년 전과 마찬가지일 것이다. 그러나 이발 요금은 10년 전에 비해 다소 올랐을 테고, 이에 따라 소득에서 이발 요금이 차지하는 몫도 10년 전에 비해 얼마간은 높아졌을 것이다. 결과적으로 소득 중 이발에 지출하는 몫은 10년 전보다 더 늘어난 반면에 컴퓨터 구입에 사용된 몫은 줄어들었다고 생각할 수 있다. 그러나 실제로 이발소에 가는 횟수는 예전과 같은 반면에 소비한 컴퓨터의 수는 더 많아졌다.

그런데 사실 이런 상대가격의 변동이 일어나지 않았다고 가정한다면(전문적인 용어를 써서 불변가격으로 컴퓨터와 이발의 가격을 측정한다면), 부자 나라들의 제조업은 우리가 느끼는 것만큼 급격히 쇠퇴하지는 않았음을 알 수 있다. 예를 들어 영국의 경우 국민총생산액에서 제조업이 차지하는 비중은, 상대가격이 변동되었다는 사실을 무시하면(경상가격으로 측정하면) 1955년에는 37퍼센트였으나 1990년에는 21퍼센트로 크게 낮아졌다. 총생산액에서 차지하는 제조업 비중이 35년 동안 (1955~1990) 무려 40퍼센트나 떨어진 것이다. 그러나 상대가격의 변동을 감안해서 불변가격으로 측정하면 같은 기간 동안 총생산액 대비 제조업 비중은 27퍼센트에서 24퍼센트로 불과 10퍼센트 약간 넘게 하락했을 뿐이다.[3] 달리 표현하자면 제조업 제품에 대한 실질적인 수요(즉 상대가격 변동을 감안해서 제조업 제품에 대한 수요를 측정하면) 하락의 규모는 미미하다.

그렇다면 제조업 제품의 상대가격은 왜 떨어지는 것일까? 서비스업에 비해 제조업의 생산성이 더 빨리 향상하는 경향이 있기 때문이다. 제조업 부문의 생산물이 서비스 부문의 생산물(서비스 제공)보다 더 빨리 늘어나기 때문에 서비스 가격에 비해 제조업 제품의 가격이 상대적으로 낮아지는 것이다. 제조업의 경우 기계화나 화학 처리 공정을 도입하기가 훨씬 쉬운 만큼 서비스업에 비해 생산성을 올리기도 쉽다. 이와 대조적으로 상당수의 서비스는 그 성격상 생산성을 올리기가 어렵다. 서비스의 질을 떨어뜨리지 않고서는 쉽게 생산성을 향상시킬 수 없다는 말이다.

일부 서비스 부문에서는 생산성을 억지로 높이려다가 생산물(제공되는 서비스) 그 자체를 망가뜨릴 수도 있다. 일례로 현악 4중주단이 27분짜리 곡을 9분 만에 후다닥 연주했다고 하자. 과연 생산성이 세 배 향상되었다고 할 수 있을까?

물론 품질을 떨어뜨리는 방법으로 생산성을 올릴 수 있는 서비스들도 있다. 교육 서비스의 경우 교실에 정원의 네 배에 달하는 학생들을 몰아넣으면 교사의 생산성을 네 배 올릴 수 있을 것이다. 그러나 이 교사는 예전만큼 학생들에게 관심을 가질 수 없으며, 이에 따라 그 '생산물'(수업이라는 서비스)의 질은 떨어질 수밖에 없다. 미국이나 영국의 경우 소매 서비스에서 엄청난 생산성 향상이 이루어졌다. 매장에 나와 있는 신발, 소파, 사과 등 상품 가격들도 훨씬 싸졌다. 그러나 이런 생산성 향상 또한 소매 서비스 자체의 질을 떨어뜨린 대가일 뿐이다. 신발 가게의 경우 직원을 줄이는 바람에 고객들은 5분이 아니라 20분을 기다리게 되었다. 소파를 배달 받으려면 2주가 아닌 4주나 대기해야 하는 것은 물론 '아침 9시부터 저녁 6시 사이 언제가 될지 모르는 시간'에 배달되는 물건을 받느라 하루 휴가를 내야 하기도 한다. 새로 생긴 대형 마트의 사과나 냉동 피자가 집 주변 슈퍼마켓보다 싸다고 하지만 이는 대형 마트가 동네에서 멀리 떨어진 곳에 입주해 넓은 매장 면적을 확보했기 때문이고, 따라서 소비자는 마트까지 차를 몰고 가서 넓은 매장 어딘가에 있는 해당 코너를 찾아 헤매느라 물건을 사는 데 전보다 훨씬 많은 시간을 들여야 한다.

금융처럼 생산성 향상의 여지가 많은 서비스 부문도 있다. 그러나 2008년 금융 위기를 통해 보면 그동안 금융 서비스에서 나타난 생산성 향상 중 대부분은 생산성이 (예를 들어 전산 기술을 개선해 거래 비용을 줄이는 식으로) '실제로 오른' 덕분이 아니었다. 한동안 금융업자들은 이른바 '금융 혁신'을 통해 금융 상품의 위험성을 줄이는 첨단 기법을 개발했다고 선전하면서 이를 마구잡이로 팔아댔다. 그 덕에 금융 산업은 지속 불가능할 정도의 속도로 성장할 수 있었고, 이는 금융 서비스의 생산성이 크게 증가하고 있는 것으로 간주되었다. 그러나 알고 보니 이 '금융 혁신'은 금융 상품의 위험성을 실제로 줄인 것이 아니라 일시적으로 감추는 데 불과한 것이었고, 그에 바탕을 둔 금융 부문의 급속한 성장은 결국 지탱할 수 없었다(Thing 22 참조).

요약하자면 부자 나라들의 국민총생산에서 제조업 비중이 줄어든 주원인은 많은 사람들이 생각하는 것처럼 제조업 제품에 대한 수요가 상대적으로 하락했기 때문이 아니다. 중국이나 다른 개발도상국 제조업 제품의 수입이 대거 늘어나서 그런 것도 아니다. 이런 수입 제품으로 상당한 타격을 입는 것은 몇몇 부문에 국한되어 있다. 이른바 탈산업화 현상은 제조업 부문의 급속한 생산성 향상에 따라 제조업 제품의 가격이 상대적으로 하락하기 때문에 나타난 것이다. 따라서 부자 나라의 국민들은 고용의 측면에서 보자면 '탈산업 사회'를 살아가고 있는지 모르지만, 생산의 관점에서 보면 이들 경제에서 제조업이 차지하는 중요성은 아직 '탈산업 사회'를 공언할 정도로 줄어들지는 않았다.

탈산업화는 우려해야
하는 현상인가?

이른바 탈산업화가 그 나라 제조업 부문의 생산성 향상이 빨라서 나타나는 현상이라면 좋은 일 아닐까?

꼭 그렇지는 않다. 예를 들어 어떤 국가의 제조업이 서비스업보다 더 역동적이고, 이에 따라 이른바 탈산업화 현상이 관찰된다고 하자. 그러나 이는 해당 국가 내의 제조업이 서비스업에 비해 생산성 향상이 빠르다는 것일 뿐 이 사실만으로 그 나라의 제조업이 다른 나라들의 제조업보다 더 역동적인지 아닌지를 알 방법은 없다. 그런데 알고 보니 이 나라 제조업 부문의 생산성 증가가 경쟁국보다 뒤처지고 있다고 치자. 이 경우 해당 국가의 제조업은 국제 경쟁력을 상실하게 되면서 단기적으로는 국제수지 적자, 장기적으로는 국민 생활수준의 저하로 이어진다. 다시 말하면 이 나라가 경제 성장에 성공하든 실패하든 관계없이 탈산업화 현상은 나타날 수 있다는 이야기이다. 그러므로 설사 자국 제조업이 서비스업보다 더 역동적이고, 이에 따라 국내에서 탈산업화 현상이 관찰된다고 해도 안도해서는 안 된다. 국내 제조업의 생산성 증가가 서비스 부문보다 빠르다고 해도 우물 안 개구리일 뿐 국제적 기준에서는 형편없이 느릴 수 있기 때문이다.

또 자국 제조업이 국제 기준에서 봐도 역동적이라고 치자. 그래도 안심할 수 없다. 이번에는 제조업 비중이 문제가 된다. 국내 산업에서 제조업 부문의 비중이 서비스업에 비해 상대적으로 위축되면 이 또한 생산성 증가를 가로막을 수 있기 때문이다. 예를 들어 어떤 나라의 경제에서 서비스 비중이 압도적으로 높을 때 이 나라 경제 전반의 생산성 향상은 느려질 것이다. 서비스 부문은 산업의 속성상 생산성이 제조업보다 더디게 성장하고, 이는 국민 경제 전체의 생산성에 부정적 영향을 미칠 것이기 때문이다. 그러므로 이른바 탈산업화 현상을 겪고 있는 어떤 국가가 충분히 부유해서 더 이상의 생산성 증가는 필요 없다고 생각하는 것이 아니라면 생산성 둔화는 걱정해야 할 일이다. 그렇지 않으면 생산성 둔화를 현실로 받아들이고 그에 따른 부정적인 변화들을 감수할 준비가 되어 있어야 한다.

탈산업화 현상은 국제수지에도 좋지 않은 영향을 미친다. 서비스 부문은 제조업보다 수출이 어렵고, 따라서 외화를 벌어들이기가 쉽지 않기 때문이다. 이런 서비스업의 비중이 커지면(탈산업화) 해당 국가의 국제수지가 적자 상태에 빠지고, 무역 시장에서는 지불할 돈이 없어진다. 물론 일시적으로 해외에서 돈을 빌려 국제수지 적자를 메우는 방법도 있다. 그러나 이 경우 자국 통화 가치의 하락을 초래해 해외 물품을 수입할 능력을 떨어뜨리고, 이는 결국 생활수준의 저하로 이어진다.

서비스의 교역이 어려운 이유는 무엇일까. 세계 어느 곳으로든 운송 가능한 제조업 제품과는 달리 대부분의 서비스는 '서비스 제공자'와 '서비스 소비자'가 같은 공간에 있어야 사고파는 것이 가능하기 때문에 원천적으로 교역 가능성이 낮다. 예를 들어 서울에 살면서 뉴욕에 있는 다른 사람의 집을 청소하거나 그의 머리를 잘라 줄 방법을 발명해 낸 사람은 아직 아무도 없다. 물론 이발사나 청소부 같은 서비스 공급자가 고객이 사는 나라로 이주할 수 있다면 문제는 해결된다. 그러나 이는 대개 이민을 의미하는데, 이민은 대부분의 나라에서 엄격하게 제한한다(Thing 3 참조). 이런 점을 감안할 때 경제에서 서비스 부문이 차지하는 비중이 커진다는 것은, 다른 조건에 변동이 없는 이상 수출로 벌어들이는 외화가 줄어든다는 사실을 의미한다. 결국 제조업 제품의 수출을 이례적일 정도로 크게 늘리지 않는 한 예전만큼 해외 상품을 수입하기가 어려워진다. 더욱이 이 나라의 탈산업화 현상에 '제조업 부문의 국제 경쟁력 상실'까지 겹친다면, 제조업 부문의 수출 증가도 어렵고 따라서 국제수지 적자 문제는 더욱 심각해질 수밖에 없다.

물론 모든 종류의 서비스가 똑같이 비교역적인 것은 아니다. 앞서 언급한 바 있는 금융이나 컨설팅, 엔지니어링 같은 지식 기반 서비스는 교역이 훨씬 손쉽다. 예를 들어 영국은 1990년대 이래 지식 기반 서비스의 수출을 통해 벌어들인 외화로 탈산업화 현상에 따른 국제수지 적자를 메웠다. 1980년대의 영국은 제조업 쇠퇴, 즉 탈산업화로 인한 국제수지 적자를 북해 원유 수출로 겨우 메웠지만 1990년대 들어 원유 수출액도 감소 추세를 보이던 차에 이런 서비스들이 등장하여 구원투수 노릇을 해 주었다.

그러나 이처럼 지식 기반 서비스 수출에서 가장 앞서 있다는 영국조차 거기서 얻는 국제수지 흑자 규모는 국내총생산의 4퍼센트에 미치지 못해서 제조업 부문에서 발생하는 국제수지 적자를 간신히 메우는 수준이다. 더욱이 2008년의 세계 금융 위기로 글로벌 금융 규제가 강화될 가능성이 높아지고 있다. 이렇게 되면 영국은 금융과 다른 지식 기반 서비스 부문에서 이 정도 규모의 흑자나마 유지하기는 어려울 것으로 보인다. 탈산업화 시대 경제의 또 다른 모델로 간주되는 미국의 경우 지식 기반 서비스의 수출에서 발생하는 국제수지 흑자액이 국내총생산의 1퍼센트 미만이다. 이는 국내총생산의 4퍼센트 규모에 달하는 제조업 무역 적자를 메우기에는 어림없는 수준이다.[4] 이런 상황에서도 미국이 이럭저럭 버틸 수 있었던 것은 해외에서 엄청난 규모로 돈을 빌려 적자를 메웠기 때문이다. (그러나 세계 경제의 변화 추이를 감안하면 앞으로 몇 년 안에 외자를 끌어들이는 미국의 능력 역시 크게 위축될 전망이다.) 더욱이 미국과 영국이 앞으로 지식 기반 서비스 부문에서 경쟁력을 유지할 수 있을지도 의문이다. 제조업과 깊이 연관되는 첨단 지식 기반 서비스업인 엔지니어링, 디자인 등의 서비스 부문을 발전시키려면 제조업 생산 공정을 직접 운영하거나 관찰하며 체득하게 되는 지식이 필수적이다. 미국과 영국의 경우 현재 가뜩이나 약한 제조업 부문이 앞으로도 계속 취약해진다면, 제조업 관련 첨단 서비스의 품질 저하는 물론 이를 수출해 벌어들이는 외화 감소로 이어질 것이다.

지식 기반 서비스 산업이 가장 발달했다고 하는 미국과 영국 두 나라마저 궁극적으로 서비스를 수출해서 국제수지 균형을 달성할 수 없다면 다른 나라는 더 말할 필요가 없을 것이다.

탈산업 사회의
환상

탈산업화가 제조업에서 서비스업으로 경제 성장의 동력이 바뀐 결과라고 믿는 사람들은 개발도상국이 산업화 단계를 건너뛰고 곧바로 서비스 산업 중심의 경제로 나아갈 수 있다고 주장한다. 특히 서비스 부문에서 해외 아웃소싱이 점점 늘어나면서 인도 관측통들 사이에서 이런 견해가 널리 퍼졌다. 이들은 공해나 유발하는 제조업은 잊어버리고 농업에서 서비스업으로 곧바로 옮겨 가야 한다고 주장한다. 중국이 '세계의 공장'이라면 인도는 '세계의 사무실'이 되어야 한다는 것이다.

그러나 가난한 나라가 서비스 산업을 기반으로 발전해 나갈 수 있다는 생각은 환상에 불과하다. 앞서 언급했다시피 서비스 부문은 본질적으로 제조업 부문보다 생산성 증가 속도가 느리다. 물론 지식 기반 서비스 산업처럼 생산성이 향상될 잠재력이 큰 부문들이 있기는 하다. 하지만 지식 기반 서비스업은 주로 제조 업체를 위한 서비스를 제공하므로 제조업 기반이 취약한 상황에서는 이런 서비스업들을 발전시키기가 상당히 어렵다. 결국 처음부터 서비스 산업에 기반을 두고 경제 개발을 추진할 경우 제조업에 기반을 둔 경우에 비해 장기적인 생산성 증가율이 훨씬 더 떨어질 수밖에 없다.

더구나 서비스 상품은 앞서 본 것처럼 교역 가능성이 떨어지는 만큼 서비스 생산에 특화된 나라는 제조업 제품 생산에 특화된 나라보다 국제수지에서 심각한 문제에 직면할 가능성이 높다. 국제수지에 문제가 생기면 장기적으로 국민들의 생활수준이 떨어지게 되므로 선진국에게도 좋지 않은 일이다. 하물며 개발도상국에게는 치명적인 것이다. 개발도상국은 경제 개발을 위해 해외의 선진 기술(기계 도입이든 기술 이전이든)을 수입하지 않으면 안 된다. 따라서 개발도상국의 국제수지에 문제가 생기면 선진 기술을 도입하여 경제 성장을 이끌어 낼 능력 자체가 훼손될 수밖에 없다.

이처럼 서비스 산업에 기반을 둔 경제 개발 전략의 부정적인 측면을 지적하면 일부에서는 반론을 제기할지도 모르겠다. 스위스나 싱가포르 같은 나라들은 어떤가? 그들은 서비스 산업에 기반을 두고도 경제 발전을 이룩하지 않았는가?

그러나 스위스와 싱가포르의 실제 모습은 사람들이 흔히 알고 있는 것과 다르다. 실제로 이들은 제조업 성공 신화를 일군 나라들이다. 사람들은 흔히 스위스가 제3세계 독재자들이 은행에 예치해 놓은 비자금이나 관리해 주면서, 혹은 일본이나 미국 관광객들에게 소 목에 매다는 방울과 뻐꾸기시계 따위나 팔아먹고 산다고 생각한다. 그러나 스위스는 세계 최고 수준의 공업 경제를 이룩한 나라 중 하나이다. 우리가 스위스산 제품을 흔히 볼 수 없는 것은 스위스가 인구 700만 명의 작은 나라여서 제조업 제품 생산량 자체가 그렇게 많지 않은 데다 그마저도 흔히 접할 수 있는 소비재가 아니라 기계류나 화학 제품 같은 생산재가 대부분이기 때문이다. 그러나 스위스는 1인당 제조업 제품 생산량이 세계 최고 수준인 나라이다. (연도와 자료에 따라 조금씩 다르지만 보통 일본과 스위스가 1, 2위를 다툰다.) 싱가포르 역시 세계에서 제조업이 강하기로 다섯 손가락 안에 드는 나라이다(1인당 제조업 부가가치 기준). 지금까지 나온 일본, 스위스, 싱가포르에 핀란드와 스웨덴을 더하면 제조업 부문의 세계 최강 5개국이 된다. 인구가 8만 5000명에 1인당 국민소득은 9000달러 정도인 세이셸처럼 매우 작고 관광 자원이 풍부한 나라를 제외하면 지구상에서 서비스 산업에 의존하여 (높은 수준은 말할 것도 없고) 괜찮은 수준의 생활을 영위하는 나라는 지금까지 없었고, 앞으로도 없을 것이다.

이제 요약하자. 지금까지 상황을 보면 심지어 부자 나라들도 이른바 탈산업 사회로 접어들었는지가 아직 확실하지 않다. 이제 부자 나라들의 대다수 국민은 공장에서 일하지 않는다. 그러나 그동안 상대 가격의 변화(제조업 제품의 가격은 내린 반면에 서비스 가격은 그렇지 않음)

를 감안하면 부자 나라들의 생산과 소비에서 제조업 부문의 중요성은 그리 떨어지지 않았다. 그리고 탈산업화 현상이 꼭 제조업의 쇠퇴를 뜻하는 것은 아니지만(물론 그런 경우가 많기는 하지만) 이 현상이 장기적인 생산성 증가와 국제수지에 부정적인 영향을 미칠 수 있다는 점에도 주목해야 한다. 세계 각국의 상당수 정부들이 탈산업 사회라는 신화에 세뇌되어 탈산업화 현상에 따른 부정적 결과들을 무시하고 있기에 하는 말이다.

특히 개발도상국이 산업화 단계를 건너뛴 다음 서비스 산업으로 번영을 누릴 수 있다고 생각한다면 그것은 환상에 불과하다. 대다수의 서비스는 생산성이 느리게 성장한다. 그리고 생산성 증가 속도가 빠르다는 첨단 지식 기반 서비스 산업들은 강력한 제조업 없이 발전할 수 없다. 더욱이 서비스는 국제 교역이 어렵다. 그래서 개발도상국이 서비스 산업에 특화하는 경우 심각한 국제수지 적자에 직면할 수 있고, 이렇게 되면 경제를 고도화시킬 능력 또한 떨어지게 된다. 이렇듯 탈산업 사회라는 환상은 선진국에도 좋지 않지만 특히 개발도상국에는 대단히 해롭다.

10

미국은 세계에서
가장 잘사는 나라가 아니다

● 그들은 이렇게 말한다

최근 경제 문제에도 불구하고 미국은 여전히 세계에서 가장 높은 생활수준을
자랑한다. 시장 환율을 적용할 경우 미국보다 1인당 소득이 더 높은 나라가
몇 있기는 하다. 그러나 그것이 달러가 되었든 유로가 되었든 같은 돈으로 살
수 있는 재화와 서비스의 양은 다른 부자 나라에 비해 미국이 가장 많다는 사
실을 감안하면 도시국가 룩셈부르크를 제외하고 미국보다 더 생활수준이 높
은 나라는 없다. 이는 완벽하지는 않지만 미국이 자유 시장 경제 시스템을 가
장 비슷하게 구현하고 있어서이고, 그렇기 때문에 다른 나라들이 미국을 따
라 하려 애쓰는 것이다.

● 이런 말은 하지 않는다

평균 소득으로 따져 볼 때, 미국인들은 룩셈부르크를 제외한 다른 선진국 국
민들에 비해 재화와 서비스를 살 수 있는 구매력이 가장 높다. 그러나 소득

분배가 극도로 불균등한 미국과 상대적으로 소득 분배가 고른 다른 선진국을 이렇게 평균 소득만으로 비교해서는 사람들의 삶을 제대로 짐작하기가 어렵다. 이 불균등한 소득 분배 현상은 미국의 건강 지표가 좋지 않고 범죄율이 높은 원인 중의 하나이기도 하다. 게다가 미국이 다른 선진국보다 같은 돈으로 더 많은 물건과 서비스를 살 수 있는 이유는 이민이 많고 고용 조건이 열악한 덕에 상대적으로 서비스가 싸기 때문이다. 이와 더불어 미국인들은 유럽인들에 비해 일을 훨씬 더 오래 한다. 같은 시간을 일하는 것으로 계산하면 미국인들보다 유럽인들의 구매력이 더 높아진다. 미국인들처럼 여가 시간보다는 물건을 많이 갖는 쪽이 더 나은 삶이냐, 유럽인들처럼 물건을 더 살 돈보다는 여가 시간을 확보하는 쪽이 더 나은 삶이냐 하는 것은 사람에 따라 의견이 다르겠지만, 적어도 미국이 다른 부자 나라들에 비해 생활수준이 단연 더 높은지는 논란의 여지가 있다.

미국의 도로는
금으로 포장되어 있지 않았다

1880년부터 1914년 사이 거의 300만 명에 달하는 이탈리아 사람들이 미국으로 이민을 갔다. 그러나 이들 중 많은 수가 막상 미국에 도착한 후 크게 실망을 했다. 새로 정착한 미국 땅이 그 전에 꿈꿔 오던 낙원이 아니었기 때문이다. 고향에 보낸 편지에는 그래서 이런 이야기가 많았다고 한다. "도로가 금으로 포장되어 있기는커녕 포장도 안 돼 있더라. 오히려 우리더러 도로를 포장하라고 하더라고."

미국에서는 누구나 꿈을 이룰 수 있다고 생각한 것은 이탈리아 이민자들만이 아니었다. 미국은 1900년에 와서야 세계에서 제일 잘사는 나라가 되었지만 건국 초기부터 전 세계 가난한 사람들의 상상력을 자극하는 희망의 나라였다. 19세기 초 미국의 1인당 평균 소득은 유럽의 그것과 비슷했고, 영국이나 네덜란드의 평균 소득에 비해서는 절반밖에 되지 않았다. 그럼에도 유럽의 가난한 사람들은 미국으로 가고 싶어 했다. 아메리카 원주민을 몰아내야 하는 불편함이 있긴 했지만 미국에서는 원하는 대로 무한정 땅을 차지할 수 있고, 일손이 아주 귀해서 유럽보다 네 배 정도의 임금을 챙길 수도 있었다(Thing7 참조). 그 중 가장 결정적인 요소는 아메리칸 드림을 이야기할 때 많이 거론되는 것처럼 미국이 봉건 제도의 잔재가 남아 있지 않은 나라여서 구대륙에 비해 신분 상승의 가능성이 훨씬 높다는 사실이었다.

미국에 매혹된 것은 이민을 꿈꾸는 사람들만이 아니었다. 특히 최근 수십 년 사이 전 세계 기업가들과 정책 입안자들은 미국식 경제 모델을 모방하기를 원하고, 실행에 옮기기도 했다. 이들에 따르면 미국의 자유 기업 시스템은 사람들에게 무한 경쟁의 기회를 주고, 거기서 이긴 사람은 정부의 규제나 잘못된 평등주의 문화의 제약을 받지 않고 응당한 보상을 받도록 해 주는 이상적인 제도이다. 그야말로 기업가 정신과 혁신이 우대를 받는 시스템인 것이다. 고용과 해고가 쉬운 자유로운 노동 시장 덕분에 기업들은 변화하는 시장 여건에 맞춰 노동자들을 경쟁 기업보다 빠르게 재배치할 수 있는 민첩한 구조를 유지함으로써 경쟁력을 높일 수 있다. 기업가 정신을 지닌 사람들에게 많은 보상이 돌아가고, 노동자들은 변화하는 여건에 빨리 적응해야 하는 이런 시스템에서는 불평등이 생길 수밖에 없다. 그러나 미국식 모델을 찬양하는 사람들은 시스템에서 낙오한 사람들마저 그 결과에 기꺼이 수긍한다고 주장한다. 계층 간 이동이 자유로운 시스템에서는 당장 자기 자식이 제2의 토머스 에디슨이나 J.P. 모건, 빌 게이츠가 될 가능성도 열려 있기 때문이다. 열심히 일하고 창의력을 발휘하게 하는 동기 부여가 이렇게 강력하니, 미국이 20세기 세계에서 가장 잘사는 나라로 떠오른 것도 무리가 아니다.

미국 사람들 잘사는 건 다 아는 사실이다

사실 이 말은 옳지 않다. 미국은 더 이상 세계에서 제일 잘사는 나라가 아니다. 미국보다 1인당 국민소득이 높은 나라가 유럽에 몇 나라나 있기 때문이다. 세계은행 자료에 따르면 2007년 미국의 1인당 국민소득은 4만 6040달러이다. 미국 달러를 기준으로 할 때 노르웨이(7만 6450달러)를 필두로 룩셈부르크, 스위스, 덴마크, 아이슬란드, 아일랜드, 스웨덴(4만 6060달러) 순으로 7개 나라가 미국보다 1인당 국민소득이 더 높은 것으로 드러난다. 인구 규모가 작은 아이슬란드(31만 명)나 룩셈부르크(48만 명)를 제외하더라도 미국은 세계에서 여섯 번째로 부유한 나라일 뿐이다.

어떤 이들은 그럴 리가 없다, 미국에 실제로 가 보면 스위스나 노르웨이보다 훨씬 잘 살던데 무슨 소리냐 하고 생각할 듯도 하다.

이런 인상을 받는 이유 중 하나는 미국이 다른 유럽 국가들보다 더 불평등하다는 데에 있다. 어느 나라나 관광을 할 때에는 빈민가를 볼 기회가 별로 없기 때문에 우리는 유럽 여러 나라보다 미국에 빈민가가 훨씬 더 많은데도 그곳을 뺀 나머지 부분만 보고 미국이 더 잘산다는 인상을 받게 되는 것이다. 그러나 이 불평등이라는 요인 말고도 대부분의 사람들이 유럽 사람보다 미국 사람들이 더 잘산다고 생각하게 되는 이유가 또 있다.

제네바에서는 5마일 정도 되는 거리를 택시를 타고 가면 35달러(약 35스위스프랑)를 내야 했지만 보스턴에서는 같은 거리를 가는 데 15달러밖에 들지 않는다. 오슬로에서 100달러(550크로네) 정도 내고 먹은 저녁 식사는 세인트루이스에 가면 50달러 정도면 충분하다. 반대의 경우도 있다. 태국이나 멕시코에 휴가를 갔다고 생각해 보자. 이번 주에만 등 마사지를 여섯 번이나 받았고, 저녁 식사 전인데도 벌써 마르가리타를 석 잔째 마시고 있다면 (술에 취해서인지는 몰라도) 100달러짜리 지폐가 200달러, 아니 300달러처럼 느껴질 것이다. 시장 환율이 국가 간 생활수준의 차이를 정확하게 반영했다면 이런 일은 일어날 수가 없다.

다른 화폐를 쓴다 하더라도 결국은 같은 양의 돈인데 나라마다 살 수 있는 제품과 서비스의 양이 이렇게 다른 이유는 무엇일까? 이런 차이는 단기적으로 환투기에 따라서도 영향을 받기는 하지만 근본적으로 시장 환율이라는 것이 주로 국제적으로 거래되는 재화와 서비스에 대한 수요 공급만을 반영하기 때문이다. 반면 어느 나라에서 정해진 금액으로 얼마만큼의 제품과 서비스를 살 수 있는가 하는 문제는 국제 시장에서 교역되는 것들뿐 아니라 그 나라에서 거래되는 모든 재화와 서비스의 가격에 따라 결정된다.

국제 시장에서 거래되지 않는 비교역재 중 가장 중요한 것이 택시 운전이나 레스토랑의 서빙처럼 사람을 직접 상대하는 노동 서비스이다. 이런 서비스를 국제적으로 거래하려면 이민을 해야 하지만, 그건

각 나라의 이민 제한 정책 때문에 마음대로 할 수 없는 일이므로 나라에 따라 노동 서비스의 가격이 엄청나게 차이가 나게 된다(Thing 3, 9 참조). 다시 말하면 스위스 택시나 노르웨이 식당이 비싼 것은 그 나라의 노동자 임금이 높기 때문이라는 이야기이다. 노동자 임금이 싼 멕시코나 태국 같은 곳을 가면 이런 서비스 또한 싸진다. 반면 국제적으로 교역되는 TV나 휴대전화 같은 상품들은 부자 나라든 가난한 나라든 상관없이 기본적으로 비슷한 가격을 지불해야 살 수 있다.

나라마다 다른 비교역 재화와 서비스의 가격을 반영하기 위해 경제학자들은 국제 달러(international dollar)라는 개념을 만들어 냈다. 특정 통화가 서로 다른 나라에서 일련의 공통적인 소비품을 얼마나 살 수 있는지를 측정하는 방법인 구매력 평가지수(PPP)라는 개념에 근거를 둔 이 가상 통화를 이용하면 서로 다른 나라의 소득에 동일한 기준을 적용해서 생활수준을 직접 비교하는 것이 가능하다.

각 나라의 소득을 국제 달러로 환산해 보면 잘사는 나라의 소득은 시장 환율로 계산한 소득보다 더 낮아지는 반면에 가난한 나라의 소득은 더 높아진다. 우리가 소비하는 것들 중 많은 부분이 서비스이고, 잘사는 나라에서는 서비스가 상대적으로 비싸기 때문에 이런 결과가 나오는 것이다. 한편 시장 환율로 계산한 소득과 구매력 평가지수 기준 소득에 별 차이가 없는 나라도 있었다. 세계은행 자료에 따르면 2007년에 시장 환율로 표시한 미국의 1인당 국민소득은 4만 6040달러이지만 구매력 평가지수로 표시한 소득은 4만 5850달러 내외였다. 독일은 시장 환율 소득은 3만 8860달러이지만 구매력 평가지수 소득은 3만 3820달러여서 15퍼센트 차이를 보였다. 사실 두 수치는 이렇게 맞대어 비교할 수 있는 성질의 것이 아니긴 하다. 덴마크의 경우는

5만 4910달러 대 3만 6740달러로 거의 50퍼센트나 차이가 났다. 반면 2007년 중국의 소득은 2360달러에서 5370 달러로 두 배 이상, 인도는 950달러에서 2740달러로 세 배 이상 뛰는 양상을 보였다.

각 나라의 시장 환율 기준 소득을 가상의 국제 달러로 계산하는 것은 간단한 일이 아니다. 우선 이 계산법을 사용하려면 나라마다 똑같은 제품과 서비스를 소비한다는 가정이 따르는데, 이것이 말이 되지 않는다는 것은 너무나 자명하다. 이런 이유 때문에 구매력 평가지수에 따른 소득 수준을 계산하는 방법과 데이터에 따라 결과가 많이 달라진다. 세계은행에서 2007년에 구매력 평가지수 소득을 측정하는 방법을 변경하자 중국의 1인당 구매력 평가지수 소득은 하룻밤 사이에 7740달러에서 5370달러로 44퍼센트나 떨어졌으며, 싱가포르는 3만 1710달러에서 4만 8520달러로 53퍼센트나 올라갔다.

이런 한계에도 불구하고 국제 달러로 표시된 소득은 시장 환율 소득보다 한 나라의 생활수준을 짐작하는 데 더 나은 지표가 된다. 이렇게 서로 다른 나라의 소득을 국제 달러로 계산하면 미국은 다시 거의 정상 자리를 탈환한다. 계산 방법에 따라 다소 차이가 나기는 하지만 모든 측정에서 미국보다 늘 더 높은 소득 수준을 보이는 나라는 룩셈부르크밖에 없다. 따라서 인구가 50만도 채 되지 않는 도시국가 룩셈부르크를 제외하고 나면, 미국인이야말로 자신의 평균 소득으로 세계에서 가장 많은 재화와 서비스를 구매할 수 있는 사람이다.

이 정도면 미국인들의 생활수준이 세계에서 가장 높다고 결론지어도 되는 것일까? 어쩌면 그럴지도 모른다. 그러나 그런 결론을 내리기 전에 몇 가지 더 고려해 봐야 할 점들이 있다.

…정말
그럴까?

우선 다른 나라보다 평균 소득이 높다는 것이 모든 미국 사람들이 다른 나라 사람보다 더 잘산다는 이야기는 아니다. 이것은 소득 분배가 얼마나 균등한가에 따라 그럴 수도 있고, 아닐 수도 있는 문제이다. 어느 나라에서도 평균 소득을 가지고 그 나라 국민이 어떻게 사는지를 정확하게 짐작할 수는 없지만, 소득 분배가 불평등한 나라일수록 평균 소득으로 그 나라 국민의 삶을 짐작하기가 더 어려워진다. 선진국 중 소득 분배 불평등이 월등히 심한 나라가 바로 미국이라는 점을 감안하면, 미국의 1인당 국민소득으로 짐작한 평균 생활수준 이하로 사는 미국 사람들의 수가 다른 나라에 비해 많을 것이라는 추측을 할 수 있다. 생활수준을 나타내는 다른 지표들도 간접적으로 이 추측을 뒷받침해 주고 있다. 예를 들어 미국은 구매력 평가 기준으로 세계에서 가장 높은 평균 소득을 기록한 나라임에도 평균 수명과 유아 사망률 같은 보건 지수는 세계 30위에 불과하다. (물론 미국의 비효율적인 의료 시스템 때문에 이 문제가 더 심화되었다고 할 수도 있겠으나 거기까지 들어가지는 말자.) 1인당 평균으로 보았을 때 미국의 교도소 재소자 수는 유럽의 8배, 일본의 12배나 될 정도로 범죄율이 높아 최빈곤층이 다른 선진국에 비해 훨씬 많다는 것을 짐작할 수 있다.

둘째, 구매력 평가지수 소득이 시장 환율 소득과 거의 비슷하다는 사실 자체가 이 나라의 높은 생활수준이 수많은 가난한 사람들의 희생 위에 세워진 것이라는 방증이다. 이게 도대체 무슨 말일까? 앞에서도 살펴봤지만 잘사는 나라일수록 구매력 평가지수 소득이 시장 환율 소득보다 낮거나, 나라에 따라서 엄청나게 낮게 나타나는 것이 정상이다. 선진국일수록 서비스를 제공하는 노동자들의 임금이 높기 때문이다. 그러나 미국은 이 두 지표 간 차이가 거의 나지 않는다. 서비스 임금이 싸기 때문이다. 이 나라에는 값싼 노동력이 가난한 나라로부터 이민이라는 형태로 계속 유입된다. 이들 중 많은 수가 불법 체류자이기 때문에 임금은 한층 더 싸진다. 미국인 노동자라 하더라도 직업 안정성이 낮고 복지 수당 등 사회적 지원이 약하기 때문에 비슷한 소득 수준의 유럽 노동자들에 비해 기댈 데가 별로 없다. 따라서 미국 노동자들, 특히 노동조합이 결성되어 있지 않은 서비스 분야에서 일하는 미국 노동자들은 유럽에 비해 낮은 임금과 열악한 근무 조건을 참아 내야 한다. 바로 이 때문에 미국에서 택시를 타거나 식당에서 외식을 하는 것이 다른 부자 나라에 비해 훨씬 싼 것이다. 고객에게는 좋은 일이지만 택시 기사나 웨이트리스에게는 그렇지 못하다. 정리하자면 미국 평균 소득의 구매력이 높은 것은 많은 수의 미국 시민들이 낮은 임금과 열악한 근무 조건을 견뎌 내기 때문에 생긴 결과이다.

마지막으로 중요한 것은 서로 다른 나라 사이의 생활수준을 비교할 때 노동 시간의 차이를 무시해서는 안 된다는 사실이다. 누군가 나보다 50퍼센트 돈을 더 많이 번다 하더라도 그 사람이 일하는 시간이 내 두 배라면 생활수준이 나보다 더 높다고 말할 수 없을 것이다. 미국의 경우가 그렇다. 미국인들은 일벌레라는 명성에 걸맞게 시장 환율 기준으로 2007년 1인당 국민소득이 3만 달러 이상 되는 나라(3만 달러에 약간 못 미쳐 이 그룹 중 가장 소득이 적은 그리스까지 포함하여)의 국민들 중 가장 일을 많이 했다. 미국인들은 대부분의 유럽인들보다 10퍼센트 더 오래 일을 하고, 노르웨이와 네덜란드인들에 비하면 일하며 보내는 시간이 무려 30퍼센트나 더 길다. 아이슬란드의 경제학자 토르발 뒤르 길파손(Thorvaldur Gylfason)이 2005년 기준 노동 시간당 구매력 평가지수 소득을 산출한 결과를 보면 미국은 겨우 8위에 불과했다. 1위를 한 룩셈부르크의 뒤를 이어 노르웨이, 프랑스(맞다. 만날 빈둥거리는 인상을 주는 프랑스가 3위다), 아일랜드, 벨기에, 오스트리아, 네덜란드가 미국보다 앞선 나라들이고, 독일이 근소한 차로 미국을 추격하고 있다.[1] 다시 말해서 같은 시간을 일했을 경우 미국인들은 경쟁국 국민들과 같은 생활수준을 누리지 못한다는 뜻이다. 그들은 떨어지는 생산성을 더 긴 노동 시간으로 보충하고 있는 셈이다.

돈을 더 벌고 싶어서 일을 더 하는 것이 뭐가 잘못됐냐는 말이 나올 수도 있겠다. 일주일 더 휴가를 가는 대신 그 시간에 일해서 번 돈으로 TV 한 대 더 사고 싶으면 일을 더 할 수도 있는 게 아니냐는 것은 잘못된 주장이 아니다. 누구도 남에게 자기의 가치관을 강요할 자격이 없기 때문이다.

그러나 이미 높은 소득을 올리는 사람이 필요 이상으로 긴 시간을 일하는 것이 옳은지는 짚고 넘어갈 만하다. 소득 수준이 낮을 때에는 좀 더 길게 일을 해서라도 돈을 더 벌면 삶의 질이 향상된다는 데 이의를 제기할 사람이 없을 것이다. 아주 가난할 때에는 공장에서 일을 더 오래 하더라도 돈을 좀 더 벌면 전반적인 삶의 질이 개선된다. 더 질 좋은 음식을 먹고, 난방이나 위생, 의료비 등에 돈을 더 쓸 수 있어서 건강 상태가 좋아지며, 가전제품들을 사고, 수도나 가스, 전기 시설 등을 이용할 수 있어서 가사 노동에 들어가는 수고를 줄일 수 있기 때문이다(Thing 4 참조). 그러나 소득 수준이 일정액을 넘어서고 나면 여가 시간에 대한 물질적 소비의 상대적 가치가 줄어들기 때문에 여가 시간을 줄여 가며 돈을 더 벌기 위해 긴 시간 일하는 것은 오히려 삶의 질을 떨어뜨리는 결과가 될 수도 있다.

더 중요한 사실은 어느 나라 사람들이 비슷한 경제 수준의 다른 나라 사람들보다 더 긴 시간 일한다고 해서 그것이 꼭 그들이 원해서 하는 일인가 하는 점이다. 사실은 휴가를 더 길게 보내고 싶은데도 어쩔 수 없이 긴 시간을 일하고 있는지도 모른다. 앞서도 언급했지만 어떤 사람이 얼마나 긴 시간 일하느냐는 각자 노동과 여가 사이의 적절한 균형을 어떻게 생각하는지의 문제뿐 아니라 사회 보장 제도라든지 노동자 권리 보호, 노동조합의 영향력 등으로 결정되기도 한다. 개인은 이런 조건들을 그대로 받아들일 수밖에 없지만 국가는 그것을 바꿀 수 있는 힘이 있다. 노동법을 개정하고, 복지 정책을 보강하는 한편 다양한 정책들을 통해 사람들이 너무 오래 일하지 않아도 되는 환경을 만들 수 있는 것이다.

미국식 경제 모델을 지지하는 주장은 미국인의 생활수준이 전 세계에서 가장 높다는 '사실'에 기반을 두고 있다. 미국이 세계에서 생활수준이 가장 높은 나라 중의 하나라는 데에는 의문의 여지가 없지만, 한 나라의 평균 소득으로 구매할 수 있는 재화와 서비스의 양을 따지는 것보다 더 넓은 의미에서 생활수준을 측정해야 한다는 것을 알고 나면, 소위 말하는 미국의 우월성은 상당히 빛을 잃고 만다. 미국은 소득 불균형이 상대적으로 높기 때문에 미국인들의 생활수준을 짐작하는 데 평균 소득을 사용하는 것이 부적절하다. 이 사실은 다른 부자 나라들에 비해 훨씬 열등한 미국의 보건 및 범죄 관련 지표에 잘 드러난다. 다른 선진국들과 비교해서 상대적으로 높은 미국인들의 구매력은 또 다른 미국인들, 특히 서비스업에 종사하는 미국인들의 빈곤과 불안정 덕분에 가능한 것이다. 미국인들은 또 비슷한 경제 수준의 다른 나라 노동자들에 비해 노동 시간이 상당히 더 길다. 같은 시간을 일해서 생기는 돈은 구매력을 기준으로 해도 유럽 여러 나라에 뒤진다. 이런데도 미국이 다른 나라보다 생활수준이 더 높다는 주장을 한다면 반론의 여지가 많다.

국가 간의 생활수준 격차를 간단히 비교할 수 있는 방법은 없다. 그중 1인당 소득, 특히 구매력 평가지수로 표시한 1인당 소득이 그나마 가장 신뢰할 만한 지표라 할 수 있다. 그러나 소득으로 얼마나 많은 재화와 서비스를 살 수 있는지에만 초점을 맞추다 보면 여가 시간의 질과 양, 직업의 안정성, 범죄의 공포로부터 해방, 의료 혜택, 사회 복지 등 '질 좋은 삶'을 구성하는 여러 가지 다른 요소들을 간과하기 쉽다. 개인마다, 그리고 나라마다 이런 요소들 중 어떤 것이 가장 중요하고, 이런 것들과 소득 수준 사이의 균형을 어떤 식으로 맞추는 것이 좋을지는 각자 정하기 나름이지만 모두가 진정으로 '잘사는' 사회를 건설하려면 소득 이외의 요소를 무시해서는 안 될 것이다.

11

아프리카의 저개발은
숙명이 아니다

● 그들은 이렇게 말한다

아프리카의 저개발은 숙명이다. 나쁜 기후는 심각한 열대병 문제를 낳고, 지리적 조건도 열악해서 항구도 없는 내륙 국가가 많으며, 이웃 나라들은 시장 규모가 작아 수출 기회가 적은 데다 잦은 무력 충돌 사태는 쉽게 이웃 나라에까지 번지곤 한다. 천연자원이 너무 많아 사람들이 게으르고 부정부패와 갈등의 소지가 높다. 아프리카 국가들은 여러 민족으로 갈라져 있어서 통치하기가 어렵고, 민족 간 갈등은 쉽게 무력 충돌로 번진다. 투자자들을 보호해 줄 수 있는 제대로 갖춰진 제도가 없고, 좋은 문화도 뿌리를 내리지 못해 사람들은 근면, 저축, 협동이라는 것에는 관심도 없다. 바로 이런 구조적 문제 때문에 아프리카는 1980년대 이후 상당한 강도의 시장 자유화 조치를 취했음에도 세계 여타 지역과는 달리 성장을 하지 못했다. 아프리카는 해외 원조 없이는 발전 가능성이 없다.

아프리카가 늘 정체 상태에 있었던 것은 아니다. 위에서 열거한 모든 구조적 문제가 그대로 있었고 경우에 따라 더 심했던 1960년대와 1970년대에 아프리카는 상당한 수준의 성장률을 기록했다. 그뿐 아니라 아프리카의 발목을 잡는다고 하는 구조적 요인들 중 대부분은 오늘날 부자가 된 나라들도 가지고 있던 문제들이다. 나쁜 기후(극지 기후, 열대성 기후), 내륙 국가, 풍부한 천연자원, 민족 분쟁, 바람직하지 않은 문화 등 그야말로 빠진 것 없이 다 갖추고 있었다. 이런 구조적 문제가 아프리카의 발전을 가로막는 것처럼 보이는 이유는 다만 이런 장애 요인들이 낳는 문제를 처리할 만한 기술적, 제도적, 조직적 기술을 확보하지 못했기 때문이다. 지난 30년 동안 아프리카의 정체를 불러온 진짜 요인은 이 지역 국가들이 추진하도록 강요받았던 자유 시장 경제 정책이다. 역사나 지리적 요건과는 달리 정책은 바꿀 수 있다. 아프리카의 저개발은 숙명이 아니다.

새라 페일린의 눈으로 본 세상, 혹은 '생쥐 구조대'에 비친 세상?

2008년 미국 대통령 선거에 공화당 부통령 후보로 출마했던 새라 페일린은 아프리카가 하나의 나라인 줄 알았다고 한다. 사람들은 어떻게 그런 생각을 할 수가 있을까 혀를 찼지만 나는 그녀가 어디서 그런 기상천외한 아이디어를 얻었는지 짐작이 간다. 바로 1977년에 나온 디즈니 만화 〈생쥐 구조대(The Rescuers)〉가 그 답이다.

〈생쥐 구조대〉에는 전 세계에 걸쳐 곤란한 지경에 빠진 동물들을 구출하는 '구조-원조 단체'가 등장한다. 이 단체가 전 세계 총회를 여는 장면이 있다. 각국을 대표하는 생쥐들이 각자 민속 의상을 입고 혹시라도 발언 기회가 주어지면 각 나라에 맞는 억양을 쓰며 회의를 하고 있다. 베레모를 쓴 프랑스 생쥐, 점잖은 복장을 한 독일 생쥐, 페즈를 쓴 터키 생쥐…. 카메라가 움직이자 털모자에 멋진 턱수염을 기른 라트비아 생쥐가 보이고, 그 옆에 여자 생쥐가 앉아 있다. 그 생쥐가 대표하는 나라는? 바로 아프리카이다.

디즈니사가 정말로 아프리카 대륙 전체를 한 나라로 생각하지는 않았을 것이다. 그러나 인구 220만 명인 라트비아와 인구 9억 명에 60개 나라(정확한 숫자는 소말릴란드와 웨스턴 사하라 같은 곳을 국가로 보는가에 따라 달라진다)로 이루어진 아프리카에 각각 대표 하나씩을 할당했다는 것만으로도 디즈니사가 아프리카에 대해 어떻게 생각하는지가 부분적으로나마 드러난다. 디즈니와 마찬가지로 많은 사람들이 아프리카를 서로 잘 구별도 되지 않는 나라들이 똑같이 무더운 기후, 열대병, 극심한 빈곤, 내전, 부정부패에 시달리는 땅덩어리로만 생각하는 경향이 있다.

아프리카의 모든 나라를 하나로 뭉뚱그려 생각하는 오류를 범하지 않도록 조심해야 하기는 하지만 그 지역 대부분의 나라가 빈곤에 시달리고 있다는 것은 부정할 수 없다. 특히 대부분의 사람들이 '아프리카'라고 말을 할 때 연상하는 사하라 남쪽 지역, 이른바 '블랙 아프리카' 지역만을 이야기하면 더욱 그렇다. 세계은행 자료에 따르면 2007년 사하라 이남 아프리카 국가들의 1인당 평균 소득은 952달러로 아프가니스탄, 방글라데시, 부탄, 인도, 몰디브, 네팔, 파키스탄, 스리랑카 같은 남아시아 국가 평균 880달러보다는 조금 높지만 그 지역을 제외하면 세계 최저 수준이다.

여기다 더해 많은 사람들이 아프리카를 이야기하면서 '성장의 비극'이라는 단어를 자주 사용한다. 1980년대 이후 성장률이 상승하기 시작한 남아시아와는 달리 아프리카는 '만성적인 성장 실패'라는 질병을 앓고 있다는 의미이다.[1] 현재 사하라 이남 지역의 1인당 국민소득은 1980년대와 거의 같은 수준이다. 더 걱정스러운 것은 아프리카 국가들도 다른 개발도상국들과 마찬가지로 1980년대 이후 자유 시장 개혁을 추진했으니 이 성장률의 저하가 결코 정책을 잘못 써서가 아니라 주로 조상에게서 물려받은 역사와 자연 조건이라는, 바꾸기가 불가능하다고 할 수는 없지만 극도로 힘든 장애 요인 때문이라는 점이다.

아프리카 국가들을 짓누르고 있는 것으로 간주되는 이른바 '구조적' 장애 요인은 듣기만 해도 숨이 차다.

그 중 제일 먼저 거론되는 것이 자연 조건이다. 기후와 지리 조건, 천연자원이라는. 적도에 가깝기 때문에 말라리아와 같은 열대병이 흔해서 노동자들의 생산성을 떨어뜨리는 반면에 의료 비용은 늘어난다. 항구 접근성이 없는 내륙 국가들이 많은 아프리카는 세계 경제에 통합되기가 힘들다. 게다가 이른바 '나쁜 동네'에 자리 잡고 있기 때문에 주변의 가난한 나라들은 시장 규모가 작아 교역 기회가 적고, 걸핏하면 터지는 무력 갈등은 이웃 나라로 쉽게 그 여파가 미친다. 아프리카 국가들은 또 천연자원의 '저주'를 받았다는 말도 자주 듣는다. 아프리카의 풍부한 천연자원 때문에 사람들이 게을러진다는 주장이다. 이런 말을 하는 사람들은 '코코넛 나무 아래 누워서 열매가 떨어지기를 기다리기만 하면 되니' 일할 필요가 있겠냐고들 말한다. (물론 경험에서 나온 소리는 아닐 것이다. 코코넛 나무 아래 누워 있다가 떨어지는 코코넛에 맞으면 머리가 깨지고 말 테니까.) 이렇게 천연자원으로 인해 일하지 않고 거저 생긴 돈은 부정부패를 양산하고 무력 갈등으로 번지기도 한다. 동아시아의 한국, 일본처럼 자원이 없이 경제적 성공을 거둔 나라들은 자원의 '역(逆)저주'를 받았다는 말을 듣는다.

자연 조건뿐 아니라 아프리카의 역사도 이 지역의 성장을 저해하는 장애물이다. 아프리카 국가들은 민족 구성이 너무 다양해서 민족 간 신뢰를 확립하기가 힘들고 따라서 시장의 거래 비용이 높아진다. 특히 세력이 비슷한 몇 개의 민족이 대치해 있는 경우는, 조직적으로 힘을 모으기 힘든 작은 민족이 여럿 있는 경우보다 무력 갈등이 일어날 확률이 높다. 식민 통치를 하던 서구 열강은 열대병이 만연한 아프리카에 영구히 정착하지 않겠다는 생각에서 제대로 된 제도를 정비하는 노력을 기울이지 않았다. (이런 면에서는 기후와 제도 간에도 상관관계가 있다고 하겠다.) 그들은 식민지화된 나라의 경제 발전을 위한 것이 아니라 자신들이 자원을 수탈하는 데에 필요한 최소한의 제도만을 도입했던 것이다. 어떤 사람들은 심지어 아프리카 문화가 경제 발전을 막는다고까지 단언한다. 사람들이 열심히 일하지 않고, 미래를 대비한 계획을 세우지도 않으며, 서로 협력할 줄도 모른다는 것이다.[2]

이런 이야기를 듣고 있다 보면 아프리카의 미래는 어두워 보인다. 그리고 지금까지 나열한 구조적인 문제들 중 어떤 것들은 해결할 수도 피할 수도 없는 문제처럼 보이기까지 한다. 내륙 국가에, 적도는 가깝고, 이웃도 좋지 않은 지역에 자리 잡은 우간다가 이런 문제를 도대체 어떻게 해결한다는 말인가? 나라를 옮길 수는 없으니 생각할 수 있는 유일한 해결책은 식민지 개척뿐인 것 같다. 예를 들어 노르웨이 같은 나라를 침공해서 자기 나라를 그리로 옮기고, 노르웨이인들을 우간다로 이주시키는 것과 같은 방법 말이다. 그리고 세계에서 가장 다민족 국가인 탄자니아는 인종 청소를 하는 방법밖에 없을 것이고. 천연자원이 너무 많아서 발전이 저해된다니 콩고 같은 나라는 광물이 많이 묻힌 지역들을 타이완 같은 나라에 팔아넘겨 자원의 저주를 한시라도 빨리 떠넘기는 것이 좋다. 과거 식민 정책이 남긴 좋지 않은 제도를 가진 모잠비크 같은 나라는 또 어떻게 하라는 말인가? 타임머신이라도 타고 가서 그 부분 역사를 다시 쓰는 것 말고는 도리가 없어 보인다. 문화가 경제 발전을 막는다고 하니 카메룬 같은 나라는 전 국민을 상대로 세뇌 교육을 하든지, 과거 크메르 루즈가 했던 것 같은 국민 재교육 캠프를 세워야 할 것이다.

이 모든 일은 물리적으로 불가능하거나(나라를 옮긴다든지 타임머신을 사용하는 것), 도덕적·정치적으로 해서는 안 되는 일(다른 나라를 침공한다든지 인종 청소를 하고 재교육 캠프를 만드는 것 등)들이다. 따라서 아프리카의 문제가 이런 구조적 장애 때문이고, 현실적인 대책이 없다고 믿는 사람들은 아프리카에 해외 원조나 국제 교역 지원 등(예를 들어 아프리카 국가들과 그와 비슷하게 가난하고 구조적 장애 요인을 안고 있는 나라들에게만 선진국들이 농산물 보호 정책을 완화해 주는 것 같은 특혜) 일종의 영구적인 장애 복지 후원금 같은 것을 줘야 한다는 주장을 한다.

그러나 이렇게 현재 상태를 숙명으로 받아들이고 외부의 도움에 기대는 것 말고 아프리카가 경제 발전을 꾀할 수 있는 방법은 없을까? 아프리카가 스스로 일어나 두 발로 설 수 있는 희망은 진정 없는 것일까?

아프리카
성장의 비극?

아프리카 성장의 비극에 대해 설명하고 그 비극을 헤쳐 나갈 방법을 모색하기 전에 먼저 묻고 넘어가야 할 질문이 있다. 아프리카의 성장 비극이라는 것이 정말로 존재하는 것일까? 이에 대한 대답은 '아니다' 이다. 이 지역이 보이고 있는 저조한 성장률은 결코 만성적인 것이 아니기 때문이다.

1960년대와 1970년대 아프리카의 사하라 이남 지역의 1인당 소득 성장률은 그렇게 나쁘지 않았다. 1.6퍼센트 정도였으니 같은 기간 5~6퍼센트를 기록한 동아시아의 기적에는 훨씬 못 미치고, 3퍼센트를 올린 라틴 아메리카보다도 못한 성장률이지만 그렇다고 코웃음이나 치고 무시해 버릴 정도의 수치는 아니다. 오늘날 부자가 된 나라들이 산업 혁명기를 거칠 때 기록했던 성장률 1~1.5퍼센트보다는 나은 수치이기 때문이다(대략 1820년에서 1913년 사이).

아프리카가 1980년대 이전에는 괜찮은 성장률을 보였다는 사실은 이 지역이 겪고 있는 비교적 최근의 정체가 '구조적' 요인 때문이 아니라는 방증이다. 아프리카가 구조적으로 문제가 있어서 성장을 못하는 것이라면 역사적으로 한 번도 성장한 적이 없어야 한다. 아프리카가 최근 들어 갑자기 적도 근처로 옮겨 갔다든지, 돌연한 지진 활동으로 몇 나라가 내륙 국가로 변한 것이 아니기 때문이다. 구조적 문제가 그렇게 중요한 요인이었다면 아프리카의 경제 성장은 시간이 흐르면서 가속화되어야 했다. 시간이 흐르면서 구조적 장애 요인의 일부는 영향력이 약해지거나 아예 없어질 수 있기 때문이다. 예를 들어 식민 통치국이 남긴 열악한 제도는 없애거나 수정할 수 있고, 다양한 민족 구성의 악영향도 1976년 미국 역사학자 유진 베버의 고전 『농민을 프랑스 시민으로(Peasants into Frenchmen)』에서 나온 예처럼 의무 교육, 징집, 대중 매체 등을 통한 교육과 계몽으로 많이 약화시킬 수 있다.[3] 그러나 일은 정반대 방향으로 흘러 아프리카는 1980년 이후 갑자기 성장을 멈추었다.

따라서 구조적 문제는 늘 있는 것이었고, 그나마 시간이 흐르면서 그 영향력이 줄어들면 들었지 더 심화되지는 않았을 터이므로 1960년대와 1970년대에 잘 성장하고 있던 아프리카 경제가 1980년대에 와서 갑자기 성장을 멈춘 현상은 이 구조적 문제만으로는 설명되지 않는다. 이와 관련하여 가장 혐의가 짙은 것은 당시 진행되었던 정책 방향의 극적인 변화였다.

1979년 세네갈을 필두로 해서 1970년대 말부터 아프리카의 사하라 이남 지역 국가들은 세계은행과 IMF 그리고 이 기관들을 조정하는 배후의 부자 나라들이 제시한 구조 조정 프로그램(SAPs, Structural Adjustment Programs)의 조건으로 따라 온 자유 시장, 자유 무역 정책을 추진하지 않을 수 없게 되었다. 일반적인 통념과는 반대로 이 정책들은 경제 발전에 도움이 되지 않는다(Thing 7 참조). 이 정책들로 인해 완전히 성숙하지 않은 제품들이 국제 경쟁 무대에 갑자기 노출되었고, 그나마 60년대와 70년대에 가까스로 성장시켜 놓은 일부 제조업이 붕괴되는 결과를 낳고 말았다. 다시 코코아, 커피, 동과 같은 1차 산품의 수출에만 의존할 수밖에 없게 된 아프리카 나라들은 이런 산품들을 특징짓는 극심한 국제 가격 변동과 정체된 생산 기술에 계속 고통을 겪어야 했다. 여기에 더해 구조 조정 프로그램에서 수출을 늘려야 한다고 요구하자 아프리카 각국은 모두 비슷한 제품을 수출하기 시작했다. 보유한 기술로 생산할 수 있는 것들이 몇 가지밖에 없기 때문이다. 그것이 코코아, 커피 같은 전통 생산물이 되었든 화훼류 수출이 되었든 갑자기 많은 나라가 동시에 같은 제품을 공급하면서, 늘어나는 공급량으로 인해 가격이 폭락하는 일이 잦아졌다. 심지어 수출량은 늘어도 총수입은 주는 사태까지 생겼다. 예산 적자를 줄이라는 압력을 받아 줄어든 정부 지출의 영향은 금방 나타나지는 않지만 서서히 취약한 사회 간접 자본 등으로 그 부작용이 드러나기 시작하면서 이 지역의 '지리적 약점'이 더 부각되어 보였다.

구조 조정 프로그램과 그 뒤를 이은 이름만 다르고 내용은 같은 빈곤 감축 전략 계획(PRSPs, Poverty Reduction Strategy Papers)과 같은 다른 프로그램들을 시행한 결과 아프리카 경제는 30년 동안 성장을 하지 않는(1인당 국민소득 기준) 정체기를 맞았다. 1980년대와 1990년대에 사하라 사막 이남의 아프리카 국가들의 1인당 국민소득은 해마다 0.7퍼센트 정도씩 떨어졌다. 2000년대가 되면서 비로소 성장세를 보이기 시작했지만 지난 20년 동안의 경제 침체로 말미암아 1980년과 2009년 사이 1인당 국민소득의 연평균 증가율은 0.2퍼센트에 불과하다. 결국 '더 좋다'는 정책, 즉 자유 시장 정책을 30년 동안 시행한 후 아프리카의 1인당 국민소득은 1980년과 같은 수준에 머물렀다는 의미이다.

결국 이른바 구조적 요인들이라는 말은 자유 시장 경제학자들이 내놓은 변명에 지나지 않는다. 자기들이 선호하는 정책이 좋은 결과를 내지 못하자 아프리카의 정체, 혹은 후퇴(이제는 끝이 났지만 지난 몇 년 동안의 1차 산품에 대한 수요 증대에 힘입어 성장률이 올라간 것을 제외하면 사실상 후퇴한 것이나 다름없다)에 대한 다른 설명을 찾아야만 했다. 자신들이 내놓은 그토록 '올바른' 정책 자체가 실패의 원인이었다는 것은 용납할 수 없는 일이었기 때문이다. 1980년대 초 성장이 자취를 감춘 이후에야 아프리카의 미미한 경제 성적이 구조적 문제 때문이라는 주장이 득세하기 시작한 것은 우연의 일치가 아니다.

아프리카는 지리적 요건과 역사적 배경을 바꿀 수 있을까?

이 구조적 문제들이 자유 시장 경제 정책이 망신당하는 것을 면하기 위해 지적된 문제라는 점을 설명했지만, 그렇다고 해서 그 문제점들이 완전히 상관이 없다는 의미는 아니다. 특정한 구조적 변수가 경제 실적에 어떤 영향을 끼치는지를 밝힌 이론들 중에는 일리 있는 것들이 많다. 기후가 좋지 않으면 경제 성장을 방해할 수 있다. 가난하고 분쟁이 심한 나라들에 둘러싸여 있으면 수출 기회도 줄어들고 이웃 나라의 분쟁이 국경을 넘어 자국에까지 영향을 미칠 확률이 높아진다. 민족적 다양성이나 풍부한 천연자원도 제대로 된 정치를 하기 어렵게 만들 수 있는 요소들이다. 그러나 이런 결과들은 피할 수 없는 것들이 결코 아니다.

우선 이 구조적인 요인들은 다양한 결과를 낳을 수 있다. 예를 들어 풍부한 지하자원은 정치를 왜곡시킬 수도 있지만 경제 성장을 촉진할 수도 있다. 그렇지 않다면 애초부터 자원이 풍부한 나라들의 경제적 성과가 좋지 않은 것을 이상한 일이라고 말하지도 않았을 것이다. 천연자원은 가난한 나라들이 발달된 기술을 살 수 있는 외환을 얻게 해 준다. 천연자원을 가진 것이 저주라고 말하는 것은 부잣집에 태어난 아이들은 모두 물려받은 재산 때문에 버릇이 나빠져서 인생에서 실패할 것이라고 말하는 것과 다르지 않다. 어떤 아이들은 정말 그렇게 되겠지만, 또 다른 많은 아이들은 물려받은 재산을 이용해 부모보다 더한 성공을 거두기도 한다. 어떤 요인이 구조적이라는 것, 즉 그것이 자연이나 역사에 의해 주어진 요인이라고 해서 그 결과가 미리 정해진 것은 아니다.

이런 구조적 장애 요인을 극복할 수 있다는 사실은 오늘날 선진국들 대부분이 비슷한 조건을 극복하고 경제 성장을 이루어 냈다는 것만 봐도 알 수 있다.[4]

먼저 기후 조건에 대해 이야기해 보자. 열대성 기후는 말라리아와 같은 열대병 때문에 의료 부담을 늘려 경제 발전을 방해하는 요인으로 꼽힌다. 이는 큰 문제이지만 극복할 수 없는 문제는 아니다. 오늘날의 부자 나라들 중 많은 수가 말라리아를 비롯한 열대병을 가지고 있었다. 적어도 여름만이라도 말이다. 적도 한가운데에 있는 싱가포르뿐만 아니라 이탈리아 남부, 미국 남부, 한국, 일본 등이 그 예이다. 이지역에서는 이제 열대병이 크게 문제가 되지 않는다. 경제가 발전한 덕에 위생 상태를 개선해서 발병률 자체를 낮췄을 뿐 아니라 의료 시설도 좋아졌기 때문이다. 이에 더해 혹독한 추위에 시달리는 북극 극지 기후권에 있는 선진국들을 보면 이 기후 이론이 허무맹랑하다는 것을 더 절감하게 된다. 핀란드, 스웨덴, 노르웨이, 캐나다, 미국 일부 등은 기계가 얼어서 멈추고, 연료비가 폭등을 하고, 눈과 얼음으로 교통이 마비되는 등 열대 기후만큼이나 경제적 부담을 주는 극지 기후를 극복하고 경제 성장을 이루었다. 추운 기후가 더운 기후보다 경제 발전에 더 좋다고 믿을 만한 선험적 이유는 어디에도 없다. 추운 기후는 더 이상 이 나라들의 앞길을 막지 않는다. 추운 기후로 인한 장애를 극복할 돈과 기술이 있기 때문이다. (같은 논리를 싱가포르에도 적용할 수 있다.) 따라서 아프리카의 저성장이 기후 탓이라고 하는 것은 저성장의 원인과 증상을 혼동하는 것이다. 나쁜 기후가 저성장을 가져오는 것이 아니라 저성장의 결과로 나쁜 기후를 극복하지 못하는 것이다.

지리적 조건을 지적하면서 아프리카의 많은 나라가 내륙 국가라는 점을 거론한다. 그렇다면 스위스와 오스트리아는 어떻게 발전했다는 말인가? 두 나라 모두 세계에서 가장 잘사는 나라임과 동시에 내륙 국가이다. 혹자는 이 나라들이 발전할 수 있었던 이유는 강을 통한 운송 조건이 좋기 때문이라고 생각할지도 모르겠다. 그러나 잠재적으로 비슷한 조건을 가진 나라는 아프리카에도 많다. 부르키나파소에는 볼타 강이 있으며 말리나 니제르에는 니제르 강이 있다. 짐바브웨에는 림포포 강이 있고 잠비아에는 잠베지 강이 있다. 문제는 강을 이용한 내륙 수운 시스템을 개발하기 위한 투자의 부족이지 지리적 조건이 아니다. 사실 스칸디나비아 국가들도 19세기 말 얼음을 깨는 쇄빙선이 개발되기 전까지는 겨울철만 되면 바다가 얼어붙어 1년의 절반은 내륙 국가나 다름없는 조건을 견뎌야 했다. 이웃에 어떤 나라들이 있는지도 경제 발전에 영향을 미친다. 그러나 이 또한 극복할 수 없는 문제는 아니다. 최근 인도의 가파른 성장세를 보라. 인도는 전 세계에서 가장 가난한 남아시아 지역에 자리 잡고 있다. 주변 국가들은 앞서 언급했던 것처럼 사하라 이남 아프리카 지역보다 더 가난하고, 파키스탄과의 군사적 충돌, 인도 내 모택동주의를 추종하는 낙살라이트 게릴라단의 무장 투쟁, 스리랑카의 타밀 족과 싱할라 족 간의 내전 등이 지역에는 긴 역사를 가진 분쟁도 많다.

많은 사람이 자원의 저주를 이야기한다. 그러나 남아프리카공화국과 콩고민주공화국을 제외하면 나머지 아프리카 국가들보다 훨씬 더많은 천연자원을 보유하고 있는 미국, 캐나다, 오스트레일리아 같은나라들이 경제 발전을 한 것은 풍부한 천연자원이 축복이 될 수 있음을 보여 준다. 사실 아프리카 국가들 대부분은 천연자원이 대단히 풍부한 편도 아니다. 지금까지 주목할 정도의 광물 매장량을 보유한 것으로 밝혀진 나라는 십여 개도 채 되지 않는다.[5] 많은 수의 아프리카국가들이 상대적인 의미에서 천연자원을 많이 가지고 있는 것처럼 보이지만 사실은 기계, 사회 간접 자본, 숙련 노동자 등의 인공적 자원이 너무 부족하기 때문에 그렇게 느껴지는 것일 뿐이다. 실제로 19세기 말, 20세기 초에 전 세계적으로 가장 빠른 경제 성장을 기록한 곳은 북아메리카, 라틴 아메리카, 스칸디나비아 등 자원이 풍부한 지역이어서, 결국 자원의 저주라는 개념이 원래부터 있던 것이 아니라는사실을 보여 준다.

민족적 구성이 너무 다양한 것도 여러 면에서 성장을 방해할 수 있다. 그러나 그 영향을 확대 해석해서는 안 된다. 민족적 다양성은 다른 지역에도 흔히 존재한다. 미국, 캐나다, 오스트레일리아처럼 이민으로 이루어진 나라는 차치하고라도, 현재 선진국이 된 유럽의 여러나라도 언어, 종교, 이데올로기적 분열, 그것도 무력 충돌로 이어지기가장 쉽다는 엇비슷한 중간 정도 크기의 그룹들로 나뉘어 갈등해서골머리를 앓았다. 벨기에도 두 개(아주 작은 독일어권까지 포함하면 세 개)의 인종 그룹이 있고, 스위스는 네 개의 언어와 두 개의 종교로 나뉘어 있으며, 특히 종교 문제로 인한 내전을 몇 번이나 겪었다. 스페인은 심지어 카탈로니아 족과 바스크 족(이들은 독립 운동을 하면서 테러까지 자행한다)이라는 소수 인종 문제를 아직도 해결하지 못한 상태이다. 스웨덴은 1249~1809년까지 560년에 걸쳐 핀란드를 점령한 결과 (1809년 핀란드는 러시아로 넘어갔다) 전체 인구의 5퍼센트 정도에 해당하는 핀란드 인들이 자국에 살고 있고, 핀란드에도 비슷한 규모의 스웨덴 인들이 거주하고 있다. 비슷한 예는 수없이 많다.

　단일 민족으로 이루어져 있어서 큰 혜택을 봤다는 동아시아 국가들도 심각한 내부 갈등을 안고 있다. 타이완은 모든 국민이 '중국인'이라 인종 문제 같은 것은 없어 보이지만 실제로는 본토인들과 타이완 원주민이라는 두 개의 그룹, 더 자세히 나누면 네 개의 언어 그룹으로 나뉘어 서로 상당히 적대적인 관계를 유지하고 있다. 일본도 한국인, 오키나와 인, 아이누 인, 부라쿠민 등 소수 민족 문제가 상당히 심각하다. 내 모국인 한국은 민족적, 언어적으로 세계에서 가장 동질적인 나라 중의 하나이지만 그렇다고 서로 싸우지 않는 것은 아니다. 예를 들어 한국의 남서 지역과 남동 지역 사람들은 반목이 너무 심해서 '타 지역' 출신과는 자녀의 결혼도 허락하지 않을 정도이다. 재미있는 것은 한국만큼이나 인종적, 언어적으로 동질성이 높은 나라가 르완다라는 사실이다. 그러나 인구의 대다수를 차지하는 후투 족이 이전에 르완다를 지배했던 투치 족을 말살하기 위해 인종 청소를 한 사건은 널리 알려져 있다. '민족'이라는 것이 자연 발생적이 아니라 정치적으로 형성된다는 점을 보여 주는 예이다. 정리하자면 부자 나라들이 다민족 문제로 고통받지 않는 것은 처음부터 단일 민족이어서가 아니라 국민 통합에 성공했기 때문이다. 사실 이 과정이 그렇게 순탄하지도 않았고 때로는 폭력까지 수반했다는 것도 주목할 만하다.

사람들은 또 낙후된 제도가 아프리카의 발전을 막고 있다고 말한다. 사실이다. 그러나 선진국들이 현재 아프리카 수준의 물질적 발전 단계를 거칠 당시에는 지금 아프리카 국가들이 가지고 있는 제도보다 훨씬 더 열악한 제도들을 가지고 있었다.[6] 그럼에도 불구하고 지금의 선진국들은 꾸준히 성장해서 결국 높은 수준의 발달 단계에 도달했다. 이 제도들은 대부분 경제 성장이 일어난 후, 아니면 적어도 경제 성장 과정과 동시에 만들어진 것들이다. 이 말은 양질의 제도는 경제 성장의 원인이 될 수도 있지만 동시에 성장의 결과물로 나타날 수 있다는 뜻이다. 따라서 낙후된 제도는 아프리카 국가들의 경제 성장 실패 요인으로 거론될 수가 없다.

아프리카의 '나쁜' 문화 또한 늘 입방아에 오른다. 그러나 이전에 펴낸 『나쁜 사마리아인들』의 9장 '게으른 일본인과 도둑질 잘하는 독일인'에서 밝혔듯이 오늘날의 선진국들도 과거에는 아프리카 못지않은 '나쁜' 문화가 있었다. 20세기 초반까지도 일본을 방문한 미국인들과 호주인들은 일본인들이 게으르다고 말했다. 19세기 중반까지도 영국인들은 독일인을 가리켜 너무 바보 같고 개인주의적이며 감정적이어서 독일계 나라들은(독일은 그 당시 수십 개의 작은 나라로 나누어져 있었다) 경제 발전을 하기는 글렀다고 말했다. 현재 우리가 가지고 있는 독일인들에 대한 이미지와는 정반대이고, 요즘 사람들이 아프리카에 대해 하는 말과 놀랄 정도로 비슷하다. 일본과 독일의 문화는 경제 발전과 함께 크게 변했다. 더 규범을 잘 따르고, 계산이 더 치밀하고, 다른 사람들과 더 잘 협력하지 않으면 고도로 조직적인 산업 사회에서 살아남기 힘들기 때문이다. 이런 측면에서 보면 문화라는 것은 경제 발전의 원인이 아니라 결과에 가깝다고 말할 수 있다. 그게 아프리카가 되었든 유럽이 되었든 문화를 경제 저성장의 원인으로 거론하는 것은 잘못이다.

지금까지 아프리카를 비롯해 저개발 지역의 경제 개발을 가로막는다고 생각했던 넘을 수 없는 장애 요인들이 사실은 극복할 수 있는 것들이고, 이미 극복된 적이 있는 것들이라는 점을 살펴보았다. 더 나은 기술과 뛰어난 조직력, 그리고 향상된 정치 제도를 가지고 있으면 뛰어넘을 수 있는 문제들인 것이다. 현재 부자가 된 나라들의 대부분이 비슷한 문제들로 고통을 겪었고, 어떤 경우에는 아직도 겪고 있다는 사실은 이 문제들이 극복 가능하다는 것을 보여 주는 간접적 증거들이다. 게다가 여전히 이 문제들이 존재했고, 때로 더 심했던 1960년대와 1970년대에도 아프리카 국가들은 성장을 하고 있었다. 아프리카가 최근 들어 성장 실패를 경험한 주된 이유는 정책, 즉 구조 조정 프로그램이 강요한 자유 무역, 자유 시장 정책에 있다. 특정 자연 조건이나 역사적 배경이 나라의 운명을 결정하는 것이 아니다. 어느 나라가 겪는 문제가 정책 때문이라면 문제는 더욱 쉽게 해결할 수 있다. 아프리카의 진정한 비극은 만성적 성장 실패가 아니라 우리가 이런 사실을 지금까지 깨닫지 못했다는 사실이다.

12

정부도 유망주를
고를 수 있다

● 그들은 이렇게 말한다

정부는 현명한 사업 결정을 내리거나 산업 정책을 통해 '유망주˙를 고르는'
데 필요한 정보와 전문성을 가지고 있지 않다. 정부의 정책 결정자들은 이윤
보다는 권력을 추구하고, 자기들이 내린 결정의 결과에 재정적 책임을 지지
않아도 되기 때문에 잘못된 선택을 할 확률이 높다. 특히 어떤 정부가 시장
논리에 어긋나는 정책을 채택하고 그 나라가 가진 자원과 능력을 넘어서는
산업 부문을 장려하려 한다면 재난에 가까운 결과를 낳을 뿐이다. 개발도상
국들에 산재한 '흰 코끼리 프로젝트들'˙˙이 그 산 증거들이다.

● 이런 말은 하지 않는다

정부는 유망주를 고를 능력이 있고 그렇게 한 선택이 놀라울 정도로 성공한
사례도 많다. 편견 없이 둘러보면 전 세계에 정부가 유망주를 제대로 고른 사
례들이 널려 있다. 기업 활동에 영향을 주는 정부의 결정은 기업들이 직접 내

리는 결정에 비해 열등할 수밖에 없다는 것은 근거 없는 주장이다. 더 자세한 정보를 가지고 있다고 해서 항상 더 나은 결정을 내리는 것은 아니다. 사실 너무 많은 정보에 파묻혀 있으면 오히려 올바른 결정을 내리기 어려워질 수도 있다. 그리고 정부는 필요하면 더 나은 정보를 획득하여 의사 결정의 질을 높일 수도 있다. 게다가 개별 기업에는 도움이 되더라도 국민 경제 전체로 보면 바람직하지 못한 결정들도 있다. 따라서 정부가 시장의 움직임에 역행하는 유망주를 골랐다 하더라도 특히 그 결정이 민간 부문과 긴밀한 (그러나 지나치게 긴밀하지는 않은) 협력하에 진행되었다면 국민 경제를 향상시키는 결과가 나올 수 있다.

인류 역사상
최악의 사업 계획

세계은행 역사상 총재직을 가장 오랫동안(1949~1963년) 수행했던 유진 블랙(Eugene Black)이 개발도상국들은 고속도로, 일관제철소, 국

• 원문에서는 winner(승자)로 표현되어 있다. 여기서 승자 또는 유망주는 특정 산업 부문에서 성공할 가능성 있는 기업이나 국가 경제에 밑거름이 될 산업 부문, 심지어 특정 제품을 가리키는 말이 될 수도 있다. 승자를 선택한다는 의미의 'picking winners'는 경마에서 유래한 말로, 경마에서 우승할 말을 미리 골라 돈을 걸듯이 산업 정책을 추진하는 과정에서 1등 후보(유망주)를 선정해 지원을 한다는 의미이다.

•• white elephant project. 불교에서 신성한 동물로 여기는 흰 코끼리는 동남아시아에서 왕권의 정당성과 위엄을 상징하기 때문에 일을 시킬 수 없는 짐승이다. 보기에는 번드레하지만 유지하는 데에는 엄청난 돈과 노력이 들어가는 데다 실질적인 이용 가치는 전혀 없는 물건을 가리킨다.

가 원수의 기념비라는 세 가지 상징물에 집착하는 경향이 있다고 비난했다는 보도가 나온 적이 있다.

당시 개발도상국가 원수들이 그렇게까지 자기 우상화에 빠져 있지는 않았다는 것을 생각하면 그의 발언에서 국가 원수 기념비 부분은 좀 부당하다고 할 수 있지만, 경제적 실현 가능성은 따져 보지도 않은 채 유행처럼 고속도로나 제철소같이 눈에 띄는 프로젝트에만 손을 대는 분위기를 우려한 것은 일리가 있었다. 실제로 당시 너무도 많은 개발도상국들이 고속도로와 제철소를 건설했지만, 고속도로는 내내 텅 비어 있었고 제철소는 막대한 정부 보조금과 관세 보호 정책으로 간신히 유지되었다. 흔히 '흰 코끼리 프로젝트' 니 '사막의 성' 이니 하는 표현도 당시의 프로젝트를 설명하기 위해 나온 말이었다.

그때 개발도상국들이 꿈꾸던 '사막의 성' 들 중에서도 제일 황당무계한 것이 1965년 한국이 내놓은 일관제철소 건설 계획이었다.

당시 한국은 세계에서 가장 가난한 나라 중 하나로 어류, 텅스텐 같은 천연자원이나 사람 머리카락으로 만든 가발, 저가 의류 같은 노동 집약적인 제조업 제품 수출에 의존하고 있었다. 국제 무역의 정설로 널리 받아들여지고 있는 비교 우위론을 따르자면 한국처럼 노동력이 풍부하고 자본이 부족한 나라는 철강 같은 자본이 많이 들어가는 제품은 만들지 않는 것이 현명한 일이었다.[1]

설상가상으로 한국은 철강 산업에 필요한 원자재마저 나지 않는 나라였다. 철광석이 풍부한 스웨덴 같은 나라에서는 자연스럽게 철강 산업이 발전했지만, 한국은 현대적 철강 제조업의 가장 핵심 원자재인 철광석과 점결탄이 거의 하나도 나지 않았다. 요즘 같았으면 원자재를 중국에서 수입했겠지만 그때만 해도 냉전 시대라 중국과 한국 사이에는 무역 거래가 없었다. 따라서 원자재는 오스트레일리아, 캐나다, 미국 등지에서 들어와야 했고, 모두 5000~6000마일 떨어진 곳들이니 운송비가 엄청났다.

이런 상황이었으니 한국 정부가 항만, 도로, 철도 등의 인프라 무료 이용, 세금 감면, 투자 초기 세금 부담 완화를 위한 자본 설비 가속 감가상각 적용, 전기, 수도 요금 인하 등 가능한 모든 지원을 약속해도 외국 원조나 투자자를 찾기가 힘들었다.

자본을 대 줄 파트너를 찾기 위해 세계은행, 미국, 영국, 서독, 프랑스, 이탈리아 정부 등과 협상을 하는 사이 한국 정부는 그렇지 않아도 미심쩍어 보이는 이 프로젝트의 실현 가능성을 더 떨어뜨릴 만한 일련의 조치를 취했다. 제철소를 운영할 회사인 포스코를 1968년에 창립한 한국 정부는 이 회사를 국영 기업으로 만들었다. 당시는 개발도상국의 국영 기업들이 얼마나 비효율적인지에 대한 우려가 널리 퍼져 있을 때였다. 게다가 포스코를 이끌게 된 인물은 군 장성 출신으로 몇 년 동안 국영 텅스텐 광산 업체를 운영한 것 말고는 별다른 기업 경험이 없는 박태준 회장이었다. 아무리 군사 독재 정권이라도 이건 정말 너무 지나친 처사였다. 한국 역사상 가장 큰 벤처 기업을 설립하려는 마당에 그 일을 책임지고 이끌어 갈 사람이 전문 경영인도 아니라니 말이 되는가!

자본 공여 기관들에게는 인류 역사상 최악의 사업 계획이나 다름없었다. 국영 기업에, 정치적으로 기용된 군 출신 사장, 생산하겠다는 것도 어느 경제학 이론을 찾아봐도 그 나라에는 적합하지 않다는 판정을 들을 만한 제품이었으니 말이다. 당연히 세계은행은 다른 자본 공여 기관들에게 이 프로젝트에 지원하지 말 것을 권고했고, 협상을 하던 모든 파트너들이 1969년 4월 공식적으로 지원을 거부하겠다는 의사를 밝혔다.

이런 어려움에도 굴하지 않고 한국 정부는 일본 정부를 설득해 그들이 지불하고 있던 식민 통치(1910~1945)에 대한 보상금 중 상당 부분을 제철소 건설 쪽으로 전용해 줄 것과 제철소에 필요한 기계류와 기술을 지원해 줄 것을 요청했다.

결국 포스코는 1973년 철강 생산을 시작했고, 세계 시장에서 놀라울 정도로 빨리 자리를 잡았다. 1980년 중반에 이미 세계 보통강 생산 업체 중 가장 비용 효율이 높은 기업으로 꼽혔고, 1990년대에는 세계 시장을 선도하는 철강 회사 중 하나로 성장했다. 포스코는 2001년 실적이 나빠서가 아니라 정치적인 이유로 민영화되었고, 현재 생산량 기준으로 세계 4위 규모를 자랑한다.

참으로 수수께끼가 아닐 수 없다. 인류 역사상 최악의 사업 계획에서 어떻게 역사상 가장 성공적인 기업이 탄생하게 되었을까? 수수께끼는 거기서 끝나지 않는다. 정부 주도로 생겨 성공을 거둔 한국 기업은 포스코만이 아니기 때문이다.

1960년대와 1970년대에 걸쳐 한국 정부는 많은 민간 기업들을 '독려' 해 기업 스스로 선택하도록 놔두었으면 손댈 가능성이 별로 없음직한 부문에 진출하도록 만들었다. 이 '독려' 는 종종 정부 보조금이나 수입품으로부터의 보호 관세 같은 당근의 형태를 띠었다. (실적이 시원찮은 기업들에게는 이런 지원이 중단되었기 때문에 당근인 동시에 채찍이기도 했다.) 그러나 이런 당근을 주어도 기업들이 움직이려 하지 않으면 채찍, 그것도 큰 채찍이 동원되었다. 당시 전적으로 국가 소유였던 은행들을 통한 대출 중지 위협이나 중앙정보부에서 '조용히' 타이르는 방법도 사용되었던 것이다.

홍미롭게도 이렇게 정부 주도로 시작된 기업들 중 많은 수가 큰 성공을 거두었다. 전자 업계의 거인으로 이름이 알려진 LG는 1960년대에 섬유 산업에 진출하고 싶었지만 정부로부터 이를 저지당하고 대신 전선 산업에 뛰어들어야 했다. 아이러니컬하게도 이 전선 회사가 바로 LG그룹 중에서도 세계적으로 가장 잘 알려진 LG전자의 전신이다. (최신 초콜릿폰에 눈독을 들여 본 사람이라면 LG전자라는 이름에 익숙할 것이다.) 1970년대에 한국 정부는 현대그룹의 전설적인 창업주 정주영 회장에게 조선업을 시작하라는 압력을 넣었다. 리스크를 두려워하지 않기로 유명한 정주영 회장마저 처음에는 주저했지만 당시 독재자이자 한국의 경제 기적을 주도한 박정희 장군이 직접 현대그룹을 파산시키겠다고 협박하자 마음을 고쳐먹었다는 일화가 있다. 그렇게 시작된 현대조선은 이제 세계에서 가장 큰 조선 회사 중의 하나이다.

불량주
고르기?

현대 경제학계의 주류를 이루고 있는 자유 시장 경제 이론에 따르면 포스코, LG, 현대 등이 거둔 성공은 절대로 일어날 수 없는 일이다. 이 이론에 따르면 자본주의는 정부의 간섭을 전혀 받지 않고 사람들이 자기 비즈니스를 스스로 책임지도록 놔둘 때 가장 성공한다. 정부가 내리는 결정은 기업을 운영하는 당사자가 내리는 결정에 비해 항상 열등할 수밖에 없는데, 이는 당사자들이 정부보다 필요한 정보를 더 많이, 더 효과적으로 확보할 수 있기 때문이다. 따라서 어떤 기업이 B 산업이 아닌 A 산업 부문에 진출하겠다는 결정을 내린다면 그것은 자신의 능력과 시장의 여건을 고려할 때 B 산업보다 A 산업에서 더 많은 이윤을 낼 수 있다는 판단이 서서 그런 것이다. 아무리 영리한 정부 관료라 할지라도 관련 기업의 경영자들만큼 비즈니스 감각과 경험이 없는 상태에서 그들에게 B 산업에 진출하라고 말하는 것은 정말 주제넘은 짓이 아닐 수 없다. 다시 말하면 정부는 유망주를 골라낼 능력이 없다는 주장이다.

자유 시장 경제학자들은 실제 상황은 이보다 더 심각할 수 있다고 말한다. 정부의 의사 결정권자는 유망주를 골라낼 수 없을뿐더러 오히려 꼴찌 할 말을 고를 가능성이 더 높기 때문이란다. 가장 중요한 이유는 정부의 의사 결정권자들, 즉 정치인들과 행정 관료들은 이윤을 극대화하는 것보다는 권력을 극대화하는 데 더 신경 쓰고, 따라서 경제적 실효성보다는 가장 가시적이고 정치적 상징성이 높은 흰 코끼리 프로젝트를 선택하게 된다는 것이다. 게다가 정부 관료들은 '남의 돈'을 가지고 일하기 때문에 자신들이 추진하는 프로젝트의 경제적 성공 여부를 크게 걱정할 필요가 없다(Thing 2 참조). 결국 국가 이익보다는 개인의 명성을 우선시하는 잘못된 목표와 의사 결정 결과에 대해 개인적으로 책임지지 않는 잘못된 인센티브를 가진 상태에서 정부 관료가 비즈니스 관련 사안에 개입하면 거의 확실하게 불량주를 고를 수밖에 없다. 그 때문에 기업 관련 비즈니스가 정부의 비즈니스가 되어서는 안 된다고 말하는 것이다.

잘못된 목표와 동기로 정부가 불량주를 고른 가장 대표적인 사례가 1960년대 영국과 프랑스 정부가 공동 출자한 콩코드 프로젝트이다. 콩코드 여객기야말로 인류의 엔지니어링 역사상 가장 기억에 남는 위업이었다. 뉴욕의 브리티시 항공 광고판에서 본 콩코드 광고 문안은 아직까지도 기억에서 사라지지 않을 만큼 인상적이었다. 광고는 사람들에게 콩코드를 타고 '떠나기 전에 도착하라'고 설득하고 있었다. (콩코드기로 대서양을 횡단하는 데에는 3시간이 걸리는데 뉴욕과 런던의 시차가 5시간이므로 런던에 도착하면 자기가 떠나기 전에 도착하는 셈이다.) 그러나 초음속 여객기를 개발하는 데 들어간 돈과, 브리티시 항공과 에어프랑스가 콩코드기를 구입할 때 들어간 정부 보조금 등을 고려하면, 이 프로젝트는 대대적인 실패로 끝나고 말았다.

정부가 시장 논리에서 괴리되어 있었기 때문에 유망주를 고르는 데 크게 실패한 예는 인도네시아 항공 산업이다. 인도네시아는 세계에서 가장 빈곤한 국가 중 하나이던 1970년대에 항공 산업에 뛰어들었다. 그 같은 결정을 한 이유는 오로지 인도네시아를 통치했던 모하메드 수하르토 대통령 치하에서 20년 넘게 2인자 노릇을 했고, 수하르토가 물러난 뒤에는 1년 정도 대통령을 역임한 바 있는 바하루딘 하비비 박사가 독일에서 항공 공학을 전공하고 그 분야에서 일한 경력이 있었기 때문이다.

널리 인정받는 경제 이론과 다른 나라의 사례들로 비추어 볼 때 정부가 유망주보다는 불량주를 고를 확률이 훨씬 높은데도 한국은 무슨 재주로 그렇게 많은 유망주를 골라낼 수 있었을까?

한 가지 가능한 대답은 한국이 예외라는 설명일 것이다. 무슨 이유가 되었든 한국 정부 관료들이 예외적으로 유능해서 다른 나라 관리들은 모방할 수 없는 방법으로 유망주를 제대로 골랐다고 말이다. 이이야기는 결국 우리 한국인들이 인류 역사상 가장 똑똑한 사람들이라는 의미이다. 한국인인 나로서는 우리 동포들을 그렇게 훌륭하게 봐

줘서 고맙지만, 아마도 다른 나라 사람들에게는 이런 설명이 잘 먹혀들지 않을 게 분명하다. (그리고 그게 옳다. Thing 23 참조.)

이 책의 다른 부분에서 더 자세히 설명했지만(가장 자세한 설명은 Thing 7, 19 참조) 정부가 유망주를 제대로 골라낸 나라는 한국만이 아니다.[2] 동아시아 경제 기적을 이루어 낸 다른 나라들도 모두 비슷한 일을 해냈다. 약간 더 공격적인 수단이 동원되기는 했지만 한국 정부가 사용한 유망주 고르는 방법은 기본적으로 일본에서 배워 온 것이다. 타이완과 싱가포르 정부 관료들도 수단은 조금 차이가 나더라도 정부가 적극적으로 개입해서 성공적으로 유망주를 고른 점은 한국 못지않았다.

더 중요한 사실은 성공적으로 유망주를 골라낸 것이 동아시아 국가 정부들만의 전유물이 아니라는 점이다. 예를 들어 20세기 후반 프랑스나 핀란드, 노르웨이, 오스트리아 정부 등도 보호 무역이나 보조금 지급, 국영 기업에 의한 투자를 통해 산업 발전을 성공적으로 입안하고 지휘했다. 산업 정책을 동원한 적이 전혀 없는 척하는 미국 정부도 2차 대전 이후에는 연구개발 부문에 대규모 지원을 해서 특정 산업이 발전할 수 있도록 유도했다. 컴퓨터, 반도체, 항공기, 인터넷, 생명공학 등은 모두 미국 정부의 연구개발 지원에 힘입어 발전한 대표적인 산업 분야이다. 20세기 초보다 정부의 산업 정책이 조직력과 효과 면에서 훨씬 미약했던 19세기 말, 20세기 초에도 이제는 부자가 된 나라들 대부분이 관세, 보조금 지원, 인허가, 규제책 등을 동원해서 특정 산업을 발전시키는 데 성공한 사례들이 많다(Thing 7 참조).

정부들이 이렇게 유망주들을, 때로는 엄청나게 성공한 유망주들을 제대로 골라낸 사례가 많이 있는데도 이것이 불가능하다고 주장하는 이론이 있다면 그 이론에 뭔가 잘못된 점이 있는 게 아닐까 하는 의심이 들지 않는가? 이 질문에 대한 대답은 예스이다. 그렇다, 이 이론에는 잘못된 부분이 많다.

첫째, 이 이론에서는 어떤 상황을 가장 가까이에서 직접적으로 접하는 사람이 최고의 정보를 가질 수 있고, 따라서 가장 올바른 선택을 내릴 수 있다고 암묵적으로 가정하고 있다. 얼핏 들으면 일리가 있어 보이지만, 근접성이 좋은 것이 판단을 보장하는 요인이라면 잘못된 판단을 내리는 기업은 하나도 없어야 한다. 그러나 때로는 어떤 상황에 너무 가까이 있다 보면 객관적으로 바라보기가 더 어려울 수 있다. 바로 이런 이유에서 기업의 의사 결정권자가 스스로는 천재적인 선택이라고 생각한 결정을 다른 사람들은 노골적으로 비난까지는 하지 않더라도 상당히 회의적으로 보는 경우가 생기는 것이다. 2000년에 인터넷 기업 AOL이 타임워너 미디어 그룹을 인수한 것을 예로 들어 보자. 당시 AOL 회장 스티브 케이스(Steve Case)는 많은 외부 인사들이 지극히 회의적인 태도를 보였음에도 타임워너 미디어 그룹 인수야말로 미디어와 인터넷의 전망을 바꾸게 될 '역사적 합병'이라고 공언했다. 그러나 합병은 처절한 실패로 끝났고, 합병 당시 타임워너의 CEO였던 제리 레빈은 2010년 그 합병이 "사상 최악의 거래"였다는 고백까지 했다.

물론 한 기업의 활동에 대한 정부의 결정이 그 기업이 스스로 내린 결정보다 나쁠 수밖에 없다는 가정이 항상 맞는 것은 아니라고 해서 좋은 정보의 중요성을 과소평가하려는 것은 아니다. 그러나 정부는 산업 정책을 펴는 데 필요한 정보라고 판단하면 그 정보를 확보할 능력이 있다. 사실 유망주를 뽑는 데 좋은 성적을 거둔 정부들은 보통 기업들과 효과적인 정보 소통 채널을 가지고 있었다.

정부가 필요한 기업 활동 정보를 확보할 수 있는 가장 효과적인 방법은 국영 기업을 설립해서 필요한 사업을 직접 운영하는 것이다. 싱가포르, 프랑스, 오스트리아, 노르웨이, 핀란드 등이 이 방식에 주로 의존한 나라들이다. 또 정부 지원을 많이 받은 산업 부문에 속하는 기업들에게 사업의 주요 현황을 정기적으로 보고하도록 법적으로 요구하는 방법도 있다. 한국 정부는 1970년대에 조선, 철강, 전자 등 몇몇 새로운 산업 분야에 재정 지원을 하면서 이 방법을 철저하게 활용했다. 이외에도 정부 관료들과 기업 엘리트들 사이에 비공식적인 네트워크를 형성해서 정부 관료들이 사업 현황을 잘 파악하도록 하는 방법이 있다. 그러나 이 방식에 너무 의존하면 배타적인 그룹이 형성되거나 부정부패가 생기는 단점이 생길 수 있다. 프랑스 국립행정학교(ENA) 출신들을 중심으로 형성된 정책 네트워크는 비공식 네트워크의 가장 대표적인 예로, 이 방식의 장단점을 모두 보여 준다. 일본은 정부 관료와 재계 리더가 공식적인 경로를 통해 정기적으로 정보를 교환하는 심의회를 구성했다. 법적으로 현황 보고를 요구하는 방법과 비공식 네트워크를 통해 정보를 확보하는 두 극단적인 방법의 중간 정도인 이 심의회에는 학계와 언론계 인물들도 참관인 자격으로 동석한다.

여기에 더해 주류 경제 이론에서는 기업의 이익과 국가의 이익이 충돌하는 경우도 있다는 사실을 간과한다. 기업가들이 정부 관료들보다 관련 상황을 더 잘 파악해서 자기 기업에 가장 유리한 판단을 내릴지는 모르지만 (앞에서 언급했던 것처럼 항상 그런 것도 아니고) 그 결정이 국가 경제에 이로우리라는 보장은 없다. 예를 들어 1960년대 LG 경영진이 섬유 산업에 진출하겠다고 내린 결정은 LG 입장에서는 좋은 결정일 수도 있었다. 그러나 LG를 전선 산업에 진출하도록 독려함으로써 한국 정부는 국익을 증진했고, 이는 장기적으로 LG에도 더 나은 결정이었다. 다시 말해서 정부가 유망주를 고르는 것이 일부 기업에 손해를 끼칠 가능성은 있지만 사회 전체적 시각에서 보면 더 나은 결과를 낳을 수도 있다.

유망주를 고르는 것은 늘 있어 온 일이다

지금까지 정부가 유망주를 골라서 성공한 수많은 예를 살펴보고 이런 가능성을 부인하는 자유 시장 이론이 왜 허점투성이인지를 이야기했다.

그렇다고 정부가 실패한 사례들을 무시하고 넘어가자는 이야기는 아니다. 이미 앞에서 인도네시아의 항공 산업 진출을 비롯해서 1960년대와 1970년대 개발도상국들이 시도해서 '사막의 성'으로 끝나고 만 수많은 사례들이 있다고 언급했다. 그러나 거기서 그치지 않는다. 정부가 유망주를 선택하려다 실패한 사례는 심지어 이런 일에 능숙하기로 정평이 난 일본, 프랑스, 한국 등의 나라에서도 찾아볼 수 있다. 콩코드를 지원했다가 실패로 끝난 프랑스 정부의 씁쓸한 경우는 이미 이야기했으니 넘어가자. 1960년대 일본 정부는 당시 규모도 작고 취약했던 혼다를 닛산이 인수하는 계획을 추진했지만 뜻대로 되지 않았다. 나중에 혼다가 닛산보다 더 크게 성공했다는 것은 우리 모두가 아는 이야기이다. 한국 정부도 1970년대 말 알루미늄 제련 산업을 육성하려 했지만 알루미늄 생산비의 큰 부분을 차지하는 에너지 비용이 인상되면서 산업 전체가 큰 타격을 입는 것을 속수무책으로 지켜봐야만 했다. 이 사례들은 몇몇 대표적인 경우에 불과하다.

그러나 성공적인 사례만 보고 정부가 항상 유망주를 고를 것이라 옹호해서는 안 되는 것처럼 실패한 사례만 보고서 정부가 유망주를 고르는 개념 자체를 거부해서도 안 된다.

생각해 보면 정부가 유망주 선별에 가끔 실패를 하는 것은 자연스러운 일이다. 불확실성의 세상에서 내리는 기업가적 결정에 리스크가 따르고, 그 결정 중의 일부가 실패로 끝나는 것은 당연하다. 아직 증명되지 않은 기술에 도박을 하고 다른 사람들은 가능성이 없다고 생각하는 분야에 진출하겠다는 결정을 내린다는 의미에서 민간 부문의 기업들도 유망주를 선별하는 선택을 끊임없이 하고, 그중 일부에서는 성공하지만 일부에서는 실패를 맛본다. 세계적으로 성공한 기업들이 결국 실패로 끝나는 결정을 가끔 내리는 것처럼 유망주를 선별하는 데 성적이 좋은 정부들마저도 항상 옳은 선택만을 할 수는 없다. 큰 실패로 끝난 마이크로소프트사의 윈도 비스타 운영 체제를 생각해 보라. (지금 이 책을 윈도 비스타를 이용해서 쓰면서도 불만이 많다.) 노키아를 대망신시킨 N-Gage 게임기 사업도 또 하나의 예이다.

그렇다면 문제는 정부가 유망주를 선별할 수 있느냐 없느냐 하는 것이 아니다. 정부는 그럴 능력이 있다. 중요한 것은 이 선택의 승률을 높이는 것이다. 일반적으로 생각하는 것과는 달리 정치적 의지가 충분하면 정부의 승률을 극적으로 높일 수 있다. 유망주 선택에 성공률이 높은 나라들이 이 사실을 입증해 준다. 타이완의 기적은 국민당 정부의 주도로 이루어졌다. 1949년 중국 본토를 공산당에게 내주고 타이완으로 쫓겨 갈 때까지도 부패와 무능의 상징으로 통했던 그 국민당 말이다. 한강의 기적을 일군 한국 정부도 1950년대에는 미국의 대외원조기관 유에스에이드(USAID)로부터 '밑 빠진 독'이라는 말을 들을 정도로 경제 관리 능력이 없는 것으로 유명했다. 19세기 말, 20세기 초반까지만 해도 유망주를 선택할 의사도 능력도 없는 것으로 유명했던 프랑스 정부도 2차 대전 후에는 유망주 선별 부문 유럽 챔피언 자리에 등극했다.

고르는 주체가 기업이 되었든 정부가 되었든 유망주는 항상 선별되고 있는 것이 현실이다. 가장 성공적인 경우는 기업과 정부가 협력해서 선택했을 때이다. 민간, 정부, 민-정 협력 등 모든 형태의 유망주 선별에는 성공과 실패가 따르기 마련이고, 그 정도도 다양해서 가끔은 엄청난 성공을 부르기도 하고 처참한 실패로 끝나기도 한다. 민간 기업의 유망주 선택만이 성공할 수 있다고 주장하는 자유 시장 이데올로기에 묻혀 그 너머를 보지 못하면 결국 우리는 정부가 주도하는, 혹은 정부와 민간의 협력으로 추진할 수 있는 경제 발전의 거대한 가능성을 모두 놓치고 말 것이다.

Thing

13

부자를 더 부자로 만든다고
우리 모두 부자가 되는 것은 아니다

● 그들은 이렇게 말한다

우리는 부의 분배에 앞서 부를 창출해야만 한다. 싫건 좋건 투자를 하고 고용을 창출하는 것은 부자들이다. 부자들은 시장의 기회를 포착하고 활용하기 위해 없어서는 안 될 존재이다. 그런데 과거 많은 나라에서 계층 간의 질시를 이용하고 인기에 영합하는 포퓰리즘 정치를 펼치면서 부자들에게 높은 세금을 부과하여 부의 창출을 어렵게 만들었다. 이런 일은 그만두어야 한다. 심하게 들릴 수 있으나 장기적으로는 부자를 더 부자로 만들지 않고서는 가난한 사람들의 형편도 나아지지 않는다. 부자들에게 더 큰 파이 조각을 주면 처음에는 가난한 사람들에게 돌아가는 파이 조각이 작아질지 몰라도 결국에는 이들에게 돌아가는 파이 조각의 절대적인 크기가 더 커질 것이다. 파이 전체의 크기가 더 커지기 때문이다.

트리클다운 경제학으로 알려진 이 주장은 첫 번째 장애물에서부터 넘어지고 만다. 일반적으로 '성장을 촉진하는 부자들을 위한 정책', 그리고 '성장 감소를 부르는 빈자들을 위한 정책'으로 의미를 양분해서 말을 하는데, 실제로 부자들을 위한 정책은 지난 30년의 세월 동안 성장을 가속화하는 데 실패했다. 따라서 부자들에게 더 큰 파이 조각을 주면 결국에는 전체 파이가 커진다는 트리클다운 이론의 첫 번째 단계는 설득력이 없다. 또 두 번째 단계, 즉 윗부분에서 창출된 보다 큰 부가 아래로 흘러내려 결국 가난한 사람들에게 스며든다는 이른바 트리클다운 현상 역시 제대로 작동하지 않기는 마찬가지이다. 트리클다운 현상이 조금씩 일어날 수는 있으나 그것을 시장에 맡겨 두면 그 효과는 미미하기 때문이다.

스탈린의 유령, 아니면 프레오브라젠스키의 유령?

1차 대전 직후인 1919년, 소련 경제는 엄청난 곤경에 빠져 있었다. 러시아 혁명의 지도자 레닌은 식량 생산이 정상화되지 않는 한 새로운 체제가 유지될 가능성이 없다는 사실을 깨닫고 신경제정책(NEP, New Economic Policy)을 추진했다. 이 정책의 핵심 내용은 농업 부문에서 시장 거래를 허용하여 농민들이 돈을 벌 수 있도록 한 것이었다.

신경제정책을 둘러싸고 소련 공산당은 둘로 갈라졌다. 공산당 중에서도 더 좌파적 성향을 지닌 레온 트로츠키는 신경제정책이 자본주의로 회귀하는 것에 지나지 않는다고 주장했다. 그의 주장을 이론적으로 뒷받침한 사람이 독학으로 경제학을 배운 천재 경제학자 예브게니 프레오브라젠스키였다. 프레오브라젠스키는 소련 경제를 발전시키려면 제조업 부문의 투자를 늘려야 한다고 주장했다. 그러나 당시 농업에 절대적으로 의존하고 있던 소련 경제에서는 농민들이 그나마 창출되는 잉여 생산물(한 경제에서 산출되는 총생산물 중 인구의 육체적 생존에 절대적으로 필요한 몫 이상 생산된 부분)을 사실상 거의 모두 소유, 지배하고 있기 때문에 투자를 늘리기는 극히 어려운 일이라는 것이 프레오브라젠스키의 주장이었다. 그렇다면 어떻게 해야 하나? 그는 농촌에서 사유 재산과 시장을 폐지해야 한다고 주장했다. 그래야 정부가 농업 생산물의 가격을 낮게 매겨 제조업에 투자할 수 있는 농촌의 잉여 생산물을 남김없이 쥐어짜 낼 수 있으며, 정부 계획 경제 당국은 이 잉여 생산물들을 제조업 부문으로 옮겨 모두 투자한다는 것이었다. 프레오브라젠스키는 이런 정책이 단기적으로는 특히 농민들의 생활 수준을 떨어뜨리겠지만 장기적으로는 투자 극대화로 경제의 성장 능력을 최대화해서 모든 사람이 더 잘 살 수 있다는 논리를 폈다.

반면 스탈린이나 프레오브라젠스키의 옛 친구이자 지적 라이벌인 니콜라이 부하린 같은 당내 우파 인사들은 현실론을 주장했다. 농촌 지역에서 토지와 가축에 대한 사유 재산을 인정하는 것이 '공산주의'의 기본 정신에는 어긋나지만, 공산당의 입장에서는 인구의 압도적 다수를 차지하는 농민들을 소외시킬 수 없다는 것이다. 부하린은 "농민이라는 비루먹은 말(馬)을 타고 사회주의로 달려가는 것" 외에는 다른 길이 없다고 말했다. 결국 1920년대 대부분의 기간 동안 우파가 우위를 차지했고 프레오브라젠스키는 점점 주류에서 밀려나다가 급기야 1927년 유형에 처해졌다.

그러나 1928년이 되면서 모든 것이 바뀌었다. 권력을 독차지한 스탈린이 라이벌의 아이디어를 슬쩍해서 프레오브라젠스키가 주창했던 전략을 실행하기 시작한 것이다. 그는 쿨락(부농)의 토지를 몰수하고, '농업 집단화'를 통해 전체 농촌 지역을 국가의 통제 밑으로 귀속시켰다. 부농들로부터 몰수한 토지는 국가가 직접 통제하는 국영농장(sovkhoz)으로, 소농들의 토지는 농업협동조합(kolkhoz)으로 재편되었다. 농업협동조합에 소속된 소농들은 조합 소유의 토지에 대한 명목상의 소유권을 가지고 있었으나, 이는 사실상 국가의 통제를 받는 집단농장이었다.

그러나 스탈린이 프레오브라젠스키의 권고를 그대로 따른 것은 아니었다. 스탈린은 농촌을 많이 봐줘서 농민들의 잉여 생산물을 남김없이 쥐어짜 도시의 제조업 부문으로 옮기는 일은 하지 않았다. 오히려 제조업 부문 노동자들에게 생계비 이하의 임금을 지급해서 도시 여성들이 가족의 생계유지를 위해 공장에 들어가게 만들었다.

이 같은 스탈린의 전략은 막대한 희생을 치렀다. 농업 집단화에 저항하거나, 혹은 저항한다고 의심을 받아 노동수용소로 끌려간 사람 수가 수백만 명에 달했다. 또 농업 부문의 생산이 급락했는데, 이는 농촌에서 트랙터 대신 쟁기 따위를 끌던 소나 말 같은 가축의 수가 극적으로 줄어들었기 때문이다. 자기 가축이 몰수당할 것을 겁낸 농민들이 미리 도축해 버리거나, 곡물을 강제로 도시에 보내다 보니 가축에게 먹일 사료가 부족해졌던 것이다. 농업 부문이 이렇게 와해되면서 1932~1933년 사이 심각한 기근이 빚어졌고 수백만 명이 목숨을 잃었다.

아이러니한 사실은 스탈린이 프레오브라젠스키의 전략을 채택하지 않았다면 2차 대전 당시 동부 전선에서 독일군의 침입을 격퇴할 수 있을 정도로 신속하게 소련의 제조업 기반을 성장시키지 못했을 것이라는 점이다. 독일군이 동부 전선에서 패하지 않았더라면 서유럽은 독일군을 격퇴하지 못했을 것이다. 그러니 서유럽 국가들이 오늘날 자유를 누리는 것은 바로 극좌파 소비에트 경제학자 프레오브라젠스키 덕분이라고 할 수 있다.

나는 왜 사람들의 뇌리에서 잊힌, 거의 한 세기 전 소련의 마르크스 경제학자에 대해 떠벌리고 있는 것일까? 그것은 바로 스탈린의 전략, 아니 프레오브라젠스키의 전략이 오늘날 자유 시장 경제학자들이 주장하는 부자들을 위한 정책과 놀랄 정도로 닮은 점이 많기 때문이다.

자본가 대
노동자

태어날 때부터 인간의 신분이 정해지고, 평생 그 상태로 살아야 하는 봉건적 질서는 18세기 이래로 유럽 전역에서 자유주의자들의 공격을 받았다. 자유주의자들은 인간은 출생 신분이 아니라 '성취한 것'에 따라 보상을 받아야 한다고 주장했다(Thing 20 참조).

물론 이는 19세기에 살았던 자유주의자들의 생각이었다. 그들은 오늘날의 자유주의자들, 특히 유럽에 있다면 자유주의자라기보다 중도 좌파라 불렸을 미국 자유주의자들이 질색할 생각들을 많이 했다. 다른 무엇보다도 19세기 자유주의자들은 민주주의에 반대했다. 가난한 사람들에게 투표권을 주는 것은 자본주의를 파괴하는 짓이라고 여겼다. (여성은 지적 능력이 온전하지 못하다고 여겼기 때문에 아예 고려 대상조차 되지 않았다.) 도대체 왜 그런 생각을 하게 되었을까?

19세기 자유주의자들은 부를 축적하여 경제를 발전시키는 가장 중요한 수단으로 '금욕'을 꼽았다. 노동으로 돈을 벌면, 그것으로 즉각적인 욕망을 채우기보다 투자를 해야 부를 축적할 수 있다는 것이다. 그들의 세계관에 따르면 가난한 사람들이 가난한 이유는 금욕적인 생활을 해 나가는 인격을 갖추지 못했기 때문이다. 이런 가난한 사람들에게 투표권을 주면 당장 부자들에게 세금을 거두어 그것을 소비해 버릴 것이다. 이렇게 되면 가난한 사람들은 잠시 재미를 볼 수 있겠지만, 장기적으로는 전체 경제의 투자와 성장이 지체되어 더욱 가난해진다는 것이었다.

가난한 사람들에 반감을 가진 당시 자유주의자들의 정치 논리는 고전파 경제학자들로부터 지적인 뒷받침을 받았다. 이런 고전파 경제학자들 중에서 가장 뛰어난 인물이 바로 19세기 영국의 경제학자 데이비드 리카도(David Ricardo)이다. 고전파 경제학자들은 오늘날의 자유주의 경제학자들과 달리 자본주의 경제가 '개인'들로 이루어져 있다고 보지 않았다. 그들은 자본주의 경제는 자본가, 노동자, 지주라는 세 계급으로 구성되며, 서로 다른 계급에 속하는 사람들은 행동하는 방식도 다르다고 보았다. 자본가들은 벌어들인 소득의 거의 전부를 투자하는데, 노동자나 지주들은 소득을 거의 소비한다는 것이다. 지주 계급에 대해서는 학파 내에서도 의견이 갈렸다. 리카도 같은 사람들은 지주를 소비만 하면서 자본 축적을 방해하는 계급으로 간주했다. 그러나 토머스 맬서스(Thomas Malthus) 등은 지주 계급의 소비가 자본가들이 생산한 상품에 추가 수요를 발생시켜 자본가들을 돕는다고 여겼다. 하지만 노동자 계급에 대해서는 의견이 일치했다. 고전파 경제학자들은 노동자들이 소득의 전부를 소비하기 때문에 국민소득에서 노동자들의 소득이 큰 부분을 차지할수록(즉 노동자들이 임금을 많이 받을수록) 투자와 경제 성장은 위축될 것이라고 보았다.

리카도 같은 열렬한 자유 시장론자와 프레오브라젠스키 같은 극좌파 공산주의자가 만나는 곳이 바로 이 지점이다. 둘이 많이 다른 것 같아 보이지만 그들은 모두 장기적으로 경제 성장을 극대화하려면 투자 가능한 잉여 생산물을 '투자자'의 손에 집중시켜야 한다고 생각했다. 둘 사이에 다른 점은 이 '투자자'가 누구인가 하는 것뿐이다. 잉여 생산물을 집중시켜야 하는 투자자는, 자유 시장론자의 경우에는 자본가 계급이었고, 극좌파 공산주의자의 경우에는 계획 경제 당국이었다. 오늘날 "부를 재분배하기 전에 먼저 부를 창출해야 한다."라고 말하는 사람들도 궁극적으로 잉여 생산물을 집중시켜야 한다는 의미에서 같은 생각을 하고 있는 것이다.

부자를 위한 정책의 흥망

그러나 이런 자유주의자들이 가장 두려워했던 사태가 19세기 후반에서 20세기 초반 사이에 현실화되고 말았다. 유럽의 대다수 국가와 '웨스턴 오프숏' 국가들(Western offshoots, 유럽에서 갈려 나온 미국, 캐나다, 오스트레일리아, 뉴질랜드 등)이 비록 남자에 한해서이기는 하지만 가난한 사람들에게도 투표권을 부여하기 시작한 것이다. 그런데도 많은 사람들이 두려워했던 것처럼 고율의 세금 폭탄을 맞고 자본주의가 파멸하는 일은 일어나지 않았다. 모든 남자들에게 투표권을 부여한 지

수십 년이 지나는 동안 부자들에 대한 세금과 국가의 '사회 복지비 지출'이 그렇게 많이 늘지 않았던 것이다. 결국 가난한 사람들도 그리 참을성 없지는 않았던 셈이다.

더욱이 정작 부자들에게 본격적으로 중과세가 부과되기 시작한 후에도 자본주의는 파멸하지 않았다. 오히려 자본주의는 고율의 세금 덕에 더욱 강고해졌다. 2차 대전 이후 대다수의 부유한 자본주의 국가들에서는 누진세제가 퍼지고 사회 복지 지출이 증가했다. 그럼에도 불구하고, 아니 부분적으로는 오히려 바로 그 때문에 부유한 자본주의 국가들은 1950~1973년에 사상 최고의 성장률을 기록했다(Thing 21 참조). 이 시기를 우리는 '자본주의의 황금기'라 부른다. 황금기 이전에는 부유한 자본주의 국가의 1인당 국민소득은 연간 1~1.5퍼센트 증가하는 정도였다. 그러나 황금기에 1인당 소득은 미국과 영국에서 2~3퍼센트, 서유럽에서 4~5퍼센트, 일본에서는 8퍼센트 성장했다. 그 뒤로는 이 국가들이 이때보다 높은 성장률을 기록한 적은 없다.

그러나 1970년대 중반부터 부유한 자본주의 국가들의 성장률이 떨어지기 시작하자 자유 시장론자들은 19세기의 케케묵은 논리를 다시 들고 나와, '투자 계급'에게 돌아가는 소득 몫이 줄어든 것이 성장 감소의 이유라고 세상을 설득했다.

1980년대 이후, 전부는 아니지만 상당수의 부유한 자본주의 국가에서는 '부자들에게 유리한 소득 재분배(upward income redistribution)'를 신봉하는 정부가 정권을 잡았다. 토니 블레어 시절의 영국 노동당이나 빌 클린턴 시절의 미국 민주당 같은 이른바 좌파 정당조차 공공연하게 이런 정책을 지지했다. 1996년 빌 클린턴 대통령이 자신의 복지 개혁 정책을 도입하면서 "우리가 지금까지 알고 있던 형태의 복지 제도에 종지부를 찍는" 것이 목적이라고 선언하면서 이 움직임은 그 절정에 달했다.

실제로 복지 지출의 삭감은 당초 생각했던 것보다 훨씬 어려운 일이었다(Thing 21 참조). 그러나 고령화 추세 등으로 연금, 장애인 수당, 의료보험 및 노인들에게 사회 복지 지출을 늘려야 할 구조적 압력이 커졌는데도 이에 걸맞은 규모로 복지 예산이 늘지 못했다는 의미에서 복지 국가의 성장에 제동이 걸린 것은 사실이다.

그러나 이보다 더 중요한 사실은 대다수의 국가들이 가난한 사람으로부터 부자에게로 소득을 옮기는 수많은 정책을 추진했다는 것이다. 최고 소득세율 인하 등 부자를 위한 감세 정책이 시행되었다. 금융 탈규제에 따라 금융업자들은 투기 수익을 올릴 기회를 숱하게 누리고, 최고 경영자들은 천문학적인 보수를 받게 되었다(Thing 2, 22 참조). 금융 이외의 부문에서도 규제 철폐가 이루어졌고 이에 따라 기업들은 더 거침없이 독점적 지위를 악용하고, 더 자유롭게 환경을 오염시키며, 더 쉽게 노동자들을 해고하면서 더 많은 돈을 벌어들이게 되었다. 또 무역 자유화와 해외 투자의 증대로 기업들은 (심지어 공장을 해외로 옮기겠다는 위협만으로도) 노동 임금을 낮출 수 있었다.

결과적으로 대부분의 선진국에서 소득 불평등이 심화되었다. 예를 들어 국제노동기구(ILO)의 조사 보고서(The World of Work 2008)에 따르면 1990~2000년 사이 관련 통계 자료를 얻을 수 있는 20개 선진국 중 무려 16개국에서 소득 불평등도가 올라갔다. 나머지 4개국 중에서도 소득 불평등도가 의미 있을 정도로 낮아진 나라는 스위스밖에 없었다.[1] 그리고 이 부문에서 선진국 중 최악이었던 미국의 소득 불평등도는 이 기간 동안 우루과이나 베네수엘라 같은 라틴 아메리카 국가들의 수준까지 올라갔다. 핀란드나 스웨덴, 벨기에에서도 소득의 불평등 정도가 증가하기는 했지만 이 나라들은 이전에 불평등 정도가 매우 낮았던 나라들이다. 특히 핀란드의 경우는 너무 낮았다고 할 수도 있다. 대다수의 옛 사회주의 국가들보다도 소득 분배가 훨씬 평등했으니 말이다.

워싱턴에 있는 중도 좌파 싱크탱크인 경제정책연구소(EPI, Economic Policy Institute)의 조사 결과에 따르면 1979년부터 (데이터를 입수할 수 있는 가장 최근인) 2006년 사이, 미국의 소득 순위에서 상위 1퍼센트가 전체 소득에서 차지하는 비중은 10퍼센트에서 22.9퍼센트로 두 배 이상 늘어났다. 소득이 상위 0.1퍼센트에 속하는 사람들은 더 득을 봤는데, 이들이 전체 소득에서 차지하는 비중이 1979년 3.5퍼센트에서 2006년 11.6퍼센트로 세 배 이상 늘어났다.[2] 이렇게 된 것은 주로 최고 경영자들의 보수가 천문학적으로 올랐기 때문인데, 2008년 세계 금융 위기 이후 이들의 보수가 말도 안 되는 것이었음이 드러나고 있다 (Thing 14 참조).

앞서 언급한 국제노동기구의 조사 보고서에 따르면, 개발도상국 및 옛 사회주의 국가 65개국 중 같은 기간 동안 소득 불평등이 심해진 나라가 41개국에 달했다. 그 비율이 선진국에 비해 낮다고는 하지만 이들 국가 중 상당수가 이미 소득 불평등이 매우 높은 수준이었다는 점을 고려하면 소득 불평등의 심화로 인한 악영향은 선진국에 비해 훨씬 더 심각하다.

아래로
흐르지 않는 물

'부자들에게 유리한 소득 재분배'가 정당화될 수 있는 방법도 있다. 만약 그 정책이 경제 성장을 촉진시켰다면 말이다. 그러나 문제는 부자들에 유리한 신자유주의 개혁이 시작된 1980년대 이래 경제 성장률이 실질적으로 더 떨어졌다는 것이다. 세계은행 자료에 따르면 1960년대와 1970년대에 전 세계적으로 1인당 평균 소득이 매년 3퍼센트 이상 증가했으나 1980~2009년 사이에는 매년 1.4퍼센트 늘어나는 데 그쳤다.

간단히 말해 1980년대 이래로 우리는 부자들에게 파이에서 더 큰 조각을 주면 그들이 더 많은 부를 창출해서 장기적으로 파이를 더욱 키울 것이라고 믿었다. 그래서 부자들에게 더 큰 조각을 준 것까지는 좋았는데 이들은 그렇게 받고 나서 실제로는 파이가 커지는 속도를 줄여 버렸다.

문제는 이른바 '투자자'(그것이 자본가 계급이든 스탈린의 계획 경제 당국이든)의 손에 소득을 몰아주는 것만으로는 더 높은 경제 성장을 이룰 수 없다는 것이다. 아무리 많은 돈이 손에 들어와도 그 투자자가 투자를 하지 않으면 그것으로 끝이다. 그나마 소련의 경우 스탈린이 계획 경제 당국인 고스플란(Gosplan)에 소득을 집중시키면 이렇게 모인 돈이 투자된다는 보장은 있었다. 비록 경제 계획의 어려움, 노동자 동기 부여 문제 등으로 투자의 생산성이 형편없을 수는 있지만 말이다 (Thing 19 참조). 그러나 자본주의 경제에는 이런 메커니즘이 없다. 실제로 1980년대 이후 소득 불평등이 심해졌는데도(즉 돈을 부자들에게 몰아줬는데도) 미국, 일본, 독일, 영국, 이탈리아, 프랑스, 캐나다 등 G7 국가 모두와 대다수의 개발도상국에서 국민총생산 대비 투자 비율은 감소했다(Thing 2, 6 참조).

백보를 양보해서 부자에게 유리한 소득 재분배가 더 많은 부를 창출한다고 치자. (거듭 말하지만 이런 일은 일어나지 않았다.) 그러나 가난한 사람들이 그렇게 해서 늘어난 소득의 혜택을 보게 될 것이라는 보장은 없다. 꼭대기에서 늘어난 부가 결국에는 아래로 '똑똑 떨어져(trickle down)' 가난한 사람들에게 혜택을 줄지도 모르지만, 이는 보장된 결과가 아니다.

물론 이런 논리 자체가 완전히 멍청한 생각이라고 말할 수는 없다. 어떤 정부가 소득 재분배 정책을 폈다고 할 때 그 직후에 벌어진 현상 (그것이 좋든 나쁘든)만 가지고 '정책의 효과가 있다, 없다'고 재단할 수는 없는 일이다. 예를 들어 부자들이 더 많은 돈을 가지면 더 많이 투자하고 이에 따라 경제가 더 많이 성장하게 될지도 모른다. 이렇게만 된다면, '부자에 유리한 소득 재분배' 정책이 모두가 받는 몫의 크기를 (상대적인 비율까지는 아닐지라도) 키울 수 있다.

그러나 문제는 그냥 시장에 맡겨 두면 상류층의 부가 밑으로 흘러내리는 정도가 미약하다는 것이다. 앞서 언급한 경제정책연구소(EPI) 조사에 따르면 1989년에서 2006년 사이 미국 총소득 증가의 91퍼센트가 소득 순위 상위 10퍼센트에게 흘러 들어갔다. 더욱이 상위 1퍼센트가 차지한 몫은 총소득 증가의 59퍼센트에 달했다. 이와 대조적으로 강력한 복지 시스템을 갖춘 국가들의 경우에는 설사 '부자에게 유리한 재분배'가 이루어졌다고 해도 이에 따른 성장의 혜택을 사회 전체로 확산시키는 것이 훨씬 쉽다. 세금과 소득 이전 정책이라는 강력한 기제가 있기 때문이다. 사실 세금 징수와 소득 이전이 시행되기 전의 소득 분배를 보면 벨기에와 독일은 미국보다 더 불평등하고, 스웨덴과 네덜란드는 미국과 비슷하다.[3] 다시 말해서 상당한 양의 물이 밑으로 내려오기 위해서는 복지 국가라는 이름의 전기펌프가 필요한 것이다.

마지막으로 중요한 것은, 적절한 시기에 적절한 방식으로 추진되기만 한다면 '가난한 사람들을 위한 소득 재분배'가 경제 성장까지 촉진한다고 믿을 만한 근거가 많다는 점이다. 예를 들어 오늘날과 같은 불황기에 경기를 활성화시키는 최선의 방법은 '가난한 사람들을 위한 소득 재분배'이다. 소득이 적을수록 가용 소득에서 더 많은 몫을 지출하는 경향이 있기 때문이다. 저소득 가계에 복지 지출을 늘리는 방식으로 10억 달러를 추가 지원할 때 얻을 수 있는 경기 활성화 효과는 같은 액수의 돈을 부자들에게 감세해 줄 때보다 더 크다. 더욱이 임금이 최저 생계 수준 혹은 그 이하가 아니라면, 노동자들은 추가 소득을 자신의 교육이나 건강에 더 투자할 수 있고, 이에 따라 노동 생산성과 경제 성장이 촉진될 수 있다. 더욱이 소득 분배가 보다 평등해지면 파업이나 범죄가 줄어들면서 '사회적 평화'가 이루어지고 이는 다시 투자를 촉진한다. 사회적 평화가 이루어지면 재화를 생산하고 부를 생성하는 과정이 방해받을 위험이 줄어든다. 상당수의 학자들은 소득 불평등의 수준이 낮으면서 빠른 경제 성장이 이루어졌던 '자본주의의 황금기'는 이 같은 메커니즘이 작동한 덕분에 가능했다고 믿는다.

지금까지 살펴봤듯이 부자들에 유리한 소득 분배가 투자와 성장을 가속화시킨다는 주장에는 근거가 없다. 이런 현상이 있었던 적도 별로 없다. 앞서 미국과 복지 정책을 잘 갖춘 다른 선진국들과의 비교에서 알 수 있듯이 설령 성장률이 높아지는 경우에도 시장 메커니즘을 통해 부가 아래로 분배될 가능성은 거의 없다.

단순히 부자들을 더 부자로 만들어 준다고 해서 나머지 사람들이 더 부유해지는 것은 아니다. 만약 부자들에게 주어지는 더 많은 부가 사회 전체의 혜택으로 파급되게 하려면 국가는 각종 정책 수단(예를 들어 부자와 기업의 감세를 허용하는 대신 투자를 조건으로 제시)을 통해 부자들로 하여금 더 많이 투자하도록 해서 더 높은 경제 성장을 이루어 낼 수 있도록 하며, 복지 국가 같은 메커니즘을 통해 전 사회 구성원들과 성장의 과실을 공유할 수 있도록 해야 한다.

14

미국 경영자들은
보수를 너무 많이 받는다

● 그들은 이렇게 말한다

어떤 사람들은 다른 사람들에 비해 돈을 훨씬 많이 번다. 특히 미국의 최고 경영진들이 받는 보수는 일반인들이 보기에 당치도 않다는 생각이 들 정도로 많다. 그러나 이는 어디까지나 시장 원리에 입각한 것이다. 그런 일을 할 만한 능력을 지닌 사람 수가 얼마 되지 않기 때문에 정말 능력 있는 사람을 영입하기 위해서는 막대한 보수를 지불할 수밖에 없다. 매출이 수십억 달러에 달하는 거대 기업의 관점에서 보면 수백만 달러, 때로 수천만 달러를 지불해도 좋은 인재만 끌어올 수 있다면 확실히 그만 한 돈을 쓸 가치가 있다. 그렇게 영입한 경영자가 좋은 결정을 내리면 수억 달러에 이르는 수익을 올릴 수도 있기 때문이다. 따라서 이런 관행이 불공평하다고 느껴질지 모르지만 시기심이나 역하심정을 품고 억지로 막아서는 안 된다. 결국은 역효과만 날 뿐이다.

미국 경영자들의 보수는 여러 가지 면에서 너무 높다. 우선 전임자들에 비해서 너무 높다. 동시대 노동자들의 보수 평균과 비교해서 볼 때 오늘날 미국의 CEO들은 1960년대 CEO들에 비해 10배를 더 받는다. 상대적으로 1960년대 CEO들의 경영 성적이 훨씬 더 좋았음에도 말이다. 미국 경영자들의 보수는 다른 부자 나라 경영자들과 비교해도 너무 높다. 측정 방법과 비교 대상 국가가 어디냐에 따라 조금씩 달라지긴 하지만 비슷한 규모와 실적을 올리는 다른 나라 회사 경영진들에 비해 미국 경영자들은 절대 기준으로 많게는 20배나 더 받는다. 이들은 또 보수만 지나치게 많이 받는 것이 아니라 경영 부진에 대해서도 제대로 책임을 지지 않는다. 게다가 실제로 미국 경영자들의 보수가 완전히 시장 원리에 따라 결정되는 것도 아니다. 미국의 경영자 계층이 지닌 경제적, 정치적, 이데올로기적 힘은 자신들의 보수를 결정하는 시장 자체를 조종할 수 있을 정도로 커졌다.

경영자 보수와
계층 갈등의 정치학

급여, 보너스, 연금, 스톡옵션을 포함해 미국 CEO들이 받는 평균 보수는 급여, 복리후생비를 합친 노동자들의 평균 보수보다 300~400배 정도 많다. 이 점에 대해 크게 불만을 표하는 사람들도 많다. 미국 대통령 버락 오바마도 경영진들의 보수가 지나치게 높다고 자주 비판한다.

　자유 시장 경제학자들은 이 같은 보수의 격차는 문제가 아니라고 생각한다. CEO가 일반 직원보다 보수를 300배 더 받는 것은 그가 일반 직원에 비해 회사에 300배 보탬이 되기 때문이라는 논리에서이다. 받는 보수만큼 가치를 발휘하지 못하는 사람은 머지않아 시장의 힘에 밀려 자리에서 물러나게 될 것이다(Thing 3 참조). 오바마 대통령처럼 경영자들의 보수에 시비를 거는 사람들은 계층 갈등을 정치적으로 이용하는 포퓰리스트일 뿐이다. 생산성이 낮은 사람들이 생산성에 따른 보수 지급을 용납하지 않으면 자본주의는 제대로 작동할 수 없다는 것이 이들의 주장이다.

사실 자유 시장 경제학자들의 논리에도 일리가 있어 보인다. 사소한 문제 하나만 무시하면 되고, 그 사소한 문제라는 게 바로 '사실에 근거한 자료'라는 점만 빼면 말이다.

어떤 사람들은 다른 사람들보다 효율적이고, 그런 사람들은 자기 생산성에 걸맞은 높은 보수, 경우에 따라서는 엄청나게 높은 보수를 받을 자격이 있다는 것을 나도 인정한다. 자기가 잘나서 그런 것만은 아니라는 사실을 잊지 않아야 하지만 말이다(Thing 3 참조). 문제는 그들의 능력이 현재와 같은 보수 차이를 정당화할 만큼 뛰어난가 하는 것이다.

사실 경영자의 보수를 정확히 계산한다는 것은 쉬운 일이 아니다. 우선 경영자의 보수를 누구나 알 수 있도록 해 놓은 나라가 그리 많지 않다. 그리고 보수에 급여뿐 아니라 회사에서 받는 모든 혜택을 포함하려면 스톡옵션까지도 넣어야 하는데, 미래에 일정한 양의 기업 주식을 살 수 있는 권리인 이 스톡옵션의 가치는 지금은 정확히 산정할 수 없으므로 추정할 수밖에 없다. 문제는 추정 방법에 따라 수치가 많이 달라진다는 것이다.

이런 난점이 있음을 염두에 두고 미국 CEO들과 노동자들의 평균 보수를 비교해 보면 1960년대에서 1970년대에는 30~40 대 1 정도였다. 이 비율은 1980년대 초반부터 급격하게 상승하기 시작해 1990년대 초반에는 100 대 1, 2000년대에는 300~400 대 1 수준에 달했다.

이것과 미국 노동자들의 보수 변화를 비교해 보자. 워싱턴에 본부를 둔 중도 좌파 싱크탱크인 경제정책연구소에 따르면 물가상승률을 반영해 2007년 달러화 가치를 기준으로 한 미국 노동자의 시간당 평균 임금은 1973년 18.90달러에서 2006년 21.34달러로 상승했다. 33년 사이에 13퍼센트 올랐으니 1년에 약 0.4퍼센트 늘어난 셈이다.[1] 임금과 복리후생비를 합한 전체 보수를 기준으로 하면 상황은 더 좋지 않다. 경제 침체기에는 노동자들의 보수가 떨어진다는 점을 감안해서 경제 회복기만을 살펴보았는데도 1983~1989년 사이 노동자 보수의 중간값은 매년 0.2퍼센트의 비율로 증가했고, 1992~2000년 사이에는 0.1퍼센트, 2002~2007년 기간에는 그나마 거의 증가하지 않은 것으로 나타났다.[2]

다시 말해 미국 노동자들의 보수는 1970년대 이후 실질적으로 거의 오르지 않았다. 물론 그 기간 동안 미국 사람들의 생활수준이 향상되지 않았다는 뜻은 아니다. 개별 보수는 거의 증가하지 않았지만 가구당 수입은 높아졌다. 그러나 이것은 점점 더 많은 가정이 맞벌이에 나섰기 때문이다.

자유 시장 경제학자들의 논리, 즉 모든 사람은 각자의 생산성에 따라 응당의 보수를 받아야 한다는 논리에 충실하자면 CEO 대 노동자의 보수가 30~40배에서 300~400배가 되었다는 말은 미국의 CEO들이 1960~1970년대에 비해 10배나 더 효율적이 되었다는 뜻이다.

과연 그럴까?

좋은 교육과 훈련 덕분에 미국 경영자들의 자질이 전반적으로 좋아졌을 수는 있지만 그렇다고 과연 한 세대 전 경영자들에 비해 자질이 10배나 좋아졌다는 것이 있을 법한 일인가? 내가 케임브리지 대학에서 학생들을 가르친 지난 20년만 돌아봐도 그렇다. 지금 미국에서 오는 학생들이 1990년대 초에 내가 처음 가르쳤던 미국 학생들에 비해 3~4배 더 뛰어난가? 자질이 더 나아졌다는 이유만으로 미국 CEO들의 보수가 올랐다면 미래의 CEO감인 이 학생들의 자질은 적어도 3~4배는 좋아졌어야 말이 된다. 1990년대 초 노동자 평균 보수의 100배였던 미국 CEO의 보수가 이 기간 사이에 300 내지 400배로 뛰었기 때문이다.

이 보수 차이의 변화를 설명할 때 가장 많이 거론되는 이유는 최근 들어 기업의 규모가 커짐에 따라 CEO의 역할도 더 커졌기 때문이라는 주장이다. 코넬 대학의 로버트 H. 프랭크 교수는 『뉴욕 타임스』에 기고한 칼럼에서 100억 달러의 이익을 남기는 기업이라면 유능한 CEO의 좋은 판단으로 3000만 달러 정도 더 남기는 건 쉬운 일이라고 설명을 했고, 이 칼럼은 CEO의 급여 문제에 논란이 있을 때 많이 인용되는 글이 되었다.[3] 까놓고 이야기는 하지 않지만 3000만 달러를 더 벌어 준 CEO에게 500만 달러를 더 주는 게 문제가 되겠냐는 암시가 깔려 있다고 하겠다.

물론 이 주장에도 일리는 있다. 그러나 기업 규모가 커진 것이 CEO의 보수가 오른 주된 이유라면 미국 기업들의 규모는 꾸준히 커지고 있었는데 왜 CEO의 급여는 1980년대에 와서야 갑자기 인상되기 시작했을까?

게다가 같은 논리를 노동자에게도 어느 정도는 적용해야 하는 것 아닌가? 현대 기업은 분업과 협력을 적절히 조화시키기 때문에 돌아간다. 따라서 CEO만 기업의 성과에 영향을 미친다는 논리는 대단히 잘못된 것이다(Thing 3, 15 참조). 기업 규모가 커짐에 따라 노동자가 기업에 이익을 주거나 손해를 끼칠 여지도 커지는데, 우수한 직원을 채용하는 일이 갈수록 더 중요해지고 있는 것도 바로 그런 이유에서이다. 그렇지 않다면 왜 기업마다 인사관리부서를 두고 많은 투자를 하겠는가?

또 최고 경영진의 결정이 점점 더 중요해지기 때문에 CEO의 보수가 올라야 했다면 이들보다 훨씬 적은 보수를 받으면서 비슷한 규모의 기업을 경영하는 일본이나 유럽의 CEO들은 어떻게 된 것인가? 경제정책연구소 보고서에 따르면 2005년을 기준으로 스위스와 독일의 CEO들은 미국 CEO에 비해 각각 64퍼센트, 55퍼센트 수준의 보수를 받았다. 스웨덴은 44퍼센트, 네덜란드는 40퍼센트에 만족했고, 일본 CEO들은 미국 CEO들이 받는 보수의 25퍼센트밖에 받지 않는 것으로 나타났다. 미국을 제외한 13개 선진국 기업의 CEO들이 받는 보수 평균은 미국 기업 CEO 보수 평균의 44퍼센트에 지나지 않았다.[4]

그러나 이 숫자들도 국가별 CEO의 보수 차이를 제대로 반영하지 못하고 있다. 미국 CEO들이 다른 나라 CEO들에 비해 상대적으로 스톡옵션을 훨씬 많이 받는데 그것을 계산에 넣지 않았기 때문이다. 경제정책연구소의 다른 데이터에 따르면 정확히 계산하기는 힘들지만 미국 CEO의 보수에 스톡옵션을 포함시키면 보수 총액은 보통 3~4배, 많게는 5~6배로 뛴다고 한다. 결국 미국 CEO의 보수에 스톡옵션을 포함하면, 스톡옵션을 받더라도 많이 받지 않는 일본 CEO의 보수는 미국 CEO의 보수에 25퍼센트가 아니라 5퍼센트가 된다.

그런데 미국 CEO들이 해외 CEO들보다 두 배(스위스 CEO와 비교, 스톡옵션 제외)에서 스무 배(일본 CEO와 비교, 스톡옵션 포함)까지 더 가치가 높은 사람들이라면 왜 많은 산업 부문에서 미국 기업들이 일본이나 유럽의 경쟁사들에 뒤지는 것일까?

일본과 유럽 CEO 보수의 절대액이 낮은 것은 그 나라의 일반적인 급여 수준이 미국보다 낮기 때문이 아닌가 하는 생각이 들 수도 있다. 그러나 일본과 유럽 국가들의 급여 수준은 미국과 거의 비슷하다. 경제정책연구소가 조사한 2005년 13개국의 노동자 급여 평균은 미국의 85퍼센트였다. 그중 일본 노동자들은 미국 노동자들의 91퍼센트를 받는 반면에 일본 CEO들은 스톡옵션을 제외하고도 미국 CEO 보수의 25퍼센트밖에 받지 않았다. 스위스와 독일 노동자들은 미국 노동자들보다 보수가 오히려 더 높아서 각각 미국 노동자 평균 보수의 130퍼센트와 106퍼센트를 받는 반면에 CEO 보수는 미국의 55퍼센트와 64퍼센트에 지나지 않았다. 더욱이 이 수치는 미국 CEO들이 훨씬 많이 받는 스톡옵션을 제외한 것이다.[5]

이렇게 볼 때 미국 경영자들은 너무 비싸다. 미국 노동자들은 경쟁국에 비해 15퍼센트밖에 더 받지 않는 반면에 CEO들은 적게는 두 배(스위스와 비교, 스톡옵션 제외)에서 많게는 스무 배(일본과 비교, 스톡옵션 포함)를 받는다. 그럼에도 미국 기업들의 실적은 일본과 유럽 경쟁사들과 비슷하거나 떨어지는 경우가 많다.

동전 앞면이 나오면 내가 이기고
뒷면이 나오면 네가 진다

미국, 그리고 미국 다음으로 CEO 대 노동자 보수 비율이 높은 영국 CEO들의 보수 체계는 CEO들에게 일방적으로 유리하게 만들어져 있다. 과도하게 많은 급여를 받는 것 말고도 경영을 잘못했을 때 그에 따른 징계를 받지 않는다. 최악의 경우 일자리를 잃을 수는 있지만 그럴 때에도 거의 대부분의 경우 두둑한 퇴직금이 보장된다. 어떤 때에는 쫓겨나는 CEO에게 당초 계약서에서 약속한 것보다 더 많은 액수의 퇴직금을 주는 경우도 있다. 경제학자 베브척(Bebchuck)과 프리드(Fried)에 따르면 "2000년 외부 압력에 못 이겨 마텔사의 질 배러드가 해임될 때 이사회는 420만 달러에 달하는 그녀의 대출금을 탕감해 주고, 또 다른 대출금 탕감에 따른 세금을 내는 데 필요한 330만 달러를 현금으로 지급해 준 것도 모자라서, 바로 팔 수 없도록 되어 있는 보유 주식을 팔 수 있도록 해 주었다. 이런 혜택은 2640만 달러에 달하는 퇴직금과 해마다 지급되는 70만 달러의 연금 등 고용 계약서에 명시된 엄청난 혜택에 추가된 것"[6]이다.

이런 일에 우리가 신경을 써야 하는 것일까? 자유 시장 경제학자들은 그럴 필요가 없다고 말한다. 이렇게 일을 잘못한 CEO에게 꼭 주지 않아도 될 혜택까지 주는 어리석은 기업이 있더라도 내버려 두어야 한다는 것이다. 그런 얼빠진 짓을 하는 기업은 어차피 더 계산에 밝은 경쟁사에 밀려나게 되어 있기 때문이다. 보수 체계를 잘못 만든 기업들이 있을지는 모르지만 결국 그런 기업들은 시장의 압력에 의해 경쟁에 지고 만다는 의미이다.

그럴듯하게 들리는 주장이다. 구식 방직 기술이 되었건, 허무맹랑한 보수 체계가 되었건 비효율적인 관행은 경쟁 과정에서 사라지게 되어 있다. 전반적으로 경영진에게 더 높은 인센티브를 주는 영미 기업들이 다른 나라 기업들과의 경쟁에서 밀려나고 있는 것이 바로 그 증거라 할 수 있다.

그러나 경영진에게 공정하지 못한 보수를 주는 관행이 시장에서 벌어지는 경쟁을 통해 없어지려면 오랜 시간이 걸린다. 결국 이런 관행이 수십 년간 계속되어 오고 있지 않았는가? 최근에 파산한 GM을 예로 들어 보자. GM이 기울어 간다는 것은 최소한 30년 전부터 알려진 사실이다. 그럼에도 GM의 최고 경영자들은 과거 20세기 중반 GM이 전 세계 자동차 시장을 주름잡으며 전성기를 구가하던 시절의 경영진들에게나 줄 만한 보수를 챙겨 갔고, 아무도 그것을 막지 못했다(Thing 18 참조).

상황이 이런데도 엄청나게 많은 급여와 경영 실패에도 아무런 책임을 지지 않는 일방적인 고용 계약에 제재를 가하려는 움직임이 거의 없었던 것은 미국과 영국의 경영자 계층이 지난 수십 년 사이에 엄청나게 강해졌기 때문이고, 이렇게 된 데에는 그들이 지금까지 챙겨 온 엄청난 보수도 한몫했다는 점을 간과할 수 없다. 이들은 서로 상대방 기업의 임원직을 겸직하고 사외 이사들에게 제공하는 정보를 조작하는 등의 방법으로 이사회를 장악했다. 그 결과 이사회에서 CEO가 정한 보수 체계에 이의를 제기하리라 기대하기는 어렵게 되었다. 주주들은 배당금만 점점 많이 받으면 되기 때문에 불만이 있을 이유가 없다(Thing 2 참조). 영국과 미국의 경영자들은 또 경제력을 바탕으로 정치권에도 손을 뻗쳐 심지어 중도 좌파라고 자처하는 영국의 노동당과 미국의 민주당에까지도 영향력을 행사한다. 미국에서는 특히 민간 부문의 CEO 출신들이 정부 부처를 운영하는 경우가 많다. 무엇보다 중요한 것은 이들이 자유 시장 이데올로기, 즉 무슨 현상이든 그런 현상이 존재한다는 사실은 그것이 가장 효율적이기 때문이라는 이데올로기를 널리 전파하는 데 자신들이 가진 정치적, 경제적 영향력을 이용한다는 점이다.

경영자 계층의 영향력은 2008년 금융 위기의 여파에서 가장 적나라하게 드러났다. 2008년 가을, 영국과 미국 정부가 천문학적인 액수의 세금 수입을 자금난에 빠진 금융 기관에 쏟아붓게 되었을 때에도 그런 실패에 책임을 진 경영자들은 거의 없었다. 물론 CEO 몇 명이 실직하기는 했지만 그건 소수에 불과했고, 일자리를 잃지 않은 CEO들의 급여도 크게 삭감되지 않았다. 거기에다 납세자의 돈을 지원받는 금융 회사 CEO들의 급여에 상한선을 두어야 한다는 소리가 미국 의회에서 나오자 이들은 엄청난 저항을 했고, 결국 이를 저지하는 데 성공했다. 로열 뱅크 오브 스코틀랜드가 불명예 퇴진한 프레드 굿윈 은행장에게 1500~2000만 파운드(연간 70만 파운드)에 달하는 연금을 지급한 데 대해서도 영국 정부는 아무런 조치도 취하지 않았다. 후에 부정적인 여론이 너무 심해지자 굿윈은 400만 파운드를 다시 내놓기는 했다. 결국 영국과 미국의 납세자들은 정부의 긴급 지원을 받은 기업들의 사실상 주주가 되었음에도 저조한 실적을 낸 고용인들에게 책임을 물을 수도 없고, 납득할 만한 보수를 받도록 강제하지도 못한 것이다. 이것은 영미 경영자들이 얼마나 강해졌는지를 방증하는 예라 할 수 있다.

시장은 비효율적인 관행을 저절로 사라지게 만드는 힘이 있지만,

이는 아무도 시장을 자기 마음대로 조종할 수 없을 때에만 가능한 일이다. 혹 오랜 세월에 걸쳐 그런 관행이 사라질지는 모르지만 일방적인 보수 체계가 있는 동안은 경제 전반에 큰 손실을 끼친다. 노동자들은 계속되는 임금 하락 위협, 간단해진 해고 절차와 정규직을 대체하는 임시직의 증가, 그리고 지속적인 다운사이징 등으로 압박을 받는 반면에 경영자들은 이렇게 해서 창출한 추가 이윤을 주주들에게 분배해서 그들이 경영진의 과도한 보수를 문제 삼지 않도록 한다(Thing 2 참조). 주주들의 입을 막기 위해 배당금을 극대화하려면 투자가 위축되고, 결국 기업의 장기적 생산 능력이 약화될 수밖에 없다. 여기에 경영진의 과도한 보수까지 보태면 영미 기업들은 국제 경쟁력을 잃게 되고, 결국 노동자들의 일자리만 없어지고 만다. 2008년처럼 일이 잘못되는 규모가 걷잡을 수 없이 커지면 기업을 회생시키는 데 납세자들의 돈이 엄청나게 들어가지만 경영진은 그야말로 거의 생채기 하나 나지 않고 사고 현장에서 걸어 나올 수 있게 된다.

미국, 그리고 미국만큼 심하지는 않지만 영국의 경영자 계층이 시장을 조종하고 자신의 결정이 부른 부정적인 결과를 다른 사람들에게 전가할 수 있을 정도로 정치적, 경제적, 이데올로기적 영향력이 강해진 마당에 그들에 대한 적절한 보수 체계가 시장의 힘에 의해 결정되고, 또 결정되어야 한다고 생각하는 것은 환상일 뿐이다.

15

가난한 나라 사람들이 부자 나라 사람들보다 기업가 정신이 더 투철하다

● 그들은 이렇게 말한다

기업가 정신은 역동적인 경제의 핵심이다. 신제품을 개발해서 수요를 창출할 기회를 찾는 기업가들 없이 경제는 발전할 수 없다. 프랑스부터 개발도상국에 이르기까지 경제가 활력을 잃은 나라들을 살펴보면 기업가 정신의 결여가 그 원인의 하나인 것을 알 수 있다. 가난한 나라의 거리에서 어영부영 정처 없이 배회하는 사람들이 태도를 바꾸고 적극적으로 수익을 올릴 기회를 찾으려 하지 않으면 그 나라 경제는 영원히 발전하지 못할 것이다.

● 이런 말은 하지 않는다

가난한 나라에서는 그저 생존하기 위해서라도 기업가 정신을 발휘할 수밖에 없다. 어영부영하며 정처 없이 거리를 배회하는 사람이 한 명 있다면 구두 닦는 아이는 두세 명, 행상은 너덧 명 된다. 가난한 나라가 가난한 이유는 개인들에게 기업가 정신이 없어서가 아니라 생산을 할 수 있는 기술과 현대식 기업 같은 발달된 사회 조직이 없어서이다. 개인의 창업을 돕는다는 목표를 내걸고 개발도상국의 가난한 사람들에게 소액의 돈을 빌려 주는 마이크로크레디트(미소금융) 제도가 의도한 만큼의 성과를 올리지 못하는 것이 점점 분명해지는 것만 봐도 개인의 기업가 정신이 갖는 한계를 짐작할 수 있다. 20세기에는 특히 기업가 정신을 구현하려면 공동체 차원의 집단적 노력이 필요하게 되었다. 따라서 집단적 조직력의 부족이 개인의 기업가 정신의 부족 현상보다 경제 발전을 가로막는 더 큰 장애 요인인 것이다.

프랑스의 문제는…

전 미국 대통령 조지 W. 부시는 프랑스의 문제는 프랑스 인의 사전에는 앙트르프르너십*이라는 단어가 없는 점이라고 말해 여러 사람을 즐겁게 했다. 부시 대통령의 불어 실력과 상관없이 그의 이런 실수는 영미인들이 프랑스 인들에게 흔히 갖는 편견이 표출된 것일 뿐이었다. 즉 프랑스는 게으른 노동자, 수틀리면 양을 불태우면서 데모나 하는 농부들, 잘난 척하는 좌파 지식인, 간섭하기 좋아하는 관료들로 가득 찬 정체되고 과거 지향적인 나라라는 편견 말이다. 거기에 웨이터들까지 잘난 척하니 영미인들로서는 그 나라에 대해 좋게 이야기하기가 힘들 것이다.

프랑스에 대한 부시 전 대통령의 생각이 옳건 그르건 간에(이에 관해

---

* entrepreneurship 기업가 정신. 원래 불어인데 영어에서 차용해서 사용하는 단어이다.

서는 뒤에 더 자세히 이야기하겠다. Thing 10도 참조) 그의 발언 저변에 깔린 철학, 다시 말해서 기업가 정신으로 충만한 개인들이 모여야 성공적인 경제를 이룬다는 철학은 널리 받아들여지는 개념이다. 이런 관점에서 보면 개발도상국이 가난한 것도 그 나라에 기업가 정신이 부족하기 때문이라고 해석할 수 있다. 개발도상국에 관광을 다녀온 부자 나라 사람들은 이야기한다. 나무 그늘에서 허구한 날 차만 마시고 앉아 있는 사람들을 보라, 정말이지 저런 나라가 가난에서 빠져나오려면 진취적이고 능동적인 사람들, 즉 기업가 정신을 지닌 사람들이 필요하다고.

그러나 개발도상국 출신이거나 그런 나라에서 한동안 살아 본 사람이라면 개발도상국이 기업가 정신을 지닌 사람들로 넘쳐 난다는 것을 잘 안다. 가난한 나라의 거리에는 상상할 수 있는 한도 내의 모든 물건을 내다 파는 남녀노소로 가득하다. 심지어 돈으로 살 수 있을 것이라 전혀 생각하지 못했던 것까지 살 수 있다. 수많은 가난한 나라에서는 미국 대사관 비자 담당 창구 앞에 길게 늘어선 줄의 앞자리, 주차한 차를 '지켜 주는' 서비스, 길모퉁이에 노점을 차리고 음식을 팔 수 있는 권리, 심지어 엎드려 구걸할 수 있는 자리까지도 돈을 주면 살 수 있다. 각각 직업적으로 미국 대사관 앞에서 줄을 서 주는 사람, 돈을 내지 않으면 주차된 차에 해코지를 하는 깡패들, 부패한 경찰 서장, 그 지역을 주름잡는 폭력배 등이 이런 서비스를 파는 장본인일 것이다. 형태야 어찌 되었든 모두 인간의 창의성과 기업가 정신의 극단적인 모습을 보여 주는 예가 아닌가?

선진국 사람들의 기업가 정신은 그들의 발끝도 따라가지 못한다. 선진국 사람들은 대부분 기업에서, 상당수는 수만 명의 직원을 고용하는 거대 기업에서 고도로 전문화되고 세분화된 업무를 수행한다. 많은 사람들이 자기 사업을 해 보는 꿈을 꾸기도 하고 티타임에 동료들과 잡담 삼아 이야기해 보기도 하지만 너무 어렵고 위험이 따르기 때문에 막상 이를 실행에 옮기는 이는 아주 드물다. 그 결과 선진국에 사는 사람들의 대다수는 자신이 아니라 다른 누군가가 지닌 기업가적 비전을 실행에 옮기며 평생을 보낸다.

결론은 선진국 사람들보다 개발도상국 사람들이 더 투철한 기업가 정신을 지니고 있다는 것이다. OECD의 자료에 따르면 개발도상국에서는 비농업 인구의 30~50퍼센트가 자영업에 종사하고 있다. (농업 부문에서는 이 자영업 비율이 훨씬 더 높다.) 최빈국에서는 1인 자영 업체 종사자의 비율이 더 높아져서 가나는 66.9퍼센트, 방글라데시는 75.4퍼센트가 되고 베냉은 이 비율이 무려 88.7퍼센트에 달한다.[1] 이와 대조적으로 선진국에서는 비농업 인구의 12.8퍼센트만이 자영업에 종사한다. 몇몇 나라에서는 이 수치가 한 자리 수에 머물러서 노르웨이는 6.7퍼센트, 미국 7.5퍼센트, 프랑스 8.6퍼센트를 기록한다. 부시 전 대통령이 프랑스에 대해 한 말은 결국 똥 묻은 개가 겨 묻은 개를 나무라는 격이었다. 농업까지 포함하면 그 차이가 더 심해지겠지만 평균 30퍼센트 대 12.8퍼센트로 개발도상국 사람이 자영 기업을 설립할 확률은 선진국 사람의 두 배 이상이라는 결론이 나온다. 미국과 방글라데시를 비교하면 7.5퍼센트 대 75.4퍼센트로 10배 차이, 양 극단에 있는 베냉과 노르웨이의 경우는 88.7퍼센트 대 6.7퍼센트로 13배라는 엄청난 차이를 보인다.

같은 자영 기업을 하는 사람이라 하더라도 개발도상국에서는 선진국보다 기업가 정신을 더 발휘해야 한다. 개발도상국에서는 기업을 운영하다 보면 일이 꼬이는 경우가 너무 많기 때문이다. 전기가 나가 생산 계획이 틀어지고, 달러화 환전 허가가 지연되어 송금을 늦게 하는 바람에 가뜩이나 늦게 들어온 기계 수리 부품을 세관에서 통관시켜 주지 않는다. 하루 걸러 한 번씩 고장으로 서는 트럭이 오늘은 움푹 팬 도로에 바퀴가 빠져 서는 바람에 원자재 배달은 늦어지고, 하급 지방 관리들은 규정을 마음대로 해석하거나 없던 규정을 새로 만들어 내서 괴롭히며 뇌물을 요구한다. 이 모든 장벽을 헤쳐 나가려면 민첩한 판단력과 뛰어난 임기응변 능력은 필수이다. 평범한 미국 기업가에게 마푸토나 프놈펜에 가서 작은 회사를 경영하라고 하면 아마도 이런 일들 때문에 일주일도 버텨 내지 못할 것이다.

참으로 풀기 힘든 수수께끼가 우리 앞에 놓여 있다. 기업가 정신을 요하는 자영업 등의 활동에 종사하는 사람들은 비율로 볼 때 선진국보다 개발도상국에 훨씬 많다. 게다가 선진국보다 개발도상국에서 이런 일을 하는 사람들의 기업가적 능력이 훨씬 자주, 그리고 가혹하게 도전을 받는다. 이렇듯 기업가 정신이 월등하게 더 높은 나라들이 더 가난한 이유는 도대체 무엇일까?

위대한 희망*, 마이크로파이낸스의 등장

가난한 나라의 가난한 사람들이 가진 끝없는 기업가적 에너지가 전혀 주목받지 못한 것은 아니다. 가난한 나라의 발전 동력은 정부에 등록되지 않은 소규모 사업체들로 이루어진 이른바 '비공식 부문'에서 찾아야 한다는 견해가 세력을 얻고 있는 것이 그 증거이다.

이런 견해를 가진 사람들은 비공식 부문의 기업가들이 어려움을 겪는 것은 비전이나 기술이 부족해서가 아니라 비전을 실현할 자금을 구하기가 힘들기 때문이라고 생각한다. 일반 은행은 그들을 거들떠보지도 않고, 다른 대부 업체에서는 상상하기 힘든 높은 이자를 요구하는 실정임을 알고 하는 이야기이리라. 마이크로크레디트(미소금융)라 부르는 소액의 대출금을 적절한 이자율로 빌려 줘서 음식을 파는 노점을 열게 해 준다든지, 휴대전화 대여 사업을 할 단말기 구입을 가능하게 해 준다든지, 닭을 사서 계란 장사를 할 수 있게 해 준다든지 하면 스스로 가난에서 벗어날 수 있을 것이라는 논리이다. 이 소규모 기업들이 개발도상국 경제의 큰 부분을 차지하고 있다는 점을 고려하면 이들의 성공은 전반적인 경제 발전으로 이어질 것이다.

흔히 마이크로크레디트를 창안한 사람이 무함마드 유누스(Muhammad Yunus)라고 알고 있다. 사실은 그 전에도 비슷한 시도가 몇 번 있었으나, 1983년 자신의 고국인 방글라데시에 그라민 은행을 설립한 후 유누스는 마이크로크레디트 산업의 상징이 되었다. 그라민 은행은 가난한 사람들, 특히 고위험군으로 분류되는 가난한 여성들에게 돈을 빌려 주고도 95퍼센트라는 대단히 높은 수준의 상환율을 자랑함으로써 가난한 사람들도 믿을 만한 은행 고객이 될 수 있음을 증명했다. 1990년대 초 그라민 은행, 그리고 볼리비아 같은 나라에 설립

* Great Expectations. 찰스 디킨스의 소설 제목에서 차용한 말로, 한국에는 『위대한 유산』이라는 제목으로 소개되어 있다. 야망을 가진 고아 소년 핍이 신사 계급으로 신분 상승을 하기 위해 겪는 일을 서술한 소설로 영국 조지 왕 시대의 사회상, 계층 문제, 개인의 야망, 범죄와 죄의식 등을 다룬 명작이다. 경제학 서적인 여기서는 핍의 야망과 신분 상승 등에 초점을 맞춰 보자.

된 비슷한 개념의 은행들의 성공 사례가 알려지면서 마이크로크레디트, 그리고 대출뿐 아니라 저축과 보험까지 곁들인 마이크로파이낸스는 빠른 속도로 퍼졌다.

완벽한 레시피였다. 마이크로크레디트 덕분에 가난한 사람들은 자신의 기업가적 잠재력을 실현할 수 있는 재정 지원을 받아 스스로의 힘으로 빈곤에서 탈출한다. 이제는 더 이상 정부나 외국 원조 기관에서 나눠 주는 구호품에 의지해서 살아가지 않아도 되니 독립심과 자긍심도 생긴다. 마이크로크레디트는 특히 가난한 여성에게 큰 힘이된다. 자기가 직접 돈을 벌 수 있으니 남편과도 더 대등한 관계에 설수 있기 때문이다. 빈민층에 보조금을 지원하지 않아도 되니 정부 예산에 대한 압박도 줄어든다. 이 과정에서 창출된 부는 물론 비공식 부문 자영업자들만 부자로 만드는 것이 아니라 경제 전반을 더 풍요롭게 만든다. 이렇게 생각하면 마아크로파이낸스를 통해 우리는 '빈곤 없는 세상, 박물관에나 가야 빈곤이라는 것을 구경할 수 있는 세상'을 만들 수 있다고 한 유누스 교수의 선언에도 일리가 있어 보인다.

점점 달아오르던 마이크로파이낸스의 열기는 2000년대 중반이 되면서 대단히 뜨거워졌다. 유엔은 2005년을 국제 마이크로크레디트의 해로 정했고, 요르단의 라니아 왕비와 같은 왕족과 여배우 나탈리 포트먼, 아이시와라야 라이 같은 유명 인사들이 앞다투어 이를 지지했다. 유누스 교수와 그라민 은행이 공동으로 노벨 평화상을 수상한 2006년은 가히 마이크로파이낸스의 전성기라 할 수 있었다.

위대한
환상

불행하게도 마이크로파이낸스를 둘러싼 소란은 말 그대로 소란에 불과했다. 마이크로파이낸스에 대한 비판자들이 갈수록 많아지고, 그 중에는 초기에 이 계획을 열렬히 지지했던 사람들까지도 들어 있었다. 마이크로파이낸스를 오랫동안 지지했던 조녀선 모두크(Jonathan Morduch)는 최근 데이비드 루드먼과 함께 발표한 논문에서 "놀랍게도 마이크로파이낸스 운동이 시작된 지 30년이 지났지만 이로 인해 고객들의 생활이 수치상으로 개선되었다는 확고한 증거는 거의 없다."[2]라고 고백했다. 사실 마이크로파이낸스의 문제점은 너무 많아 여기에 모두 열거하기 어려울 지경이다. 관심 있는 독자에게는 밀포드 베이트먼(Milford Bateman)이 최근에 펴낸 『왜 마이크로파이낸스는 제대로 작동하지 않는가?(*Why doesn't microfinance work?*)』[3]라는 흥미로운 책을 추천한다. 그러나 여기서 논의하고자 하는 것과 관련된 사항들은 다음과 같다.

마이크로파이낸스 산업 관계자들은 초기에 자리를 잡기 위한 시기를 제외하고는 정부 보조금이나 해외 원조를 받지 않고도 마이크로파이낸스 기관들이 흑자를 낼 수 있다고 항상 자랑해 왔다. 어떤 사람은 바로 이런 점이야말로 가난한 사람들도 기회만 주어지면 시장을 잘 이용할 능력이 있다는 증거라고 주장하기도 했다. 그러나 뚜껑을 열어 보니 정부 보조금이나 해외 원조금을 받지 않으면 마이크로파이낸스 기관들도 돈을 빌려가는 사람들에게 이자를 물려야 하는데 그 이자율이 거의 고리 대금업자 수준이었다. 그라민 은행은 초기에 적정 수준의 이자율을 적용했지만 이것은 오로지 아무도 모르게 방글라데시 정부와 해외 원조 기관들에게서 보조를 받았기 때문에 가능한 것이었다. 보조금을 받지 않은 마이크로파이낸스 회사들은 대개 40~50퍼센트에 달하는 대출 이자를 부과해야 했으며, 멕시코 같은 나라에서는 심지어 80~100퍼센트까지도 부과한 것으로 밝혀졌다. 1990년대 말 보조금을 포기하라는 압력을 받자 그라민 은행도 2001년 회사를 재정비하고 40~50퍼센트의 이자율을 부과하기 시작했다.

이자가 많게는 100퍼센트까지 붙는 상황에서 대출금을 상환할 수 있을 정도로 이윤을 낼 사업은 거의 없다. 따라서 마이크로파이낸스 기관으로부터 받은 대출금 중 대부분은 (어떤 기관은 대출금의 90퍼센트가) 갑자기 궁해진 돈을 메우는 용도로 사용되었다. 딸의 결혼 자금을 댄다든가, 직장에 다니는 가족이 앓아누워 일시적으로 돈을 벌지 못해서 부족해진 생활비를 충당한다든가 하는 식이다. 다시 말해 마이크로크레디트 자금의 대부분은 원래 목표였던 가난한 사람들이 기업가 정신을 발휘하는 데 사용된 것이 아니라 소비에 사용된 셈이다.

이보다 더 중요한 것은 실제로 자영업 지원에 사용되었던 아주 일부의 자금마저도 가난한 사람들이 빈곤에서 벗어나도록 돕는 데 실패했다는 점이다. 처음 이런 말을 들으면 납득하기 힘들 것이다. 마이크로크레디트의 자금 지원을 받은 가난한 사람들은 자기가 하는 일에 대해 잘 알고 있었다. 선진국에서 새로 창업하려는 이들과는 달리 이들은 이미 한두 가지 사업은 해 본 경험이 있는 사람들이었다. 생존해야 한다는 절실함과 빈곤에서 탈출하고자 하는 강한 욕망에 힘입어 최대한 사업 수완을 발휘하리란 것도 틀림없었다. 게다가 시장 금리의 상환금을 마련하려면 고수익을 올려야 했다. 그러니 도대체 어디서 잘못된 것일까? 동기 부여가 확실하고, 사업에 필요한 기술도 있고, 시장의 압력도 충분한 데다 사업에 온 정력을 기울이는데도 결과가 이렇게 미미한 것은 도대체 왜일까?

마이크로파이낸스 기관들이 문을 열면 그 지방에서 몰려드는 초기 고객들은 자기 수입이 늘어나리라 예상한다. 어떤 사람들은 극적으로 수입이 늘 것이라 기대하기도 한다. 1997년 그라민 은행이 노르웨이 전화 회사인 텔레노르(Telenor)와 손잡고 지역 여성들이 휴대전화 대여업을 할 수 있도록 소액 대출을 해 주었다. '텔레폰 레이디'라는 애칭으로 불린 이 여성들은 1인당 연평균 소득이 300달러인 나라에서 750달러 내지 1200달러를 벌어들이는 데 성공했다. 그러나 시간이 흐르면서 마이크로크레디트의 지원을 받아 같은 일을 하는 사람들이 늘어 경쟁이 치열해지자 수입은 떨어졌다. 텔레폰 레이디들의 숫자는 점점 많아져서 2005년이 되자 방글라데시의 연평균 소득은 450달러로 올랐는데도 이들의 1인당 소득은 연간 70달러로 떨어진 것으로 밝혀졌다. 이 문제는 이른바 '구성의 오류'로 빚어진 것이었다. 어떤 사람이 특정 사업으로 성공했다 해서 같은 사업을 하면 모든 사람이 다 성공할 수 있다는 뜻은 아니라는 말이다.

물론 새로운 사업이 끊임없이 개발되기만 하면 이런 문제는 일어나지 않는다. 한 가지 사업을 하는 사람이 너무 많아지면 다른 사업을 시작하면 그만이기 때문이다. 예를 들어 전화 대여업의 수익성이 떨어지면 이동 전화 자체를 제작하거나 전화로 할 수 있는 게임용 소프트웨어를 개발해서 감소한 수입을 보충하면 된다. 여기까지 이야기하면 독자들도 이 논리가 허무맹랑하다며 혀를 찰 것이다. 방글라데시의 텔레폰 레이디들은 이동 전화 제조나 소프트웨어 디자인 산업으로 뛰어들 능력이 없는 것은 누구나 다 아는 일이니 말이다. 문제는 가진 기술은 한정되어 있고, 사용할 수 있는 테크놀로지도 제한되어 있는 마당에 마이크로파이낸스를 통해 확보할 수 있는 자금마저 얼마 되지 않으니 개발도상국의 가난한 사람들이 시작할 수 있는 사업의 종류에는 한계가 있다는 사실이다. 마이크로크레디트에서 소액 대출을 받아 소를 한 마리 더 산 크로아티아 목축업자는 똑같이 대출을 받아 역시 소를 한 마리씩 더 산 근처의 다른 목축업자 300명이 생산해 내는 우유 때문에 우유 값이 바닥을 치더라도 우유를 파는 것 말고는 다른 도리가 없다. 버터를 생산해서 독일로 수출하고, 치즈를 생산해서 영국으로 수출하려 해도 그에 필요한 테크놀로지, 조직력, 자금이 없기 때문이다.

이제 영웅은
그만

지금까지 살펴본 바와 같이 가난한 나라가 가난한 이유는 그곳에 사는 개개인의 기업가적 에너지가 부족해서가 아니다. 가난한 나라의 가난한 사람들이야말로 기업가적 에너지가 충만한 사람들이다. 부자나라가 부자가 될 수 있었던 것은 개인의 기업가적 에너지를 집단적 기업가 정신으로 전환할 수 있는 능력 덕분이다.

토머스 에디슨이나 빌 게이츠와 같은 인물들이 등장하는 자본주의의 전설과 오스트리아 출신 하버드대 경제학 교수 조지프 슘페터의 선구적 연구 결과 등에 영향을 받은 우리는 기업가 정신을 너무 개인적인 차원에서만 보려는 경향이 있다. 마치 기업가 정신이란 탁월한 비전과 굳은 결의를 지닌 영웅들에게만 있다고 착각을 하는 것이다. 한걸음 더 나아가서 누구나 열심히 노력만 하면 성공적인 사업가가 된다고 생각하는 것도 여기서 나온 발상이다. 그러나 이런 식으로 기업가 정신을 개인적 차원에서 보는 견해는 옳고 그름을 떠나 점점 구식이 되어 가고 있다. 자본주의가 발달하면서 기업가 정신이라는 것은 점점 더 공동체적으로 함께 이루어 내지 않으면 불가능한 것이 되었다.

다른 무엇보다 에디슨이나 빌 게이츠처럼 특별한 인물들도 수없이 많은 제도적, 조직적 지원을 받지 않았으면 오늘날과 같은 업적을 이루지 못했을 것이다(Thing 3 참조). 이들이 지식을 습득하고, 또 자신이 생각한 것을 실험해 볼 수 있도록 해 준 과학 인프라, 크고 복잡한 조직을 갖춘 기업을 설립할 수 있도록 지원을 한 회사법 및 기타 상거래 관련 법률, 이들이 설립한 회사에서 고용한 엔지니어, 경영진, 노동자 등을 양산한 교육 시스템, 회사를 확장하는 데 필요한 막대한 자금을 조달할 수 있도록 했던 금융 시스템, 새로 개발한 기술을 보호받을 수 있도록 해 주는 특허법과 저작권법 등이 모두 그 예이다.

여기에 더해 부자 나라에서는 기업 간의 협력이 가난한 나라보다 더 잘 이루어진다. 심지어 동일 업종에 종사하는 기업 간에도 그러하다. 예를 들어 덴마크, 네덜란드, 독일 같은 나라에서 낙농업이 오늘과 같은 수준으로 발전할 수 있었던 것은 정부의 도움을 받은 낙농업자들이 조합을 조직해서 우유를 분리하여 크림, 버터 등을 만드는 기계 등 가공 설비에 공동으로 투자를 하고, 공동으로 해외 마케팅을 추진할 수 있었기 때문이다. 이와는 대조적으로 발칸 반도의 낙농업자들은 그 지역에 상당한 금액의 마이크로크레디트가 흘러들어 갔음에도 협력하지 않고 각자 일을 추진한 탓에 낙농업 부문이 발전하지 못했다. 또 다른 예를 들면 이탈리아와 독일의 중소기업들은 정부의 보조를 받아서 산업 협력 단체를 만들어 혼자서는 엄두도 내지 못할 연구개발 및 해외 마케팅을 공동으로 추진하는 데 반해, 개발도상국 기업들은 이런 식의 공동체적 구조가 마련되어 있지 않기 때문에 연구개발이나 해외 마케팅 같은 분야에는 손도 못 댄다.

기업 차원에서도 부자 나라에서는 기업가 정신이 집단적으로 발휘된다. 이제는 더 이상 에디슨이나 빌 게이츠처럼 카리스마 넘치는 개인이 경영하는 기업은 거의 없고 전문 경영인들이 회사 경영을 맡고 있다. 슘페터는 20세기 중반부터 이미 이런 추세를 파악했다. 그는 이런 추세를 그렇게 달가워하지는 않았지만 현대에는 기술의 규모가 점점 더 커지고 있어서 비전을 가진 개인 혼자서 거대 기업을 설립하고 경영하는 것이 불가능해지고 있다고 말했다. 그는 '관리형' 경영자가 영웅적인 기업가를 대체하면 자본주의는 활력을 잃고 종국에 가서는 멸망하고 말 것이라고 예언했다(Thing 2 참조).

이 부분에서 슘페터의 예상은 빗나갔다. 지난 세기 동안 영웅적인 기업가는 점점 드물어지는 대신 슘페터가 기업가 정신의 핵심 요소로 꼽는 생산, 공정, 마케팅상의 혁신 과정은 점점 더 집단적으로 이루어졌다. 그럼에도 불구하고 세계 경제는 2차 대전 이후 그 전 기간에 비해 더 빠른 성장세를 보였다. 일본 기업들은 심지어 지위가 가장 낮은 생산 라인 노동자들의 창의성까지도 흡수할 수 있는 제도적 메커니즘을 개발했고, 많은 사람들이 일본 기업의 성공 신화가 부분적이나마 여기에 기인한다고 평가한다.

개인 혼자서 기업가 정신을 발휘하여 실행에 옮기는 일이 애초부터 가능한 것인지 잘 모르겠지만 그것이 개인 차원을 훌쩍 넘어선 지는 한 세기는 족히 된다. 한 나라가 번영하기 위해서는 국민 개개인의 노력이나 재능보다 공동체 차원에서 효율적인 조직과 제도를 마련하는 것이 더 중요하다(Thing 17 참조). 영웅적인 기업가들이 등장하는 신화를 거부하고 집단 차원의 공동체적 기업가 정신을 실행에 옮길 수 있는 조직과 제도를 마련하도록 돕지 않으면 가난한 나라들이 빈곤에서 완전히 벗어나기란 불가능하다.

16

우리는 모든 것을 시장에 맡겨도 될 정도로 영리하지 못하다

● 그들은 이렇게 말한다

우리는 시장에 관여하는 것을 일체 삼가야 한다. 기본적으로 시장에 참가하는 주체는 모두 자기가 어떻게 행동해야 하는지 알고 있기 때문이다. 즉 이들은 합리적이다. 개인 및 이해관계를 공유하는 개인의 집합으로서의 기업은 언제나 자기에게 무엇이 가장 이로운지를 잘 알고, 자기와 관련된 상황에 대해서도 누구보다 더 잘 알기 때문에 외부자, 특히 정부가 이들의 행동을 제한하려 하면 최상의 결과가 나올 수 없다. 시장에 참여하는 당사자들보다 열등한 정보를 보유한 정부가 그들이 이익을 낼 수 있다고 판단하고 하려는 행동을 못하게 한다든지, 원하지 않는 행동을 하게 만든다든지 하는 것은 주제넘은 짓이다.

● 이런 말은 하지 않는다

우리가 하는 모든 행동이 늘 최선의 것은 아니다. 우리에게 직접 관련된 일들조차 완전히 이해하지 못할 때가 많기 때문이다. 이를 전문 용어로는 '제한적 합리성'이라고 한다. 세상은 너무도 복잡하고, 그런 세상에 대처할 수 있는 우리의 능력은 극도로 제한되어 있다. 따라서 우리가 처리해야 하는 문제들의 복잡성을 줄이려면 일부러 선택의 자유를 제한해야 하고, 실제로 많은 경우에 그렇게 하고 있다. 특히 극도로 복잡한 현대 금융 시장과 같은 분야에서 정부의 규제가 효력을 발휘하는 이유는 정부가 보유한 지식이나 정보가 더 우월해서가 아니라 정부 규제를 통해 선택의 범위를 제한하여 문제의 복잡성을 줄임으로써 결과적으로 일이 잘못될 가능성을 낮출 수 있기 때문이다.

시장은 실패할 수도 있다 그러나…

자유 시장 경제학자들은 각각의 개인(과 기업)들은 다른 누구와 소통 없이 제각기 따로따로 어떤 결정을 내리지만, 이런 각각의 결정들은 누가 일부러 나서서 조정하지 않아도 서로 조화를 이룬다고 본다. 그들은 바로 이것이 애덤 스미스의 '보이지 않는 손'으로 상징되는 자유 시장의 아름다움이라고 말한다. 이런 일이 가능한 이유는 경제 주체들이 '합리적'이기 때문이다. 자유 시장 경제학자들의 어법에 따르면, 어떤 한 경제 주체가 '합리적'이라는 의미는 그가 자기 개인의 현 상황과 이를 개선하는 방법을 다른 누구보다 더 잘 알고 있다는 뜻이다. 물론 어떤 개인이 합리적이지 않은 경우도 있고, 심지어 대체로 합리적으로 행동하는 사람도 때로 비합리적일 수 있다는 사실은 자유 시장 경제학자들도 인정한다. 그러나 장기적으로는 시장이 그들을 처벌

함으로써 비합리적인 행동들이 사라지게 만든다. 예를 들어 어떤 투자자가 터무니없이 높은 가격이 매겨진 엉터리 금융 상품을 매입하는 '비합리적' 행위를 했다고 치자. 이 투자자는 낮은 수익률을 거둘 수밖에 없고, 이에 따라 결국은 자신의 행위를 바꾸거나 시장에서 퇴출당할 것이다. 이런 가정을 근거로 자유 시장 경제학자들은 '무엇을 할 것인가'에 대한 결정을 개인에게 맡겨 두는 것이 시장 경제를 운영하는 가장 좋은 방법이라고 말한다.

물론 시장이 완벽하다고 주장하는 사람은 거의 없다. 심지어 밀턴 프리드먼 같은 자유 시장 경제학의 거두조차 시장이 실패하는 경우가 있다는 것은 인정한다. 이와 관련된 논의에서 전통적으로 가장 많이 다루어지는 사례가 바로 공해 문제이다. 사람들이 공해를 '과잉 생산'하고 있다면 그것은 공해에 대한 비용을 지불하지 않기 때문이다. 따라서 개인 혹은 개별 기업의 입장에서 적정 규모로 배출한 공해도 모두 축적되면 전 사회적으로 볼 때는 지나친 규모가 되는 것이다. 그러나 이 문제에 대해 자유 시장 경제학자들은 시장 실패는 이론적으로 가능하지만 실제로는 매우 드문 현상이라고 서둘러 지적하고 나선다. 오히려 그들은 시장 실패에 대한 최선의 처방은 시장의 힘을 더 활용하는 것이라고 주장한다. 공해를 줄이려면 '공해를 거래하는 시장'을 만들어야 한다. 그런 사례 중 하나가 공해 물질 '배출권 거래제'인데, 기업들에게 공해 물질을 일정 정도 배출할 권리를 주고, 이 권리를 필요에 따라 사고팔 수 있게 하자는 것이다. 그뿐 아니라 자유 시장 경제학자들은 '정부 역시 실패하지 않느냐'고 덧붙인다(Thing 12 참조). 정부는 시장 실패를 바로 잡으려 해도 그에 필요한 정보가 부족하다. 또 정부 자체가 국가의 이익보다는 자신의 이익을 채우려는 정치인과 관료들에 의해 운영될 수 있다(Thing 5 참조). 이 모든 점을 고려할 때 정부 실패의 비용은 정부가 바로잡겠다고 덤비는 시장 실패의 비용보다 더 크게 마련이라고 한다. 그러므로 시장 실패가 존재한다고 해서 정부의 개입이 정당화될 수는 없다고 자유 시장 경제학자들은 지적한다.

시장 실패와 정부 실패 중 어느 것이 더 문제인가에 관한 논쟁은 여전히 뜨겁게 진행 중이므로 여기서 결론짓기는 힘들다. 그러나 최소한 자유 시장의 문제가 단지 개인의 합리적 행동들이 집단적으로는 비합리적 결과를 낳는 것, 즉 시장 실패에서 끝나는 것이 아니라는 점은 지적하고자 한다. 우선 우리는 합리적인 존재가 아니다. 인간이 합리적인 존재라는 대전제를 부정하고 나면 시장과 정부의 역할에 대해 인간의 합리성을 전제로 하는 시장 실패 이론 같은 접근법과는 전혀 다른 방법을 사용해야 한다는 결론을 내릴 수 있다. 더 자세히 설명해 보자.

네가 그렇게도 똑똑하다면…

1997년도 노벨 경제학상 수상자는 파생 금융 상품의 가치를 결정하는 새로운 방법을 고안해 낸 로버트 머튼(Robert Merton)과 마이런 숄즈(Myron Scholes)였다. 사실 노벨 경제학상은 진정한 의미의 노벨상이 아니라 스웨덴 중앙은행이 노벨상의 창시자 알프레드 노벨(Alfred Nobel)을 기리는 의미에서 주는 상이다. 실제로 몇 년 전에는 노벨의 후손들이 알프레드 노벨이 좋아하지 않았을 자유 시장 경제학자들에게만 주로 노벨 경제학상이 수여되는 것에 반발하여 노벨이라는 이름을 사용하지 못하게 하겠다고 으름장을 놓았던 적도 있다. 잠시 딴 이야기를 했다.

1998년에 LTCM(Long Term Capital Management)이라는 거대 헤지 펀드가 러시아 금융 위기로 말미암아 붕괴 위기에 직면했다. 이 펀드는 규모가 워낙 엄청나 정말 파산이라도 하면 해당 펀드와 아무런 상관없는 사람들까지도 함께 파멸할 판이었다. 그럼에도 미국 금융 시스템이 붕괴되지 않은 것은 순전히 연방준비제도이사회 덕이었다. 미국의 중앙은행 격인 연방준비제도이사회가 나서서 십여 개에 달하는 채권 은행들의 팔을 비틀어 대며 해당 펀드 회사에 돈을 수혈하도록 만든 것이다. 그 과정에서 무려 90퍼센트가 넘는 주식 지분을 떠안은 채권 은행단은 달갑잖은 주주 노릇까지 해야 했다. 결국 LTCM은 2000년에 청산되었다.

1994년에 저 유명한 (그러나 지금은 악명이 높은) 금융 전문가 존 메리웨더(John Merriwether)가 설립한 LTCM의 이사회에는 다름 아닌 (믿기지 않겠지만) 머튼과 숄즈가 앉아 있었다. 이들은 그저 이름이나 빌려주고 두둑히 보수나 챙기는 정도가 아니라 직접 업무에 관여하고 있었으며, LTCM은 그들의 자산가격결정(asset-pricing) 모델을 활발하게 이용하고 있었다.

LTCM 사태에도 아랑곳하지 않고 숄즈는 1999년에 PGAM(Platinum Grove Asset Management)이라는 또 다른 헤지펀드를 설립했다. PGAM 투자자들은 1998년 머튼-숄즈 모델의 실패가 러시아 금융 위기라는 전혀 예측할 수 없었던 특수한 사건 때문이라고 생각했을 것이다. 이러니저러니 해도 머튼-숄즈 모델은 여전히 인류 역사상 이용 가능한 최선의 자산가격결정 모델이며, 노벨위원회도 이를 인정하지 않았는가?

그러나 유감스럽게도 PGAM 투자자들은 결국 잘못 투자한 것으로 드러났다. 2008년 11월에 PGAM은 사실상 파산 상태에 이르러 일시적으로 투자자들의 투자금 인출을 동결했다. 그 과정에서 투자자들의 유일한 위안이라면 아마 노벨상 수상자에게 당한 사람이 그들만은 아니라는 사실이었을 것이다. 과거 숄즈의 파트너였던 머튼이 최고과학책임자(chief science officer)로 일했던 트린섬 그룹 또한 2009년 1월 파산했으니 말이다.

한국에는 원숭이도 나무에서 떨어질 때가 있다는 속담이 있다. 그렇다, 우리는 모두 실수를 한다. 그러니 설령 LTCM처럼 엄청난 실패일지라도 한 번 정도는 실수로 인정해 줄 수 있다. 하지만 같은 실수가 반복된다면? 그것은 첫 번째 실수가 사실은 실수가 아니었다는 말이다. 다시 말해 머튼과 숄즈는 자기들이 하는 일을 제대로 이해하지 못하고 있었던 것이다.

노벨 경제학상 수상자들, 다른 것도 아닌 자산가격결정에 대한 연구로 상을 받은 사람들마저 금융 시장을 읽어 내지 못하는 마당에 어떻게 '사람은 늘 자기에게 가장 이로운 최선의 선택을 하는 만큼 그대로 내버려 두면 된다.'고 가정하는 경제 원리에 입각하여 세상을 운영할 수 있다는 말인가? 연방준비제도이사회 의장을 지냈던 앨런 그린스펀(Alan Greenspan)조차 의회 청문회에서 인정할 수밖에 없었듯이 "기업들, 특히 은행들의 이기심이 주주와 기업 자본금을 가장 잘 보호해 줄 것이라고 가정한 것은 실수"였다. 이기심은 사람들이 무슨 일이 벌어지고 있는지, 그리고 그 일에 대해 어떻게 대처할지를 알고 있을 때에만 그들을 보호해 줄 뿐이다.

2008년의 세계 금융 위기 이후에 여러 사실들이 밝혀지고 있다. 가장 똑똑하다고 여겨지던 이들이 사실은 자기가 하고 있는 일조차 제대로 이해하지 못하고 있었음을 보여 주는 사례들이다. 할리우드의 거장 스티븐 스필버그나 존 말코비치 혹은 전설적인 투수 샌디 쿠팩스 등이 버니 메이도프(Bernie Madoff) 같은 사기꾼에게 돈을 맡긴 데 대해 말하는 것이 아니다. 그들이 아무리 자기 분야에서 세계 최고 수준에 이른 사람이라 해도 반드시 금융 분야까지 이해할 수는 없다. 그러나 금융 전문가인 펀드 매니저들, (영국의 HSBC나 스페인의 산탄데르처럼 세계 최대 은행들이 포함된) 큰 은행의 임원들, (세계적으로 명성을 떨치는 경제학 교수들이 많이 있는 뉴욕 대학교나 바드 칼리지 같은) 세계 최고 수준의 대학들까지 메이도프가 벌인 똑같은 사기극에 놀아났다는 것은 의미심장하다.

문제는 메이도프나 앨런 스탠포드(Alan Stanford) 같은 사기꾼들의 존재만이 문제가 아니라는 데에 있다. 합법적인 금융업도 은행가나 여타 금융 전문가들이 상황 파악도 제대로 못하고 있는 예가 비일비재했던 것이다. 2008년 여름, 한 은행가가 "이제부터 우리는 대출에 관련된 리스크가 파악될 때에만 대출할 것입니다."라고 말해 앨리스테어 달링(Alistair Darling) 영국 재무 장관을 경악하게 만든 적이 있다.[1] 그렇다면 당시까지 그들은 리스크를 파악하지 못하는 상태에서 대출해 주었다는 말인가? 이보다 훨씬 더 충격적인 사례도 있다. 언론 보도에 따르면 미국의 보험 회사 AIG가 파산(AIG는 2008년 가을 미국 정부로부터 구제 금융을 받았다)하기 겨우 6개월 전, 이 회사의 최고재무책임자(CFO) 조 카사노(Joe Cassano)는 이렇게 말했다. "경솔하게 들릴지 몰라도 적어도 신용부도스왑(CDS) 거래에서는 1달러라도 손실을 입을 가능성이 있는 시나리오는 상상하기도 어렵다." 이 발언이 나온 지 얼마 되지 않아 AIG는 파산했는데, 그 원인은 본업인 보험 사업이 아니라 신용부도스왑 거래에서 기록한 4410억 달러의 손실이었다. 대다수 독자들, 특히 카사노가 저지른 초대형 금융 사고를 세금으로 메워야 하는 미국 납세자들은 그의 '경솔하게 들릴지 모르는 발언'을 웃어넘길 마음이 나지 않을 것이다.

이렇듯 금융 경제학 분야의 노벨상 수상자, 은행장, 날고 긴다는 펀드 매니저, 명문 대학과 세상에서 가장 똑똑하다는 유명 인사들까지도 자신이 하고 있는 일 그 자체를 이해하지 못하고 있는데 어떻게 인간은 합리적이라는 가정 위에서만 성립하는 경제학 이론을 받아들일 수 있다는 말인가. 결국 우리 인간은 시장에 모든 것을 맡겨도 될 만큼 똑똑하지는 않다는 결론을 내릴 수밖에 없다.

이런 결론이 우리에게 시사하는 바는 무엇인가? 시장에 모든 것을 맡겨도 괜찮을 만큼 우리가 똑똑하지 않은데, 시장에 대한 규제는 가능한 것일까? 대답은 '그렇다'이다. 아니, 사실은 그 이상이다. 많은 경우 우리가 똑똑하지 않다는 바로 그 이유 때문에 규제가 필요하다. 과연 그런지 지금부터 살펴보자.

최후의
르네상스적 인물

1978년도에 노벨 경제학상을 받은 허버트 사이먼(Herbert Simon)은 어쩌면 우리 시대 최후의 르네상스적 인물이었을 것이다. 그는 처음에 정치학자로 출발했으나 행정학 연구로 바꿔서 『행정행태론(*Administrative Behaviour*)』이라는 그 분야의 고전을 썼다. 그러다가 물리학

논문을 몇 편 내놓고 나서는 조직행동론, 경영학, 경제학, 인지심리학, 인공지능 연구로 관심을 돌렸다. 인간이 어떻게 생각하고 어떻게 스스로를 조직하는지에 정통한 단 한 사람을 들라면 그것은 단연 허버트 사이먼이라고 할 수 있다.

사이먼은 우리의 합리성이 제한적이라고 주장했다. 인지심리학자들 그리고 자신을 포함한 많은 행태주의 경제학자들이 인간 행동의 많은 부분이 얼마나 비이성적인가를 잘 보여 주었음에도 사이먼은 사람들이 전적으로 불합리하다고는 믿지 않았다[2]. 사이먼에 따르면 우리는 합리적이 되고자 노력하지만 합리적으로 되기 위한 우리의 능력에는 심각한 제약이 있다. 이 세상은 너무나 복잡하여 우리의 제한된 지적 능력으로는 완전히 이해할 수 없다고 사이먼은 주장한다. 우리가 올바른 결정을 내리고자 할 때 흔히 맞닥뜨리게 되는 중요한 문제는 정보의 부족이 아니라 정보를 처리하는 우리 능력의 한계이다. 우리가 처한 현재의 경제 상황을 볼 때 정보가 넘치는 인터넷 시대가 도래했는데도 정작 인간의 의사 결정 능력은 그리 향상되지 않았다는 것을 알 수 있고, 따라서 사이먼의 이론이 옳다고 결론 내릴 수 있다.

좀 더 다른 식으로 설명해 보자. 우리가 사는 세상은 불확실성으로 가득 차 있다. 여기서 불확실성이란 단지 미래에 어떤 일이 일어날지를 정확하게 파악할 수 없다는 뜻만은 아니다. 어떤 특정 사안들에 한정해서 그 사안의 여러 경우가 일어날 각각의 확률을 합리적으로 계산할 수 있는데, 경제학자들은 이를 '위험'이라 부른다. 실제로 인생의 여러 측면(죽음, 질병, 화재, 부상, 흉작 등)에 포함된 위험을 계산할 수 있는 능력이 바로 보험업의 근간이다. 그러나 문제는 이렇게 확률적으로 예상할 수 있는 사안이 우리 삶의 일부분에 그친다는 것이다.

통찰력이 뛰어난 미국의 경제학자 프랭크 나이트(Frank Knight)와 영국의 위대한 경제학자 존 메이너드 케인스(John Maynard Keynes)가 이미 20세기 초반에 설파한 바 있듯이, 우리는 각 사건이 일어날 확률은커녕 어떤 사건이 일어날지도 예측할 수 없다. 그래서 나이트와 케인스는 상당수 현대 경제학의 이론적 근간인 '인간의 합리적 행동'이 이런 불확실성이 존재하는 상황에서는 불가능하다고 주장한 것이다.

불확실성의 개념, 혹은 세계의 복잡성에 대해 가장 잘 설명한 사람은 놀랍게도 미국 부시 전 대통령의 첫 번째 임기 당시 국방 장관을 지낸 도널드 럼즈펠드(Donald Rumsfeld)였다. 그는 2002년 아프가니스탄 전쟁에 관한 언론 브리핑에서 이렇게 말했다. "알려진 기지수(旣知數)들이 있다. 우리가 알고 있다는 사실을 우리가 알고 있는 것을 말한다. 그리고 알려진 미지수(未知數)들이 있다. 즉 우리가 모르고 있다는 사실을 우리가 알고 있는 것을 말한다. 그러나 알려지지 않은 미지수들도 있다. 우리가 모르고 있다는 사실을 우리가 모르고 있는 것을 말한다." 미국의 '쉬운 영어 운동본부(Plain English Campaign)'는 럼즈펠드의 이 발언에 '2003년의 횡설수설상(2003 Foot in Mouth award)'을 수여했다. 아무래도 '쉬운 영어 운동본부'는 럼즈펠드의 이야기가 인간 합리성이라는 문제를 얼마나 잘 꿰뚫어 보는 말이었는지 제대로 이해하지 못했던 것 같다.

이렇게 세상이 복잡하고, 세상을 이해하는 우리의 능력도 그렇게 제한되어 있다면 도대체 무엇을 할 수 있다는 말인가? 허버트 사이먼의 대답은 우리가 해결해야 하는 문제의 범위와 복잡성을 줄이기 위해 선택의 자유를 의도적으로 제한하자는 것이다.

이 말은 난해하게 들릴지 모르나 곰곰이 생각해 보면 바로 우리가 늘 하는 일이다. 우리 중 대다수는 너무 많은 의사 결정을 너무 자주 해야 할 필요가 없도록, 즉 '선택의 자유'를 제한하기 위해 우리 삶에 '규칙적 일과(routines)'를 도입한다. 물론 몸 상태나 처리해야 할 일에 따라 수면 시간과 아침 식사 메뉴가 달라져야 하지만, 적어도 주중에는 대부분 같은 시간에 잠자리에 들고, 같은 시간에 일어나며, 아침 식사로 비슷한 메뉴를 먹지 않는가.

사이먼에 따르면 인간은 자신의 제한된 합리성을 극복하기 위해 규칙을 도입한다. 이 주장을 설명하기 위해 사이먼이 즐겨 드는 사례가 바로 체스 게임이다. 64개의 칸으로 32개의 말을 움직이는 체스는 비교적 단순한 게임으로 보이지만 실제로는 엄청나게 많은 '경우의 수'를 따져야 하는 게임이다. 만약 체스를 두는 사람이 주류 경제학 교과서에 나오는 초합리적(hyper-rational)인 존재(사이먼의 표현)라면, 모든 말이 움직일 수 있는 모든 경우와 또 그 각각의 경우에 따라 벌어질 상황을 계산한 뒤에 한 수씩 두어 나갈 수도 있을 것이다. 그러나 사이먼이 지적한 대로 체스에서는 한 게임당 평균 10의 120승(그렇다, 10에 0이 120개가 달라붙는다!)에 달하는 경우의 수가 있기 때문에 이를 '합리적'으로 대처할 수 있는 정신적 능력을 지닌 인간은 없다. 사이먼이 실제로 체스의 대가들을 연구한 결과, 이들이 경험을 토대로 해서 어림짐작으로 괜찮은 것이라고 판단되는 몇 개의 가능성에만 집중해서 다음 말을 움직일 수를 고른다는 것을 알아냈다. 이 방법은 설사 처음부터 고려에 넣지 않은 시나리오가 더 나은 결과를 가져온다 해도 분석해야 하는 여러 가지 가능성의 수를 줄이기 위한 것이다.

32개의 말이 얽힌 체스가 이렇게 복잡할진대 수십억에 이르는 사람과 수백만에 달하는 상품이 얽혀 있는 우리의 경제는 어떠하겠는가.

그래서 사람들은 일상생활이나 체스 게임에서 '일상적으로 움직이는 행동 패턴'을 만들어 내고 기업은 '일정한 생산 공정'을 만들어 내는데, 이는 선택의 폭과 고려해야 할 경우 수를 단순화하기 위해서이다. 기업들은 일정한 의사 결정 체계, 공식 규정, 관례 등을 만들어서 검토하지 않은 경영 대안이 더 높은 이윤을 낼 확률이 있음에도 의도적으로 대안의 수를 줄인다. 그렇지 않으면 자칫 정보의 바다에 빠져 아무런 결정도 내리지 못할 수 있기 때문이다. 이와 마찬가지로 사회에서도 사람들이 끊임없이 새로운 선택을 하지 않아도 되도록 선택의 자유를 제한하는 비공식적 규칙들이 만들어진다. 예를 들어 줄을 서는 관습이 바로 그것이다. 만약 이런 관습이 없다면 붐비는 버스 정류장에서 시민들은 버스를 놓치지 않기 위해 지금 자기들이 서 있는 위치가 버스를 먼저 타는 데 가장 유리한지 가늠하고 또 가늠해야 할 것이다.

정부가 더 많은 정보를 가져야 할 필요는 없다

그건 알겠는데 도대체 허버트 사이먼의 제한된 합리성 이론이 '규제'와 무슨 관련이 있다는 말이냐고 의문을 제기할 독자들이 있을 것이다.

자유 시장 경제학자들은 정부가 규제 대상인 피규제자(예컨대 기업)보다 관련 상황을 더 잘 알 수는 없다는, 언뜻 보기에는 합당한 근거를 들어 정부 규제에 반대한다. 맞다. 정부가 기업이나 개인의 상황을 어떻게 당사자보다 더 잘 알 수 있겠는가. 이를 근거로 자유 시장 경제학자들은 정부 관료들의 정책이 경제 주체인 당사자의 결정보다 더 우월할 수는 없다고 주장한다.

그러나 사이먼의 이론을 가지고 설명하면 현실에서 정부 규제가 유용한 이유는, 정부가 피규제자보다 관련 상황을 더 잘 알고 있기 때문이 아니다. (정부가 더 많이 알고 있는 경우도 있다. Thing 12 참조.) 오히려 규제의 효용성은 행위의 복잡성을 제한해서 피규제자들이 보다 나은 의사 결정을 내릴 수 있도록 한다는 데에 있다. 이는 2008년의 세계 금융 위기에서 선명하게 입증되었다.

2008년 금융 위기 직전에 우리는 이른바 금융 혁신을 통해 모든 것을 너무 복잡하게 만들었고, 그 때문에 우리의 의사 결정 능력은 이런 복잡성에 압도당해 버렸다. 물밀듯이 쏟아져 나온 복잡한 금융 상품들은 해당 상품의 전문가가 아니면 금융 전문가들마저 그 내용을 제대로 이해하지 못했다. 심지어 그 상품의 전문가마저 많은 경우 그 상품을 제대로 이해하지 못했고(Thing 22 참조), 자기 회사의 사업 내용을 완전히 파악하고 있는 금융 회사의 최고 경영진도 거의 없었다. 금융 감독 당국 역시 무슨 일이 벌어지고 있는지 온전히 알아채지 못했다. 그러고는 이제야 핵심적 의사 결정권자들의 입에서 이에 관한 고백들이 때로는 자발적으로 때로는 떠밀려서 나오고 있다.

앞으로 유사한 금융 위기를 겪지 않으려면 금융 시장에서는 행위의 자유를 엄격히 제한할 필요가 있다. 금융 상품의 경우 우리가 해당 상품의 내용과 다른 금융 부문 및 경제 전반에 미칠 영향을 충분히 알 수 없을 정도로 복잡하다면 발행할 수 없도록 해야 한다. 그 복잡성으로 인해 심지어 전문가로 불리는 사람들마저 그 내용과 영향을 알지 못하는 상당수의 파생 금융 상품은 폐기되어 마땅하다는 이야기이다.

이런 주장들이 너무 과격하게 들릴 수도 있다. 그러나 이는 우리 사회가 약품이나 자동차, 전기·전자 제품 등 다른 상품에는 줄곧 적용해 오던 조치이다. 일례로 어떤 회사가 새로운 약품을 개발했다고 해서 그것을 곧장 판매할 수는 없다. 약의 효능이나 약품에 대한 인체의 반응은 대단히 복잡하다. 그래서 우리 사회는 엄격한 검증 절차로 그 약이 부작용을 압도할 만한 효능이 충분한지 확인한 뒤에야 출시를 허용한다. 따라서 금융 상품도 판매하기 전에 안정성을 확인해야 한다는 제안은 전혀 특별한 것이 아니다.

일부러 제한적인 규칙을 만들어 우리의 선택을 의도적으로 한정하고, 그렇게 해서 우리의 환경을 단순화시키지 않는 한 인간의 제한된 합리성으로는 세상의 복잡성에 대처해 나갈 수 없다. 우리에게 규제가 필요한 이유는, 정부가 당사자인 경제 주체들보다 관련 상황을 반드시 더 잘 알기 때문이 아니다. 규제의 필요성을 받아들이는 것은 우리의 제한된 정신적 능력에 대한 겸허한 인정인 것이다.

교육을 더 시킨다고 나라가 더 잘살게 되는 것은 아니다

● 그들은 이렇게 말한다

교육을 잘 받은 노동력은 경제 발전에 절대적으로 필요하다. 교육 수준이 높기로 유명한 동아시아 국가들이 이루어 낸 눈부신 경제적 성공과 세계에서 가장 학력이 떨어지는 지역 중의 하나인 사하라 이남 아프리카 국가들의 경제 침체를 비교해 보면 이 문제는 더 이상 논란의 여지가 없다는 것을 알 수 있다. 더욱이 지식이 부의 주요 원천이 되는 이른바 '지식 경제'가 출현하면서 교육, 특히 고등 교육은 번영으로 가는 열쇠가 되었다.

● 이런 말은 하지 않는다

높은 교육 수준이 국가 번영으로 이어진다는 증거는 사실 놀라울 정도로 빈약하다. 교육을 통해 얻은 지식은 사람들이 더 만족스럽고 독립적인 생활을 하는 데에는 도움이 되지만 대부분의 경우 생산성 향상과는 직접 관련이 없다. 또 지식 경제 시대에 접어들면서 교육이 경제 발전에 필수 요소가 되었다는 주장도 옳지 않다. 우선 지식 경제라는 개념 자체에 문제가 있다. 역사적으로 지식은 언제나 부의 원천이었기 때문이다. 게다가 탈산업화와 기계화가 진행되면서 선진국의 대다수 일자리에서 꼭 필요로 하는 지식 요건은 오히려 낮아지고 있다. 지식 경제에 더 중요하다는 고등 교육도 그것이 경제 성장과 직접적인 연관이 있다는 증거는 찾아보기 힘들다. 한 나라의 번영을 결정하는 것은 개인의 교육 수준이 아니라 생산성 높은 산업 활동에 개인들을 조직적으로 참여시킬 수 있는 사회 전체의 능력이다.

교육, 교육, 교육!

"교육, 교육, 교육!" 이것은 토니 블레어 전 영국 총리가 1997년 총선 기간에 차기 내각의 세 가지 정책 최우선 과제가 어떤 것인지 요약한 말이다. 신노동당으로 이미지를 개선한 노동당은 97년 총선을 승리로 근 20년에 걸친 야당 생활에 종지부를 찍었다.

신노동당의 교육 정책이 그 후 성공했는지에 대해서는 논란이 있지만, 한 가지 명백한 것은 이 구호가 적절한 시기에 사람들이 듣기 원하는 적절한 말을 할 줄 아는 블레어 전 총리의 뛰어난 능력을 유감없이 보여 주고 있다는 점이다. (그 능력도 이라크전 때부터는 좀 퇴색한 감이 있지만 말이다.) 미스터 블레어 이전에도 많은 정치인들이 교육 제도 개선을 위해 힘썼지만, 블레어 전 총리가 선거에 나섰을 때처럼 교육이 주목을 받은 적은 없었다. 이때는 1980년대 이후 지식 경제의 부상을 목격한 후 전 세계가 교육이야말로 경제 번영의 열쇠라고 확신한 시기였던 것이다. 하물며 굴뚝 산업이라 부르는 전통적인 제조업 분야를 발전시키는 데에도 교육이 중요했는데 근육이 아니라 두뇌가 부의 원천이 되는 정보화 시대에는 그야말로 교육이 모든 것을 결정하는 요소가 될 것이라 믿는 사람이 점점 더 늘어났다.

이 주장은 더 생각해 볼 여지도 없는 논리처럼 보인다. 더 배운 사람은 생산성이 더 높다. 그 사람들이 보수를 많이 받는 걸 보면 생산성이 높다는 증거 아닌가? 그러니 배운 사람이 더 많은 경제일수록 생산성도 더 높아진다는 것은 1 더하기 1이 2라는 것만큼이나 논리적인 이야기이다. 교육 수준이 높은 사람들, 즉 일부 경제학자들의 전문 용어로 '인적 자본'이라고 하는 것이 가난한 나라에는 더 적다는 사실도 이 논리를 증명한다고 봐야 하지 않는가?

OECD 국가들에서는 사람들이 학교에 다니는 기간이 평균 9년인 데 반해 사하라 이남 지역 아프리카 국가들에서는 그 기간이 3년도 채 되지 않는다. 또 기적적인 성장을 이룬 일본, 한국, 타이완, 홍콩, 싱가포르와 같은 동아시아 국가들의 높은 교육 수준도 잘 알려진 사실 중의 하나이다. 이 나라들의 교육은 낮은 문맹률이나 각종 교육 기관에 들어가는 높은 입학률과 같이 양적인 면에서만이 아니라 질적으로도 뛰어나다. 예를 들어 4학년과 8학년 학생들을 대상으로 이루어지는 국제 수학 과학 성취도 평가(TIMSS)나 15세 청소년들이 수학적 지식을 실생활에 적용하는 능력을 평가하는 국제 학업 성취도 평가 프로그램(PISA) 같은 평가에서 이 나라들은 항상 최상위권을 기록한다. 더 이상 무슨 설명이 필요하겠는가?

학교는 도대체
왜 다녀…

경제의 생산성을 높이는 데 교육이 중요하다는 것은 자명해 보이지만 사실은 이 '상식'에 반하는 증거들이 많이 있다.

경제 발전에 교육이 중요한 역할을 했다고 정평이 나 있는 동아시아 국가들의 예부터 살펴보자. 1960년 타이완의 문맹률은 46퍼센트나 되었고, 필리핀의 문맹률은 28퍼센트에 지나지 않았다. 그럼에도 타이완은 인류 역사에 남을 기록적인 성장률을 보인 반면에 필리핀은 그다지 좋은 성적을 올리지 못했다. 1960년에 필리핀의 1인당 국민소득은 200달러로 타이완의 122달러에 비해 거의 두 배였다. 그러나 현재 타이완의 1인당 국민소득은 필리핀의 거의 열 배에 달한다(1만 8000달러 대 1800달러). 같은 시기에 한국의 문맹률은 29퍼센트여서 필리핀과 비슷했지만 아르헨티나의 9퍼센트에는 훨씬 웃돌았다. 문맹률이 더 높았음에도 한국은 아르헨티나보다 훨씬 더 빨리 성장해서 1960년에 아르헨티나의 5분의 1이던 국민소득(82달러 대 378달러)이 이제는 세 배(2만 1000달러 대 약 7000달러)가 되었다.

교육 말고도 한 나라의 경제 실적을 결정하는 요인은 많다. 그러나 위에서 든 사례들을 보면 여러 요인 중에서도 교육이 동아시아 경제 기적의 주요 요인이었다는 신화에 의문을 가지지 않을 수 없다. 경제 발전 초기에 동아시아 국가들의 교육 수준이 높지 않았던 반면에 필리핀이나 아르헨티나 같은 나라는 교육 수준이 더 높았음에도 경제적으로 그다지 좋은 성적을 올리지 못했던 것이다.

이것과는 완전히 대조적인 경우인 사하라 이남 아프리카 국가들의 사례를 봐도 교육에 대한 투자를 늘린다고 해서 꼭 경제가 더 나아지는 것은 아님을 알 수 있다. 1980년에서 2004년 사이에 이 지역 문맹률은 60퍼센트에서 39퍼센트가 되어 눈에 띄는 감소 추세를 보였음에도,[1] 같은 기간 1인당 국민소득은 매년 0.3퍼센트가 떨어졌다. 대부분의 사람들이 믿는 것처럼 교육이 경제 발전에 그토록 중요하다면 이런 일은 절대 있을 수 없다.

교육이 경제 성장에 별달리 긍정적인 영향을 미치지 못한다는 증거는 여기서 예로 든 동아시아 국가들이나 사하라 이남 아프리카 국가들처럼 극단적인 경우에서만 발견되는 것이 아니라 더 일반적인 현상이다. 세계은행에서 오랫동안 근무하고 하버드 대학에서 경제를 가르치고 있는 랜트 프릿쳇(Lant Pritchett) 교수가 "교육은 전부 어디로 사라져 버렸는가?"라는 제목으로 2004년에 발표한 논문에서는 1960년에서 1987년 사이의 기간 동안 수십 개의 선진국과 개발도상국에서 모은 자료를 토대로 교육이 경제 성장에 긍정적인 효과를 끼쳤는지 여부를 살펴본다.[2] 널리 인용되는 이 논문에서 프릿쳇 교수는 교육 수준이 높아진다고 해서 경제 성장이 촉진된다는 증거는 거의 없다고 결론지었다.

역사도 몰라요
생물도 몰라요

배운 사람이 더 많으면 나라도 더 부자가 된다는 얼핏 보면 당연한 것 같은 이 논리를 뒷받침하는 증거가 그토록 없는 이유는 도대체 무엇일까? 간단히 말하면 교육이 우리가 믿는 것보다 경제의 생산성 향상에 중요하지 않기 때문이다.

우선 모든 교육이 생산성 향상을 목표로 하지는 않는다는 점을 짚고 넘어가자. 학교에서 배우는 내용 중에는 대다수 노동자의 생산성 향상에 간접적으로라도 영향을 전혀 주지 않는 과목이 많이 있다. 문학, 역사, 철학, 음악 등이 그 예일 것이다(Thing 3 참조). 순전히 경제적인 면에서만 본다면 이런 과목들을 가르치는 것은 시간 낭비이다. 다만 우리가 아이들에게 이런 과목들을 가르치는 이유는 그것이 아이들의 삶을 풍요롭게 하고, 그들을 더 나은 시민으로 길러내는 데 도움을 준다고 믿기 때문이다. 교육을 포함한 모든 것을 생산성 향상에 얼마나 도움이 되는지로 가늠하는 시대에 풍요로운 인생이니 더 나은 시민이니 운운하는 것이 점점 더 공격의 대상이 되는 현실은 알지만 이런 점들이야말로 교육에 투자를 해야 하는 중요한 (내 생각에는 가장 중요한) 이유이다.

심지어 생산성 향상에 중요하다고 간주되는 수학이나 과학 같은 과목도 대부분의 노동자들이 하는 일하고는 별 관계가 없다. 유능한 펀드 매니저가 되는 데 생물이 무슨 소용이며, 감각 있는 패션 디자이너가 되는 데 수학이 무슨 필요가 있단 말인가? 이런 과목과 상당히 관계가 있는 직종에서조차 실제 업무를 보는데 중고등학교에서 배운 것, 심지어 대학에서 배운 것도 크게 써먹지 못한다. 자동차 공장의 조립 라인에서 일하는 노동자가 학교 물리 시간에 배운 지식과 그의 생산성 사이에 얼마나 관계가 있겠는가? 많은 직종에서 현장 실습과 도제 제도를 중요시하는 것도 노동자의 생산성을 높이는 데 학교 교육이 영향을 주기에는 한계가 있다는 증거라고 하겠다. 따라서 생산성과 연관이 있다고 간주되는 과목들마저도 우리가 생각하는 것만큼 생산성 향상과 직접 관련이 없다는 결론을 내릴 수 있다.

세계 각국을 대상으로 한 조사에서도 한 나라의 수학 성적과 그 나라의 경제 실적은 관련이 없다는 결론을 내린다.[3] 좀 더 구체적인 예를 들어 보자. 2007년 국제 수학 과학 성취도 평가의 수학 과목에서 미국의 4학년생들은 수학 잘하기로 유명한 동아시아 어린이들에게만 뒤떨어진 것이 아니라 카자흐스탄, 라트비아, 러시아, 리투아니아 어린이들보다도 더 성적이 나빴다.[4] 같은 시험을 본 유럽 국가 어린이들은 영국과 네덜란드만 제외하고 모두 미국 어린이들보다 성적이 더 나빴다.[5] 세계에서 가장 부자 나라인 노르웨이 (시장 환율로 계산한 1인당 국민소득으로 볼 때 1위. Thing 10 참조) 8학년 학생들은 다른 선진국 학생들뿐 아니라 리투아니아, 체코 공화국, 슬로베니아, 아르메니아, 세르비아 등 훨씬 가난한 나라 학생들에 비해서도 점수가 낮았다.[6] (이 나라들이 모두 과거 사회주의 국가였다는 것은 참 흥미로운 사실이다.) 교육열이 높고 첨단 연구 분야에 뛰어난 것으로 정평이 나 있는 이스라엘의 8학년 학생들은 노르웨이보다 못했고, 심지어 불가리아보다 점수가 낮았다. 과학 시험에서도 이와 비슷한 결과가 나왔다.

그렇다면 지식 경제는?

지금까지는 경제 성장에 교육이 미치는 영향이 작았다 하더라도 지식 경제 시대에 접어들면서는 이 모든 것이 변하지 않을까 하고 생각하는 독자들도 많을 것이다. 아이디어가 부의 원천으로 점점 더 확고하게 자리 잡아 가는 추세를 고려하면, 교육은 한 나라의 번영을 결정하는 데 점점 더 중요한 요소가 되지 않을까?

이 점에 대해 먼저 지적하고 싶은 것은 지식 경제라는 말이 전혀 새로운 게 아니라는 사실이다. 어떤 지식을 가지고 있느냐 아니냐에 따라 그 나라가 부자가 되느냐 아니냐가 결정되었다는 의미에서라면 우리는 항상 지식 경제 사회에서 살아온 셈이다. 10세기경까지 중국이 세계에서 가장 부강한 나라였던 이유는 다른 나라에 없는 지식을 보유하고 있었기 때문이다. 종이, 활자, 화약, 나침반 등 몇몇 이름난 것들 이외에도 중국이 갖고 있던 기술과 지식은 엄청났다. 19세기 영국은 기술 혁신을 선두에서 이끌면서 세계적으로 경제의 주도권을 쥐게 되었다. 2차 대전 직후 독일은 페루나 멕시코만큼 빈털터리가 되었지만 아무도 독일을 개발도상국이라 생각하지 않았다. 전쟁에 졌어도 2차 대전 전에 독일을 강력한 산업 대국으로 만든 기술적, 조직적, 제도적 지식은 사라지지 않았음을 알았기 때문이다. 이런 의미에서 교육의 중요도는 최근 들어 갑자기 변한 것이 아니다.

물론 인류가 전체적으로 지닌 지식의 양은 과거에 비해 훨씬 많아졌다. 그렇다고 해서 모든 사람이, 아니 대다수의 사람이 과거보다 더 많은 교육을 받아야 한다는 뜻은 아니다. 사실 많은 업종에서 평범한 노동자가 생산성을 높이기 위해 알아야 하는 지식의 양은 오히려 줄어들었다. 특히 선진국에서 더 그렇다. 그냥 듣기에는 억지 같은 이 논리에 대해 좀 더 설명해 보자.

먼저, 제조업 생산성이 꾸준히 향상되면서 선진국 노동자들 중 높은 교육 수준을 필요로 하지 않는 비숙련 서비스업에 종사하는 수가 많아졌다(Thing 3, 9 참조). 슈퍼마켓에서 상품 진열, 패스트푸드 레스토랑에서 햄버거 만드는 일, 사무실 청소 등이 그 예이다. 교육을 오로지 생산성을 높이는 도구로만 간주한다면, 이런 직종에 종사하는 사람들의 비율이 늘어갈수록 노동자들의 평균 교육 수준을 낮추어도 된다는 결론을 내릴 수 있다.

여기에 더해 경제가 발전할수록 기계가 더 많은 지식과 기술을 대체하게 된다. 그에 따라 개별 노동자들이 과거에 같은 일을 하던 사람에 비해서 자기가 하는 작업에 대해 잘 알지 못해도 경제 전반의 생산성은 향상된다. 가장 대표적인 예를 하나 들어 보자. 요즘 선진국의 상점에서 일하는 점원들은 덧셈 같은 건 못해도 상관없다. 과거에 같은 일을 했던 사람들에게는 꼭 필요한 지식이었지만 이제는 바코드 기계가 그 일을 대신해 준다. 또 다른 예로 가난한 나라의 대장장이는 보쉬나 블랙 앤드 데커에서 일하는 직원들보다 연장을 만드는 금속의 성질에 대해 더 많이 알 것이다. 예는 또 있다. 가난한 나라에 널려 있는 작은 전파상에서 일하는 사람들은 삼성이나 소니에서 일하는 사람들보다 아마도 고칠 줄 아는 기계 가짓수가 훨씬 많을 것이다.

이런 현상의 가장 큰 원인은 생산성을 높이는 데에 기계화가 가장 효과적인 방법이기 때문이다. 마르크스주의의 영향력 있는 한 학파에서는 자본가들이 고의적으로 노동자들을 비숙련화한다고 생각한다. 생산 공정을 최대한으로 기계화하면 노동자들을 쉽게 대체할 수 있고, 따라서 노동자들을 통제하기도 쉬워지므로 자본가들은 설령 그것이 가장 경제적인 방법이 아니라 하더라도 기계화를 통한 비숙련화의 길을 선택한다는 것이 이들의 주장이다.[7] 기계화 과정의 정확한 원인이 무엇이건 간에 그 결과는 기술적으로 발달한 경제일수록 교육받은 사람을 덜 필요로 한다는 사실이다.

스위스
패러독스

경제가 발전하면서 평범한 노동자들이 교육을 더 받아야 할 필요는 늘지 않더라도 고급 직종의 노동자들은 더 많이 교육받을 필요가 있다고 생각할 수 있다. 결국 위에서 살펴본 것처럼 다른 나라보다 생산적인 지식을 더 많이 창출해 내는 나라가 경제적으로 앞서 나가는 것 아닌가. 그렇다면 한 나라의 번영도를 결정짓는 것은 초등학교보다는 대학교의 질에 달려 있다는 주장도 가능하다.

그러나 이른바 지식 위주의 시대에서조차 고등 교육과 경제 번영 사이의 관계는 그렇게 간단명료하지 않다. 스위스의 놀랄 만한 사례를 들어 보자. 스위스는 세계에서 가장 부유하고 산업화된 나라 중의 하나이다(Thing 9, 10 참조). 그런데 이 나라의 대학 진학률은 놀랍게도 선진국 중 가장 낮아서 1990년대 초까지만 해도 다른 부자 나라 대학 진학률의 3분의 1밖에 되지 않았다. 1996년까지도 스위스의 대학 진학률은 16퍼센트로 OECD 평균 34퍼센트의 절반에도 미치지 못하는 수준이었다.[8] 그 이후 이 비율은 상당히 높아져서 유네스코 자료에 따르면 2007년에는 47퍼센트까지 올랐지만 여전히 선진국 중에서 가장 낮고, 특히 대학에 가는 비율이 높은 핀란드(94퍼센트), 미국(82퍼센트), 덴마크(80퍼센트)에 비하면 현저히 낮다. 스위스에 비해 훨씬 못사는 한국(96퍼센트), 그리스(91퍼센트), 리투아니아(76퍼센트), 아르헨티나(68퍼센트) 등의 나라들마저 스위스보다 훨씬 높은 대학 진학률을 보인다는 점은 특히 흥미롭다.

주요 경쟁자들은 물론이고 훨씬 가난한 나라들에 비해 이렇게까지

고등 교육을 등한히 하고도 스위스는 어떻게 세계적으로 가장 높은 생산성을 기록하는 나라 중의 하나로 자리 잡았을까?

나라마다 대학 교육의 질에 큰 차이가 있어서 그렇지 않겠냐는 것이 가능한 대답 중의 하나일 것이다. 한국이나 리투아니아의 대학들이 스위스의 대학만큼 좋지 않기 때문에 스위스에서 대학 가는 사람 비율이 훨씬 낮아도 한국이나 리투아니아에 비해 부자가 될 수 있었을 것이라는 설명이다. 그러나 스위스를 미국이나 핀란드와 비교하면 이 설명은 빛을 잃고 만다. 스위스 대학이 너무나 우수해서 미국, 핀란드에 비해 대학 가는 사람의 비율이 절반밖에 되지 않는데도 경쟁력을 유지할 수 있다는 주장은 말이 되지 않기 때문이다.

이 '스위스 패러독스' 역시 교육의 생산성 향상 효과가 낮다는 사실로 설명된다. 그러나 초중등 교육의 생산성 향상 효과가 낮은 것은 이 시기의 교육이 자아실현, 모범 시민 양성, 민족 정체성과 같은 것을 함양하는 데 더 초점을 맞추기 때문이라면, 고등 교육의 생산성 향상 효과가 낮은 것은 고등 교육의 기능 중 경제학에서 '분류'라 일컫는 기능이 강하기 때문이다.

물론 고등 교육은 피교육자들에게 생산성과 관련된 지식을 상당 정도 전수해 주지만, 그것의 또 하나의 중요한 기능은 그 피교육자들이 얼마나 고용에 적합한지 순위를 매기는 것이다.[9] 많은 직종에서 중요하게 여기는 능력은 일을 하면서 배워 갈 수 있는 전문 지식보다는 전반적인 지능, 의지, 조직적 사고력 등이다. 따라서 대학에서 역사나 화학을 전공하면서 배운 지식은 보험 회사나 교통부 공무원으로 근무할 때에는 거의 쓸모가 없겠지만, 대학을 나왔다는 사실 자체가 대학을 가지 않은 사람들보다 똑똑하고, 의지가 강하며, 조직적 사고력이 있다는 신호가 된다. 대졸자를 모집하는 회사는 각 직원의 전문 지식보다는 이런 일반적 능력을 보고 직원을 채용하는 것이다. 대학에서 얻은 전문 지식은 대부분 직장에서 수행할 업무와 별 상관이 없기 때문이다.

최근 들어 고등 교육의 중요성이 더 강조되면서 대학을 확장할 만한 여력이 있는 최상층 내지는 중상층 국가들에서는 고등 교육을 둘러싸고 바람직하지 않은 현상들이 생기고 있다. (스위스마저도 이 현상으로부터 자유롭지 않았다는 것은 최근 들어 크게 증가한 대학 진학률에서 짐작할 수 있다.) 대학을 가는 사람들의 비중이 일정 선을 넘어서면 괜찮은 직장을 얻기 위해서는 대학을 가지 않으면 안 되는 분위기가 형성된다. 가령 국민의 50퍼센트가 대학 진학을 한다면 대학을 가지 않는다는 것은 자신이 능력 분포도의 아래쪽 절반에 속한다고 선언하는 것이나 마찬가지이고, 그렇게 되면 일자리를 구하는 데 애를 먹을 것이다. 이렇게 되면 앞으로 일하는 데에 하등의 쓸모가 없는 것을 배우면서 '시간 낭비'를 하게 되리라는 걸 잘 알면서도 대학을 가게 된다. 저마다 대학에 진학하기를 원하면 고등 교육에 대한 수요가 증가하고 그에 따라 대학이 늘어난다. 이렇게 되어 대학 진학률이 더 높아지면 대학을 가야 하는 압박은 한층 증가한다. 시간이 지나면서 이 현상은 '학력 인플레이션'으로 이어진다. 이제 '모든 사람'이 대학을 나왔기 때문에 그 중에서 돋보이려면 석사, 심지어 박사까지 하지 않으면 안 된다. 이 학위들을 밟는 과정에서 앞으로 하는 일의 생산성을 올릴 내용을 배우게 될 확률은 아주 작을 테지만 말이다.

1990년대 중반까지 대학 진학률 10~15퍼센트로도 세계 최고의 국민 생산성을 기록한 스위스의 사례를 고려할 때 그보다 더 높은 대학 진학률은 사실 불필요하다는 추측을 할 수 있다. 설령 지식 경제의 부상으로 기술 요건이 많이 올라 스위스의 현재 대학 진학률 40퍼센트대를 하한선으로 친다 하더라도(나는 이 하한선 수준이 너무 높다고 생각한다) 미국, 한국, 핀란드 같은 나라에서는 대학 교육의 절반 정도는 기본적으로 제로섬 게임인 '분류' 과정을 위해 낭비되고 있다는 말이다. 이 나라들의 고등 교육 현실은 영화관에서 화면을 더 잘 보려고 자리에서 일어서는 장면을 생각나게 한다. 한 사람이 서기 시작하면 그 뒷사람도 따라서 서게 되고, 그러다가 일정 비율 이상의 사람들이 서면 결국 모두가 서서 영화를 보지 않으면 안 되는 상황 말이다. 영화관에 있는 사람들은 이제 화면을 더 잘 볼 수도 없으면서 앉아서 보지도 못하는 불편을 감수해야 한다.

교육이냐 기업이냐

기초 교육뿐 아니라 고등 교육까지도 한 나라의 번영에 크게 이바지하지 못한다면 경제에서 교육이 차지하는 역할을 심각하게 재고해 보아야 한다.

부자 나라의 경우 고등 교육에 대한 집착이 줄어들어야 한다. 이 집착 때문에 건전하지 못한 학력 인플레이션이 생겼고, 그 결과 많은 나라에서 대학에 대한 대규모 투자가 일어났다. 어떤 나라의 대학 진학률이 아주 높다고 해서 그것 자체가 잘못이라는 말은 아니다. 경제적인 이유가 아닌 다른 이유라면 진학률이 100퍼센트인들 무슨 문제랴. 그러나 대학 교육이 생산성 향상에 큰 도움을 줄 것이라는 착각은 하지 않아야 한다.

개발도상국의 경우 더 큰 인식 전환이 필요하다. 어린이들이 더 의미 있는 삶을 살 수 있도록 교육 기회를 확장해야 하는 것은 맞지만 생산성을 향상시키는 게 목적이라면 교육 너머로 눈길을 돌려 제대로 된 제도와 조직을 건설하는 데 신경을 쓰는 것이 진정으로 생산성 향상을 도모하는 길임을 깨달아야 한다.

부자 나라와 가난한 나라의 가장 큰 차이는 구성원 개인의 교육 수준이 얼마나 높은가에 있는 것이 아니라 얼마나 각 개인을 잘 아울러서 높은 생산성을 지닌 집단으로 조직화할 수 있느냐에 있다. 이런 조직화의 결과는 보잉이나 폭스바겐과 같은 거대 기업일 수도 있고, 스위스와 이탈리아에 많은 세계적 수준의 제품을 생산하는 중소기업일 수도 있다(Thing 15 참조). 이런 기업을 개발하기 위해서는 투자와 리스크 감수를 장려하는 일련의 제도가 필요하다. 유치 산업을 보호 육성하는 교역 정책(Thing 7, 12 참조), 장기적인 생산성 향상을 위해 '참고 기다릴 줄 아는 자본'을 제공하는 금융 시스템(Thing 2 참조), 제대로 된 파산법으로 자본가에게 새로운 기회를 주고 좋은 복지 정책으로 노동자들에게도 새로운 기회를 주는 제도(Thing 21 참조), 연구개발과 노동자 훈련에 관한 공공 보조금과 규제 정책(Thing 18, 19 참조) 등이 필요한 것이다.

교육은 소중하다. 그러나 교육의 진정한 가치는 생산성을 높이는 데에 있는 것이 아니라 우리가 잠재력을 발휘하고 더 만족스럽고 독립적인 생활을 할 수 있도록 하는 데에 있다. 경제를 발전시킬 것이라는 기대를 안고 교육을 확장하면 크게 실망할지도 모른다. 교육과 국민 생산성 사이의 연관성이 약하고 복잡하기 때문이다. 교육에 대한 과도한 열의는 가라앉힐 필요가 있다. 특히 개발도상국에서는 생산적인 기업과 그런 기업을 지원할 제도를 확립하는 데 더 신경 쓸 필요가 있다.

Thing

18

GM에 좋은 것이 항상 미국에도 좋은 것은 아니다

● 그들은 이렇게 말한다

기업은 자본주의의 심장이다. 기업이야말로 제품을 생산하고 일자리를 창출하며 새로운 기술을 개발하는 곳이기 때문이다. 활발한 기업 활동이 없으면 경제도 활력을 잃고 만다. 따라서 기업에 좋은 것은 나라 경제에도 좋다. 세계화와 함께 국제 경쟁이 갈수록 치열해지는 상황에서 기업의 설립과 경영을 어렵게 만들거나 기업들이 원하지 않는 일을 하게 만드는 나라는 투자와 일자리 창출의 기회를 잃게 되고, 결국은 뒤떨어지고 만다. 정부는 기업들에게 최대한의 자유를 보장해 주어야 한다.

● 이런 말은 하지 않는다

기업이 중요하기는 하지만 그들에게 최대한의 자유를 허용하는 것은 국민 경제에는 말할 것도 없고 기업 자신에게도 좋지 않을 수 있다. 모든 규제가 기업에 해로운 것은 아니다. 때로는 천연자원이나 노동력과 같이 기업들 모두

252   Thing 18

가 필요로 하는 공동의 자원이 파괴되지 않도록 개별 기업의 자유를 제한하는 것이 기업 부문 전체에 장기적으로 이익이 되기도 한다. 또 각 개별 기업에 단기적으로는 손해를 끼칠지 모르지만 장기적으로 기업 부문 전체의 생산성을 높이는 규제도 있을 수 있다. 노동자 교육 규정 같은 것이 그런 예이다. 결국 문제가 되는 것은 기업 규제의 내용이지 양이 아니다.

디트로이트는 어떻게
전쟁을 승리로 이끌었나?

사람들은 디트로이트가 2차 대전을 승리로 이끌었다고 말한다. 물론 가장 큰 인명 피해를 입은 것은 소련이었다. 러시아에서 2차 대전을 일컫는 '위대한 애국전쟁(Great Patriotic War)'에서 목숨을 잃은 소련 인들은 2500만 명이 넘을 것으로 추정되어서 2차 대전 전체 사망자 수의 절반에 육박한다. 그러나 그런 소련도(영국은 물론이고) 미국에서 보내 온 무기가 아니었으면 나치의 공격을 버텨 내지 못했을 것이다. 프랭클린 루스벨트 대통령은 미국을 '민주주의의 병기고'라 칭했는 데, 이 무기의 대부분은 제너럴 모터스(GM), 포드, 크라이슬러 등 디트로이트의 자동차 회사를 무기 공장으로 변환해서 생산되었다. 따라서 디트로이트로 상징되는 미국의 산업 역량이 뒷받침해 주지 않았더라면 유럽 전역과 적어도 소련의 서쪽 지역은 나치에 점령되는 운명을 피하지 못했을 수도 있다.

물론 역사는 그렇게 간단하지가 않다. 나치 독일이 전쟁 초반에 성공적인 공격을 감행할 수 있었던 것은 이른바 전격전(Blitzkrieg)으로 알려진 독일군의 신속한 이동 능력 덕분이었다. 독일군의 이 뛰어난 기동성은 대규모 동력화 덕분에 가능했는데, 이와 관련된 많은 기술이 다름 아닌 GM에서(1929년 GM이 인수한 오펠을 통해) 나왔다. 여기에 더해 GM은 법을 어기고 전쟁 기간 내내 군용차는 물론 비행기, 지뢰, 어뢰까지 제작하던 오펠과의 관계를 비밀리에 유지하고 있었다는 증거가 속속 나오고 있다. GM은 전쟁을 하는 양 진영에 동시에 무기를 대면서 막대한 이윤을 취했던 것으로 보인다.

빅3로 통하는 디트로이트의 자동차 업체들 중에서도 당시 GM은 포드와 크라이슬러보다 훨씬 우월한 위치를 점하고 있었다. 1923년부터 1958년까지 35년 동안 GM을 이끈 알프레도 슬론 2세(Alfredo Sloan Jr.)의 지휘 아래 GM은 1920년 말에 이미 포드를 추월해 미국 최대 자동차 생산 업체 자리를 차지했다. GM은 '모든 지갑과 모든 목적에 맞는 차'를 생산하겠다는 슬론의 표현대로 시보레부터 시작해서 폰티악, 올즈모빌, 뷰익, 성공의 절정에 타는 캐딜락까지 '사회적 성공의 사다리'의 모든 단계에 맞는 차를 생산하는 기업이 되었다.

2차 대전이 끝날 무렵 GM은 미국 최대의 자동차 업체가 되었을 뿐 아니라 매출액 기준으로 미국 최대의 기업이 되었다. GM이 미국 경제에 차지하는 위치가 얼마나 중요했는지는 GM의 CEO를 지내다가 1953년 국방 장관에 임명된 찰리 윌슨이 자신의 임명 청문회에서 한 말을 보면 짐작할 수 있다. 기업 경력과 공직 생활 사이에 상충되는 부분이 있지 않겠냐는 질문에 그는 "미국에 좋은 것은 GM에도 좋습니다. 그 반대도 마찬가지입니다."라고 답했다.

이 말에 깔려 있는 논리는 반박하기가 힘들어 보인다. 자본주의 경제에서는 민간 기업이 부와 일자리, 세수입을 창출하는 데 중심적인 역할을 한다. 기업이 잘 되면 결국 경제도 좋아질 수밖에 없는 것이다. 특히 거론되는 기업이 1950년대의 GM처럼 규모도 크고 기술도 빠르게 발전하는 기업이라면 그 기업의 성패와 운명이 경제 전반에 끼치는 영향은 막대하다. 수많은 납품 업체, 납품 업체에 고용된 노동자들, 그 기업에서 일하는 수십만 명에 달하는 고용인들이 구매할 상품의 생산 업체 등 거대 기업 하나가 미치는 경제적 영향을 꼽자면 한이 없다. 그래서 거대 기업의 경영 성적이 국민 경제 번영에 특히 중요하다는 말이 나오는 것이다.

이 논리를 지지하는 사람들은 이런 명약관화한 논리가 20세기 내내 폭넓게 수용되지 못한 것이 불행이라고 말한다. 사유 재산이야말로 자본주의가 낳은 모든 악의 근원이라고 믿는 공산주의 체제가 왜 민간 부문의 성장에 반대했는지는 이해할 수 있다. 하지만 자본주의 경제 체제에서도 대공황과 1970년대 사이에는 민간 기업을 의혹의 눈으로 보는 분위기가 있었다.

기업의 이윤 추구 행위는 정의, 사회적 융화, 약자에 대한 보호, 심지어 국가의 영광과 같은 보다 숭고한 가치를 위해 규제될 필요가 있는 반사회적 요소라고 간주되었다. 그 결과 사회 전체의 이익을 위해 어떤 기업이 어떤 일을 할지를 정부가 결정하는 복잡하고 번거로운 허가제가 도입되었다. 일부에서는 국가 발전이라는 명분 아래 내켜하지 않는 기업들을 억지로 특정 산업 부문에 진출시키기도 했다(Thing 7, 12 참조). 전통적인 생활 방식을 보존하고 거대 기업으로부터 '작은 개인'들을 보호하기 위해 소규모 농장, 공장, 소매점 등이 활발한 시장 부문에는 대기업 진출을 금지했다. 노동자의 권리를 보호한다는 명분으로 짐스러운 노동 규제들이 도입되었다. 많은 나라에서 기업 활동에 저해가 될 정도로 소비자 권리가 신장되었다.

친기업적 성향의 평론가들은 이 모든 규제가 거대 기업들에게 해를 끼쳤을 뿐 아니라 사회 구성원 전체에게도 손해를 입힌다고 주장한다. 다 같이 나누어 먹을 파이의 크기가 줄었기 때문이라는 말이다. 새로운 방식의 사업을 시도하고 새 분야를 개척할 능력을 제한하는 이 규제들로 인해 전체적으로 생산성 향상을 둔화시켰다는 것이다. 이들은 이렇게 반기업적인 논리의 오류가 명백히 드러나고 만 결과 결국은 1970년대 이후 전 세계 국가들은 기업에 좋은 것은 국가 경제에도 좋다는 친기업적 정책이 널리 퍼지게 되었다고 주장한다. 1990년대 이후에는 공산주의 국가들조차 민간 부분을 옥죄는 정책을 포기했다. 그러니 이 문제에 대해 더 이상 고민할 필요가 있을까?

거인이 어떻게
쓰러졌냐면…

찰리 윌슨의 발언이 있은 지 50년이 지난 2009년 여름 GM은 파산했다. 국영 기업에 알레르기 반응을 보이기로 유명한 미국 정부였지만 결국 GM을 인수해서 대규모 구조 조정을 실시한 다음 새로운 기업으로 재탄생시켰다. 이 과정에서 576억 달러에 달하는 엄청난 납세자의 돈이 들어갔다.

이렇게 GM을 구제한 것이 미국의 국익을 위해서라는 주장이 나올 수도 있다. GM 정도로 규모가 크고 사방으로 얽히고설킨 것이 많은 기업이 갑자기 무너지면 고용 시장과 수요에 엄청나게 부정적인 파급 효과가 미치고, 나아가서는 당시 미국에서 한창 진행 중이었던 금융 위기를 더 악화시켰을 것이기 때문이다. 미국 정부는 두 가지 재난 중 덜 심한 쪽을 택한 셈이다. 절대적 기준으로 보면 결코 좋은 게 아니지만 아직도 GM에 좋은 것은 미국에도 좋은 것이라는 논리인 셈이다.

GM을 구제하는 것 말고는 다른 도리가 없었다는 사실은 인정해도 GM이 어떻게 그런 지경에 이르렀는지는 한번 짚고 넘어가야 할 일이다. 1960년대에 독일, 일본, 그다음에는 한국에서 수입된 차들과의 경쟁에서 밀리자 GM은 가장 당연한 대응, 즉 경쟁자들보다 더 좋은 차를 생산한다는 태도를 취하지 않았다. 그런 어렵고 힘든 길 대신 GM은 손쉬운 길을 선택했다.

먼저 GM은 경쟁자들이 덤핑을 비롯한 여러 가지 불공정 무역 행위를 한다고 비난하면서 미국 정부에 압력을 넣어 외국 차, 특히 일본 차에 쿼터제를 도입하고 경쟁사들의 본국 시장을 개방하도록 했다. 1990년대에 들어서면서 이런 조치로도 쇠퇴를 막을 수 없다는 판단이 들자 자동차 제조 부문의 부진을 만회하고자 금융 자회사인 GMAC (General Motors Acceptance Corporation)을 키웠다. GMAC은 자동차 구매에 따른 금융 업무라는 고유 업무 범위를 넘어서 영리를 목적으로 하는 금융 거래를 시작했다. GMAC은 상당한 성공을 거두어 2004년에는 GM 수익의 80퍼센트가 GMAC에서 나올 정도였다(Thing 22 참조).[1] 그러나 근본적인 문제, 즉 GM이 가격 경쟁력을 갖춘 좋은 품질의 차를 만들지 못한다는 문제는 사라지지 않았다. 비슷한 시기에 GM은 더 나은 기술을 개발하는 데 투자하는 자원과 시간을 단축하는 지름길을 모색했고, 그 일환으로 스웨덴의 사브, 한국의 대우와 같은 규모가 작은 외국 경쟁 업체들을 사들였다. 그러나 이런 방법으로는 GM이 과거에 누렸던 기술적 우위를 되찾는 데에는 역부족이었다. 다시 말해서 지난 40년 동안 GM은 자사의 쇠퇴를 막기 위해 한 가지만 빼고 모든 노력을 기울였다. 그 한 가지가 바로 더 나은 차를 만드는 것이라는 점이 안타깝지만 말이다. 사실 좋은 차를 만들기 위해 노력하기가 너무 부담스러웠을 것이다.

이 같은 결정은 최소한 GM의 입장에서는, 그리고 적어도 결정을 내릴 당시에는 최선의 선택이었을 수 있다. 결국 최소한의 노력으로 기업의 수명을 몇 십 년 더 연장시킬 수 있었으니 말이다. 그러나 이 선택은 나머지 미국 경제에는 좋지 않은 결정이었다. GM을 구제하느라 미국 납세자들이 떠안게 된 막대한 금액이 바로 결정적인 증거이다. 보호 무역을 위한 로비를 하고 더 작은 경쟁사들을 사들이는 한편 금융 분야에 손을 뻗치는 대신, 누군가 GM으로 하여금 더 나은 차를 만들어 내는 데 필요한 기술과 설비에 투자하도록 했다면 미국에 더 도움이 되었을 것이다.

더 중요한 것은 최소한의 노력으로 GM이 겪는 어려움을 모면하게 했던 그 조처들마저도 궁극적으로는 GM에 좋지 않았다는 사실이다. 물론 경영진이나 끊임없이 바뀌는 주주단과 GM을 동일시하지 않을 경우에 한해서이지만 말이다. GM의 경영진들은 노동자, 하청 기업, 그리고 그 하청 기업의 고용인들과 같이 상대적으로 약한 '이해 당사자'들을 쥐어짜고 생산성 향상에는 투자하지 않음으로써 높은 이윤을 창출하고, 그 대가로 말도 안 되게 높은 보수를 챙기는 한편, GM의 미래를 위험에 빠뜨릴 정도로 높은 배당금과 자사주 매입 등의 방법으로 주주들의 입을 막았다. 주주들 또한 이런 현상을 전혀 우려하지 않았고, 오히려 그런 관행을 조장하기까지 했다. 대부분이 기업의 장기적 미래에는 관심이 없는 부동 주주들로 상황이 나빠지면 바로 떠날 수 있는 자본이었기 때문이다.

GM의 사례는 기업의 이익과 국가의 이익이 충돌할 가능성에 대한 유익한 교훈을 준다. 즉 기업에 좋은 것, 그것이 아무리 중요한 것일지라도 국가에 좋지 않을 수도 있다는 점이다. 여기에 더해 이 사례는 회사를 구성하는 이해 당사자들도 서로 충돌할 수 있음을 보여 준다. 경영진이나 단기 주주들과 같은 일부 이해 당사자들에게 좋은 것이 노동자나 납품 업체 등 다른 이해 당사자들에게는 좋지 않을 수 있다. 이는 결국 단기적으로 기업에 좋은 것이 장기적으로는 기업에 결코 좋지 않을 수 있다는 것, 즉 오늘의 GM에게 좋은 것이 내일의 GM에는 좋지 않을 수도 있다는 뜻이다.

어쩌면 일부 독자들, 심지어 이 논리에 수긍하는 독자들마저 이것이 미국에만 국한되는 예외적인 일이 아닐까 하는 생각을 할지도 모르겠다. 과소 규제가 미국에서는 문제를 일으켰을 수 있지만 대부분의 다른 나라에서는 과다 규제가 문제 아닌가?

299가지
허가

1990년대 초, 홍콩에서 발행되는 영자 경제 주간지 『파 이스턴 이코노믹 리뷰(*Far Eastern Economic Review*)』가 한국에 관한 특집호를 펴냈다. 그 중 한국에서 공장을 하나 열려면 199개 기관에서 299개의 허가를 받아야 하는데도 이전 30년간 연평균 6퍼센트의 놀라운 성장을 기록했다며 이를 수수께끼 같다고 묘사하는 기사가 있었다. 어떻게 이런 일이 가능한가? 그렇게 억압적인 규제들이 존재하는 나라가 어떻게 그렇게 빠르게 성장할 수 있을까?

이 수수께끼에 대한 설명을 하기 전에 먼저 겉으로 보기에 엄청난 규제가 있으면서도 활력이 넘치는 경제 성장을 이룩한 나라가 비단 1990년대 이전 한국만이 아니라는 사실을 지적하고 싶다. 1950년대 부터 1980년대까지 기적적인 성장률을 보였던 일본과 타이완도 사정 은 비슷했다. 중국 경제 또한 지난 30년 동안 빠르게 성장하면서도 엄 격한 규제하에 있었다. 이와는 대조적으로 라틴 아메리카와 사하라 이남 아프리카 지역의 많은 개발도상국들은 기업 활동을 촉진하고 경 제 성장을 가속화해 보려는 희망을 품고 일련의 규제 완화 조치를 실 시했다. 그러나 이상하게도 이 나라들에서는 과도한 규제로 성장이 지연되었다고 간주되는 1960년대와 1970년대보다 1980년대 이후 성 장 속도가 훨씬 더 떨어졌다(Thing 7, 11 참조).

사업 경험이 없는 사람들에게는 이상하게 들릴지 모르지만 사업가 들은 결국 돈을 충분히 벌 수 있다는 계산이 서면 299개의 허가를 받 는 것도 (들킬 우려만 없으면 뇌물을 써서 일을 간단하게 만들기도 하면서) 마 다하지 않는다는 사실이 이 수수께끼에 대한 첫 번째 설명이다. 따라 서 빠르게 성장하고 있고, 좋은 사업 기회를 계속 찾아낼 수 있는 나 라에서라면 299개의 허가를 받아야 하는 고충을 감수하고서라도 너 도나도 새로운 사업을 시작하고 싶어 하는 것이다. 반대로 별로 돈을 벌 확률이 없는 곳에서는 29개를 허가받는 것도 너무 성가셔 보일 것 이다.

이보다 더 중요한 점은 기업 활동을 엄격하게 규제하는 나라들이 경제적으로 성공을 거둔 이유는 많은 경우 규제가 실제로 기업 활동 에 도움을 주기 때문이라는 사실이다.

단기적으로는 많은 이윤을 낼 수 있는 기업 활동에 제재를 가해 모든 기업이 함께 사용해야 하는 공유 자원을 보호하기 위한 규제도 있다. 예를 들어 과밀한 어류 양식을 규제하면 개별 양식업자의 이윤은 줄어들지 모르지만 모든 어류 양식업자들이 공동으로 이용해야 하는 수질을 보호하는 효과를 볼 수 있다. 예를 하나 더 들어 보자. 어린이들을 고용하면 개별 기업의 임금 지출을 줄일 수 있다. 그러나 아동 노동이 확산되면 아이들의 육체적 정신적 발육을 저해해서 장기적으로는 노동력의 질을 떨어뜨린다. 따라서 아동 노동에 대한 규제가 장기적으로는 기업 부문 전체에 도움이 된다. 또 다른 예로 공격적인 대출을 하면 개별 은행은 더 많은 이윤을 올릴 수 있을지 모르지만 모든 은행이 똑같이 공격적인 대출을 하면 2008년 글로벌 금융 위기에서 봤듯이 금융 시스템 자체가 붕괴될 위험이 높아져 결국 모든 은행이 위험에 처하게 된다. 은행들에 대한 규제가 즉각적인 혜택을 가져오지는 못하더라도 장기적으로는 은행들 모두를 돕는 길이 될 수도 있다는 뜻이다(Thing 22 참조).

기업들이 장기적으로 지속 가능한 발전에 저해되는 행위를 못하도록 하는 것만이 규제는 아니다. 때로 기업들로 하여금 개별 기업의 이익에는 부합되지 않지만 장기적으로 산업 부문 전체의 생산성을 높일 수 있는 조치를 강제로 취하게 하는 기능도 한다. 예를 들어 기업은 노동자 교육에 충분히 투자하지 않는 경향이 있다. 무임승차를 노리는 다른 기업에서 기껏 훈련시켜 놓은 사람을 낚아채 갈 위험이 있기 때문이다. 이런 상황에서는 정부가 나서서 모든 기업에게 강제로 노동자 교육을 시키게 하면 전체 노동력의 질이 올라가고 궁극적으로 모든 기업이 혜택을 보게 된다. 또 다른 예로 해외에서 기술을 수입해야 하는 개발도상국의 경우 정부는 기업이 지나치게 낡은 외국 기술을 도입하는 것을 금지할 수 있다. 이런 기술을 들여오는 기업은 단기적으로는 국내 경쟁자를 따돌릴 수 있을지 모르지만 장기적으로는 장래성 없는 기술에서 벗어나지 못할 위험이 있으므로 정부 규제는 장기적인 생산성 향상을 도모하는 데 기여할 수 있다.

마르크스는 정부가 자본가 계급의 집단적 이익을 위해 기업 활동의 자유를 제한하는 것을 가리켜 '부르주아 계급의 집행 위원회' 노릇에 비유했다. 그러나 개별 기업의 자유를 제한하는 규제가 산업 부문 전체의 집단적 이익, 나아가서는 나라 전체의 이익에 도움이 될 수 있다는 것은 마르크스주의자가 아니라도 알 수 있다. 규제들 중에는 반기업적인 것보다 친기업적 성격을 띤 것들이 더 많다. 많은 수의 규제들이 기업 모두가 사용하는 공유 자원을 보존하고, 장기적으로 산업 부문 전체의 집단적 생산력을 향상할 수 있는 기업 활동을 장려하는 기능을 한다. 이런 사실을 인식해야만, 문제는 규제의 절대량이 아니라 규제의 목적과 내용이라는 점을 이해할 수 있을 것이다.

우리는 여전히
계획 경제 속에서 살고 있다

● 그들은 이렇게 말한다

공산주의가 무너지면서 경제 계획에는 한계가 있다는 사실이 만천하에 알려졌다. 복잡한 현대 경제 시스템에 계획이라는 것은 가능하지도 않고 바람직하지도 않다. 비중앙 집중적 의사 결정만이 언제나 수익 창출의 기회를 노리는 개인과 기업에 기반을 둔 시장 메커니즘을 통해 복잡한 현대 경제를 지탱해 줄 수 있다. 우리는 이 복잡하고 끊임없이 변하는 세상에서 무엇인가를 계획할 수 있다는 환상에서 벗어나야 한다. 계획은 적을수록 더 좋다.

● 이런 말은 하지 않는다

자본주의 경제도 계획되는 부분이 많다. 공산주의 경제의 중앙 계획보다 훨씬 더 제한적이기는 하지만 자본주의 경제의 정부 역시 계획을 세우고 실행에 옮긴다. 모든 자본주의 정부는 연구개발과 인프라 투자에 필요한 재원의 상당 부분을 지원하고 있고, 또 대부분의 자본주의 정부가 국영 기업의 사업

방향을 정하는 방식으로 경제의 상당 부분을 계획한다. 부문별 산업 정책을 통해 미래의 산업 구조를 계획하는 경우도 많으며, 심지어 유도 계획(indicative planning)을 통해 국민 경제의 미래 모습까지 설계하기도 한다. 더 중요한 것은 현대 자본주의 경제는 국경을 넘나들 정도로 큰 규모의 위계질서를 갖춘 대기업들로 이루어져 있고, 이 기업들은 세세한 부분까지 모두 계획을 세우고 그것에 입각해 경제 활동을 한다는 사실이다. 문제는 계획의 수립 여부가 아니라 적절한 수준에서 적절한 계획을 하는지에 달려 있다.

로켓을 만드는
오트볼타

1970년대에 서구 외교관들은 소련을 일러 '로켓을 보유한 오트볼타'라 불렀다. 모욕적인 이름이다. 소련이 아니라 오트볼타에게 말이다. 1984년에 부르키나파소로 이름을 바꾼 오트볼타는 세계 빈곤 순위에서 최하위 근처에도 가본 적이 없는데도 소련 때문에 가난한 나라의 대명사로 전락해 버렸으니 적절한 별명이라고 할 수는 없겠다. 하지만 이 별명에는 소비에트 경제가 무엇이 잘못되었는지 간결하게 요약되어 있다.

인간을 우주로 보낼 능력을 가진 나라에서, 국민은 빵이나 설탕 같은 기초 식료품 하나를 사려 해도 길게 줄을 늘어서야 한다. 대륙간탄도미사일과 핵잠수함은 문제없이 대량 생산해 내지만 괜찮은 텔레비전 하나도 제대로 만들지 못한다. 1980년대 모스크바에서 발생한화재 원인 중 두 번째로 많았던 것이 (믿거나 말거나) 텔레비전 폭발이었다고 한다. 소련의 일류 과학자들은 자본주의 국가의 과학자들 못지않게 유능했지만 나머지 소련 국민들은 그만큼 유능하지 못했나 보다. 도대체 어떻게 된 일일까?

기계, 공장 건물, 도로 같은 '생산수단'의 집단 소유에 기반을 둔 계급 없는 사회라는 공산주의적 비전을 추구한 소련과 그 동맹국들은 완전 고용과 높은 수준의 평등을 목표로 내걸었다. 생산수단을 누구도 소유할 수 없으므로 (작은 식당이나 미용실처럼 사소한 예외는 있으나) 모든 기업은 실질적으로 전문 경영인들이 운영했다. 그 때문에 헨리 포드나 빌 게이츠 같은 비전을 지닌 기업가들이 나오기 힘들었다. 높은 수준의 평등을 실현해야 한다는 정치적 목표 때문에 소련의 경영자들은 아무리 경영 성과가 좋아도 많은 보수를 받을 수 없었다. 당시 소련에 소비자들이 절실히 필요로 하는 상품들을 생산할 만한 첨단 기술이 없었던 것은 아니다. 그러나 경영자들 입장에서는 이런 기술로 좋은 상품을 생산해서 경영 성과를 올리려 발버둥칠 만한 인센티브가 부족했다. 더욱이 무슨 일이 있어도 완전 고용을 유지해야 한다는 정책으로 말미암아 경영자들은 노동 규율을 바로잡기 위한 최후의 방법, 즉 해고 위협이라는 수단을 사용할 수 없었기 때문에 노동자들은 일을 대충 하고 결근도 잦았다. 후에 소련 경제 개혁에 나선 고르바초프는 노동 규율 문제를 자주 언급했다.

물론 공산주의 국가라고 해서 열심히 일하거나 회사를 잘 경영하려 하는 사람이 아무도 없었다는 말은 아니다. 자본주의 국가에서도 사람들이 오로지 돈을 위해서만 일하는 것은 아니지만(Thing 5 참조) 공산주의 국가는 이기적이지 않은 인간 본성을 훨씬 더 기대하고 경제를 구축했고, 사실 어느 정도 성공을 거두기도 했다. 특히 공산주의 초기에는 새로운 사회를 건설하겠다는 이상이 넘쳐흘렀고, 소련은 2차 대전 기간과 그 직후 애국심으로 끓어올랐다. 모든 공산주의 국가에는 전문가 정신과 자긍심을 가지고 맡은 일을 열심히 하는 헌신적인 경영자와 노동자들이 많았다. 더욱이 1960년대쯤 되어서는 공산주의 국가들도 초기의 이상적 평등주의를 포기하고 현실주의를 따르게 된다. 성과급이 자리 잡게 되었고, 이에 따라 인센티브 문제도 완전히 사라지지는 않았으나 어느 정도 완화되었다.

그럼에도 경제 체제는 제대로 기능하지 못했다. 시장 시스템보다 더 효율적인 대안이라고 했던 공산주의 중앙 계획 시스템의 비효율성 때문이었다.

공산주의 이론이 내세우는 중앙 계획 시스템의 정당화는 상당히 견고한 논리에 기반을 두고 있었다. 마르크스와 그 추종자들에 따르면 자본주의의 근본 문제는 생산 과정의 사회적 성격과 생산수단의 사적 소유라는 성격 사이의 모순이다. 자본주의 경제가 발전하는 과정(혹은 마르크스주의자들의 용어로는 '생산력이 발전하는 과정')에서는 기업들 간의 분업 정도가 보다 진전되면서 기업들이 점점 더 서로에게 의존하게 된다.(혹은 '생산 과정'의 '사회적 성격'이 강화된다.) 그러나 이렇게 기업들이 서로에게 의존하는 정도가 커지는 데 반해 각 기업의 소유권은 여전히 개별 자본가들이 확고하게 장악하고 있기 때문에 상호 의존적인 기업들의 행동을 조정하는 것이 불가능해진다는 말이다. 물론 가격 변동을 통해 어느 정도 사후 조정이 이루어지기는 하지만 그 범위가 제한적이고, (비마르크스주의 용어로 표현하자면) '조정 실패 (coordination failures)'에 따른 수요-공급의 불균형은 주기적 경제 위기로 폭발한다는 것이 마르크스주의자들의 주장이었다. 이런 경제 위기가 발생하면 소중한 자원들이 대규모로 낭비된다. 예를 들어 팔리지 않는 상품이 폐기되고, 이런 상품을 만드는 데 사용되던 기계는 고철이 되며, 일할 능력과 의사가 있는 노동자들이 해고된다. 마르크스주의자들은 자본주의가 발전할수록 이런 체제적 모순은 더욱 커질 수밖에 없고, 그에 따라 경제 위기가 갈수록 격렬하게 전개되다가 마지막에는 시스템 자체가 무너지게 되리라고 예측했다.

반면 중앙 계획 시스템에서는 모든 생산수단을 사회 전체가 공동으로 소유하기 때문에 서로 의존하는 생산 단위(기업)들의 활동이 단일한 계획에 따라 사전 조정될 수 있다고 마르크스주의자들은 주장했다. 사전 조정으로 어떤 조정 실패의 가능성도 차단해 버리기 때문에 수요와 공급의 균형을 이루기 위해 주기적인 경제 위기를 겪지 않아도 된다는 것이다. 그래서 중앙 계획 시스템에서는 '필요한 물품'만 정확히 생산할 수 있고, 경제 위기가 일어나지 않아서 낭비되는 자원도 전혀 없기 때문에 중앙 계획 시스템이 시장 경제 시스템보다 경제를 훨씬 더 효율적으로 운영할 수 있다고 마르크스주의자들은 주장했다.

적어도 이론적으로는 그렇다는 말이다. 불행하게도 중앙 계획 시스템은 현실에서는 제대로 돌아가지 않았다. 주된 문제는 바로 복잡성에 있었다. 생산력이 발달할수록 자본의 서로 다른 부분들이 점점 더 서로에게 의존하게 되면서 중앙의 계획 수립이 더더욱 필요하다는 마르크스주의자들의 생각은 옳았을 수 있다. 하지만 그들은 생산력이 발전하면 경제가 더 복잡해져서 중앙에서 계획을 수립하는 것 역시 더 어려워진다는 사실을 미처 파악하지 못했다.

중앙 계획 시스템은 초기 소련의 산업화가 성공을 거둔 데에서 볼 수 있듯이 목표가 비교적 단순하고 명확할 때에는 잘 굴러갔다. 당시 소련 정부의 주된 과제는 철강, 트랙터, 밀, 감자같이 몇 가지 안 되는 핵심 재화를 대량으로 생산하는 것이었다. 그러나 경제가 발전하면서 현재 생산하거나 앞으로 생산할 제품과 재화들의 수가 많아지고 종류도 점점 다양해지자 중앙 계획은 갈수록 어려워졌다. 물론 경제 발전과 더불어 경제 계획에 필요한 경영 기법과 경영에 필요한 계산 능력, 컴퓨터 등도 같이 발전했기 때문에 계획을 수립하는 능력 역시 향상되기는 했다. 그러나 이 복잡해지는 경제를 제대로 다룰 수 있을 정도로 능력이 향상된 것은 아니었다.

이런 문제에 대한 확실한 대안으로 생산하는 제품의 다양성을 제한하는 방법이 있기는 했으나 그 방법은 소비자들의 엄청난 불만을 야기했다. 게다가 이렇게 제품의 다양성을 제한하고도 계획으로 풀기에는 경제가 너무 복잡했다. 예를 들어 어떤 제품들은 불필요할 정도로 많이 생산되는 바람에 남아돌았고, 다른 제품들은 너무 부족해서 국영 상점 앞에 길게 늘어선 줄이 이 나라의 일상 풍경이 되었다. 1980년대 공산주의 체제가 와해되기 시작할 무렵에는 약속을 제대로 이행하지 못하는 중앙 계획 시스템에 대한 냉소주의가 만연해서, "우리는 일을 하는 척하고 그들은 보수를 주는 척한다."라는 우스개가 공산주의 국가들에 유행할 정도였다.

베를린 장벽의 붕괴를 계기로 공산당들이 권좌에서 축출된 이후 중앙 계획 시스템이 구(舊)공산권에서 일제히 폐기된 것은 그리 놀라운 일이 아니었다. 중국이나 베트남 같은 나라들처럼 표면적으로 공산주의를 고수하는 나라들마저 국가가 경제를 통제하는 정도는 여전히 강하지만 점차 중앙 계획은 포기하고 있다. 쿠바나 북한에 사는 사람들을 제외하면 결국 우리는 모두 시장 경제 시스템에서 살고 있다. 계획 경제 시대는 지나간 것이다. 하지만 정말 그럴까?

계획도
계획 나름이다

공산주의 체제가 실질적으로 사라졌다고 해서 경제 계획이 더 이상 존재하지 않는다는 의미는 아니다. 비록 공산주의 국가에서 중앙 계획 당국이 추진했던 것처럼 전면적인 방식은 아니지만 자본주의 국가의 정부 역시 경제를 계획하기 때문이다.

심지어 자본주의 경제에서도 예를 들어 전시(戰時)처럼 중앙 계획이 더 효율적인 상황이 있다. 이를테면 2차 대전 당시 교전국 중 주요 자본주의 국가였던 미국, 영국, 독일은 단지 계획 경제라는 이름만 사용하지 않았을 뿐 모든 것을 중앙에서 계획했다.

그러나 더 중요한 것은 많은 자본주의 국가들이 '유도 계획'을 성공적으로 사용해 왔다는 사실이다. 이것은 자본주의 국가에서 정부가 전략 사업에 대한 투자, 사회 기간 시설 개발, 수출 증진 등 주요 경제 변수에 관해 대강의 목표를 세운 다음 민간 부분과 충돌이 아닌 협조를 통해 그 목표를 이루려 노력을 기울이는 방법을 말한다. 중앙 계획 시스템과 달리 유도 계획의 목표는, '유도'라는 단어가 의미하듯이 법률적 구속력을 갖지는 않는다. 하지만 정부는 보조금 지급, 시장 독점권 부여 등 다양한 당근과 각종 규제, 국영 은행을 통한 자금 압박 등 채찍을 뜻대로 활용하며 정책 목표를 달성하기 위해 노력한다.

1950년대 및 1960년대에 걸쳐 프랑스는 유도 계획을 통해 투자 확대와 기술 혁신에 성공하면서 영국을 제치고 유럽 2위의 산업 강국으로 떠올랐다. 또 핀란드나 노르웨이, 오스트리아 같은 다른 유럽 나라들도 1950년대부터 1970년대 사이에 같은 방법을 통해 경제 고도화에 성공했다. 동아시아의 기적을 일궈 낸 일본, 한국, 타이완의 경우에도 1950년대부터 1980년대 사이에 유도 계획을 활용했다. 그렇다고 유도 계획을 쓴 모든 나라가 성공했다는 말은 아니다. 인도 같은 사례도 있기 때문이다. 하지만 유럽과 아시아의 이 같은 성공 사례들을 보면 어떤 형태의 경제 계획은 자본주의 체제와 양립할 수 있으며, 경우에 따라서는 오히려 자본주의의 발전을 촉진할 수도 있음을 알게 된다.

더욱이 경제 전체에 대해 명시적으로, 하다못해 유도적인 방법으로라도 계획을 하지 않는 경우에도 대다수 자본주의 국가의 정부가 핵심 부문에 대한 계획만큼은 세우고 추진하는 것이 사실이며, 이런 정책은 결국 전체 경제에 영향을 미친다(Thing 12 참조).

대다수의 정부는 이른바 '부문별 산업 정책'을 통해 핵심 산업 일부의 미래를 계획하고 틀을 잡는다. 유도 계획을 사용했던 유럽과 동아시아 국가들은 모두 부문별 산업 정책 역시 적극적으로 수행했다. 유도 계획을 사용하지 않은 스웨덴이나 독일 같은 나라들도 부문별 산업 정책은 추진했다.

대다수 자본주의 국가의 정부는 국영 기업을 통해 국민 경제의 상당 부분을 소유하고 종종 직접 운영하기도 한다. 국영 기업은 철도와 도로, 항만, 공항 같은 핵심 인프라 부문이나 수도와 전기, 우편 등 필수적인 서비스 부문에 많지만 제조업이나 금융 부문에도 있다. (국영 기업에 대해서는 『나쁜 사마리아인들』 5장 '인간이 인간을 착취한다'를 참조하기 바란다.) 국민총생산에서 국영 기업이 차지하는 비중은 싱가포르처럼 20퍼센트를 웃돌기도 하고 미국처럼 1퍼센트 정도에 불과한 경우도 있지만 세계 평균은 10퍼센트 정도에 달한다. 정부는 국영 기업의 운영을 계획하는데, 이 말은 각국 자본주의 경제의 상당 부분을 정부가 직접 계획한다는 의미이다. 국영 기업들이 운영하는 산업은 나머지 경제에 엄청난 영향을 미치는 부문들이라는 점을 감안하면, 국영 기업을 통한 경제 계획이 경제 전반에 미치는 간접 효과는 국민총생산 중 국영 기업의 비중으로 나타나는 수치보다 훨씬 크다고 보아야 한다.

이뿐 아니다. 모든 자본주의 국가의 정부는 그 나라의 전체 연구개발비에서 막대한 부분(20~50퍼센트)을 부담하면서 국가 기술의 미래를 계획한다. 흥미롭게도 이런 관점에서 보면 미국은 세계에서 가장 계획된 자본주의 경제 중의 하나이다. 1950년대에서 1980년대 사이 각국의 전체 연구개발비 가운데 정부 지원금이 차지하는 비율을 보면, 이른바 자유 시장 국가라는 미국이 47~65퍼센트인 데 반해 한국과 일본은 대략 20퍼센트 선이었고 벨기에, 핀란드, 독일, 스웨덴 같은 몇몇 유럽 국가들은 40퍼센트 미만이었다.[1] 미국의 이 같은 비율은 1990년대 이후 냉전 시대의 종식과 더불어 군사적 목적의 연구개발 지원이 줄어들면서 낮아지기는 했다. 그렇다 하더라도 연구개발 부문에서 정부가 차지하는 비중은 미국이 다른 자본주의 국가들에 비해 여전히 높다. 미국이 국제적으로 기술 우위에 있는 산업 중 대다수가 국방 프로그램(컴퓨터·반도체·항공) 및 보건 프로젝트(제약·생명공학) 등 정부의 연구개발비를 지원받은 부문이라는 점은 의미심장하다.

물론 1980년대 이후 시장주의 이데올로기가 득세하면서 대다수의 자본주의 국가에서 정부 계획이 축소된 것은 사실이다. 유도 계획은 심지어 이를 통해 상당한 성공을 거둔 나라까지 포함해 대다수의 국가에서 서서히 자취를 감추었다. 또 전부는 아니지만 많은 국가에서 민영화가 추진되면서 국영 기업이 국민총생산과 투자에서 차지하는 비중이 떨어졌다. 대다수의 경우 그 하락 폭이 아주 크지는 않지만 전체 연구개발비에서 정부 지원이 차지하는 비중도 거의 모든 자본주의 국가에서 감소했다. 하지만 최근 들어 이렇듯 정부 계획이 상대적으로 축소되었는데도 불구하고 나는 자본주의 국가들의 경제 계획은 여전히 광범위하며 오히려 확대되고 있다고 주장한다. 이 주장의 근거는 무엇일까?

계획이냐 아니냐?
그것이 문제가 아니로다

어떤 기업의 신임 CEO가 취임사에서 이렇게 말했다고 생각해 보자. "나는 시장의 힘을 굳게 믿습니다. 지금처럼 급변하는 세상에서 우리는 고정된 전략을 세우지 않고 최대한 유연하게 대처해야 합니다. 이제 우리 회사의 모든 직원들은 경직된 경영 계획이 아니라 끊임없이 변동하는 시장 가격에 맞춰 그때그때 대응하게 될 것입니다." 이 기업은 어떻게 될까? 21세기에 적합한 비전을 지닌 지도자라고 직원들이 환영할까? 주주들은 새로운 사장의 시장 친화적인 접근 방식에 환호하며 보수를 올려 줄까?

아마 그는 채 일주일도 버티지 못할 것이다. 사람들은 그가 지도자 자질이 없다고 말할 것이다. 언젠가 아버지 부시가 한 말을 빌리면 그는 '비전이라는 것(vision thing)'이 부족하다고 비난받을 것이다. 최고 의사 결정권자라면 기업의 미래를 그냥 흘러가는 대로 내버려 둘 것이 아니라 스스로 만들어 나갈 의지를 가져야 한다고 지적받을 것이다. 시장 신호를 맹목적으로 따라가는 식으로 기업을 경영하는 것은 안 된다고 이야기할 것이다.

사람들은 새로운 CEO가 이렇게 말해 주기를 기대할 것이다. "여기가 바로 우리 회사가 오늘 서 있는 곳입니다. 저기는 바로 10년 후 내가 회사를 이끌고 가서 서게 될 곳입니다. 그곳에 도달하려면 우리는 A 분야와 B 분야, C 분야에 새로 진출해야 하며, D 분야와 E 분야는 단계적으로 축소해 나가야 합니다. D 분야에 있는 우리 자회사는 매각할 것입니다. 또 우리나라에 있는 E 분야 자회사는 문을 닫지만 일부 생산 설비는 중국으로 이전할 수도 있습니다. A 분야에 자회사를 설립하기 위해서는 기존 사업에서 발생하는 이윤으로 자금을 조달해야 합니다. 그리고 B 분야로 진출하려면 일본의 카이샤사(社)와 전략적 제휴를 체결해야 합니다. 제휴 조건에는 우리가 생산하는 일부 원부자재를 시장 가격 이하로 공급해 주는 것을 포함할 수도 있습니다. C 분야의 사업 영역을 확대하기 위해서는 앞으로 5년간 연구개발 투자를 늘려야 합니다. 이 모든 것들로 인해 가까운 미래에 회사 전체에 막대한 적자가 발생할 수도 있습니다. 그러나 이것은 밝은 앞날을 위해 우리가 지불해야 할 대가입니다." 간단히 말해 사람들은 CEO가 '계획을 하는 사람'이기를 원한다.

기업들은 사업 계획을 세운다. 그것도 아주 세세한 부분까지 말이다. 마르크스가 경제 전반을 중앙에서 계획한다는 아이디어를 얻은 것도 바로 기업들이 세우는 사업 계획에서였다. 마르크스가 계획을 이야기하던 당시는 경제 계획을 세워서 실행하는 정부는 세계 어디에도 없었다. 그 시대에는 오직 기업만이 계획을 세웠다. 마르크스는 자본주의 기업이 회사 내부 경영에 활용하는 '합리적' 계획 방식이 결국 시장의 소모적인 혼란 상태보다 우월하다고 입증될 테고, 이 방식은 결국 기업 내부에서 경제 전체로 확산되리라고 예언했다. 물론 그는 기업 내에서 이루어지는 계획을 자본가 독재라고 비판했다. 그러나 사유 재산 제도를 폐지하고 자본가들을 몰아낸 뒤 이런 기업 내부의 독재(계획)에서 합리적 핵심만을 따로 분리해 내면 사회 전체를 향상시키는 데 활용할 수 있다고 믿었다.

자본주의의 발전에 따라 거대 기업이 지배하는 경제 영역이 점점 더 확대되어 왔다. 이는 자본주의 경제에서 계획에 따라 운영되는 영역이 사실상 늘어나고 있음을 의미한다. 구체적인 예를 하나 들어 보자. 추정 방법에 따라 다소 차이는 있겠으나 오늘날 국제 무역량 가운데 3분의 1에서 절반에 해당하는 양이 초국적 기업 내부의 거래, 즉 여러 나라에 분산된 본사와 자회사들 간의 거래로 추산된다.

1978년도 노벨 경제학상 수상자이자 기업 조직 연구의 선구자인 허버트 사이먼은 1991년에 쓴 논문 「조직과 시장(Organizations and Markets)」에서 이에 대해 간결하게 설명한 바 있다(Thing 16 참조). 그는 아무런 편견이 없는 화성인이 지구로 와서 우리 경제를 관찰한다면 과연 지구인들이 시장 경제 시스템에서 살고 있다고 생각할까라는 질문을 던진다. 사이먼은 그 화성인이 '그렇지 않다'는 답을 할 것이라 말한다. 그 화성인은 지구인들이 조직된 경제 내에서 생활한다고 결론지을 것이다. 지구 경제 활동의 태반이 서로 다른 기업들 사이의 시장 거래를 통해서가 아니라 기업(조직) 내부에서 조정되며 이루어지고 있기 때문이다. 만약 이 화성인이 지구상의 기업을 녹색으로, 시장(거래)을 빨간색으로 표시하면 어떤 형상이 나타날까. 그것은 아마

'녹색 점을 연결하는 빨간 선의 네트워크'가 아니라 '빨간 선으로 상호 연결된 큼직한 녹색 영역들의 집합'이 될 것이라고 사이먼은 주장한다.[2] 그런데도 우리는 경제 계획은 죽었다고 생각한다.

사이먼은 정부의 계획에 대해서는 그다지 많이 이야기하지 않았다. 만약 정부의 계획까지 고려하면 현대 자본주의 경제는 사이먼의 화성인들이 본 것보다 계획에 따라 돌아가는 정도가 훨씬 클 것이다. 현대 자본주의 경제는 각 기업의 내부 계획과 정부의 다양한 계획들을 합치면 고도의 계획 경제인 셈이다. 이런 식의 관찰에서 파악할 수 있는 재미있는 현상은 부유한 나라가 가난한 나라보다 더 계획적이라는 것이다. 선진국의 경우 거대 기업이 광범위하게 존재하는 데다 정부의 존재 역시 경제 영역의 구석구석에 더욱 광범위하게 배어 있기 때문이다. (물론 선진국 정부는 더 은근한 방법으로 개입하므로 눈에 잘 띄지는 않는다.)

그렇다면 문제는 계획이냐 아니냐가 아니다. 각각의 다른 경제 부문에 적절한 계획의 형태와 수준을 정하는 것이 문제이다. 공산주의자들이 추구했던 중앙 계획 시스템의 실패를 고려하면 경제 계획에 대한 편견을 이해할 수는 있다. 그러나 경제 계획에 대한 편견에서 벗어나지 못하면 정부 정책과 기업의 사업 계획, 시장에서의 관계 등이 모두 필수 요소로 복잡하게 얽혀 있는 현대 경제의 성격을 이해할 수 없다. 시장이 없다면 우리 경제는 소련처럼 비효율적 시스템으로 전락할 것이다. 그러나 우리가 시장 하나만으로도 살아갈 수 있다는 생각은, 소금이 우리의 생존에 필수적인 요소이므로 소금만 먹어도 살아갈 수 있다고 믿는 것이나 다를 바 없다.

Thing

20

기회의 균등이 항상 공평한 것은 아니다

● 그들은 이렇게 말한다

많은 사람들이 불평등에 대해 분노한다. 하지만 평등도 평등 나름이다. 노력과 성취의 크기에 상관없이 모든 사람에게 똑같이 보상할 경우 재능 있고 노력을 많이 하는 사람들은 성취동기를 잃어버린다. 이것이 바로 결과의 평등인데, 결코 좋은 시스템이라고 할 수 없다. 공산주의의 몰락이 그 증거이다. 우리가 추구해야 할 평등은 기회의 균등이다. 예를 들어 남아프리카공화국에서 인종 분리 정책이 한창일 때 우수한 흑인 학생이 흑인이라는 이유만으로 백인 학생들이 다니는 좋은 대학에 가지 못하는 것은 부당할 뿐 아니라 비효율적이다. 모든 사람에게는 균등한 기회를 주어야 한다. 그러나 역차별 정책을 사용해서 단지 흑인이라거나 가난한 집 출신이라는 이유만으로 자질이 못 미치는 학생들을 좋은 학교에 입학시키는 것 역시 부당하고 비효율적이다. 이런 식으로 결과의 평등을 추구할 경우 사람들의 타고난 재능을 제대로 활용하지 못하는 것은 물론 최고의 능력을 가진 사람과 최선의 노력을 기울이는 사람들이 손해를 보게 되기 때문이다.

● 이런 말은 하지 않는다

기회의 균등은 공정한 사회를 이룩하기 위한 출발점이다. 하지만 이것만으로는 충분하지 않다. 물론 훌륭한 성과를 올린 사람은 충분한 보상을 받아야 한다. 그러나 문제는 모든 사람이 같은 조건에서 경쟁을 했는가 하는 것이다. 어떤 아이가 배가 고파서 수업 시간에 제대로 집중하지 못한다면 선천적으로 능력이 떨어지기 때문에 성적이 나쁘다고 말할 수 없다. 공정한 경쟁이 되려면 그 아이도 다른 아이들처럼 배불리 먹을 수 있어야 한다. 집에서는 생계비 지원을 받아 식사를 할 수 있도록 하고, 학교에서는 무료 급식을 통해 밥을 굶지 않도록 보살펴야 한다. 기회의 균등이 진정한 의미를 가지려면 일정 수준 이상의 결과의 균등이 보장되어야 한다. 말하자면 부모가 아이를 굶기지 않을 정도로는 돈을 벌 수 있어야(결과의 균등) 그 아이도 같은 조건에서 다른 아이들과 경쟁을 할 수 있는 것이다.

교황보다 더 독실한
가톨릭 신자?

라틴 아메리카에서는 '교황보다 더 독실하다.'는 표현이 자주 쓰인다. 주변부 국가가 종교적, 경제적, 사회적 원칙을 적용하면서 그 사상이 나온 본고장보다 원칙을 더 엄격하게 지키려 하는 현상을 가리키는 말이다.

우리 한국 사람들은 교황보다 더 독실하기로 치면 둘째가라면 서러

위할 민족이다. (글자 그대로 온 국민이 가톨릭 교인이라서 그렇다는 말이 아니다. 가톨릭 신자는 국민의 10퍼센트밖에 되지 않는다.) 한국은 사실 작은 나라가 아니다. 1945년 국토가 양분되기 전까지 천 년 넘게 한 나라로 살아온 남북한 인구를 합치면 7천만 가까이 된다. 그러나 중국, 일본, 러시아, 미국 등 강대국의 이해가 충돌하는 한가운데 자리 잡고 있어서 주변 강대국의 이데올로기를 받아들이고 본고장보다 더 철저하게 적용하는 데 능숙해졌다. 공산주의를 하겠다고 마음먹은 북한은 러시아보다 더 철저한 공산주의를 했다. 1960년대부터 1980년대에 일본식 정부 주도 자본주의를 하겠다고 마음먹은 남한은 일본보다 더 철저히 정부 주도 자본주의를 실시했다. 미국식 자본주의로 스타일을 바꾸겠다고 마음먹은 후에는 미국인들에게 자유 무역의 장점을 설교하면서 금융 시장과 노동 시장을 사방팔방으로 완전히 개방하여 미국인들을 무색하게 했다.

그러니 중국의 영향권에 있던 19세기까지 한국이 중국보다 더 유교적이었던 것은 어찌 보면 당연한 일이다. 유교는 기원전 5세기에 살았던 중국의 정치 사상가 공자의 가르침에 바탕을 둔 문화 체계로, 이런 문화적 배경을 가진 나라 몇몇이 경제적으로 성공하는 것을 보고 유교 문화야말로 경제 발전에 적합하다고 생각하는 사람들이 많다. 그러나 유교는 20세기 후반 들어 현대식 자본주의의 요건에 맞게 변형되기 전까지만 해도 전형적인 봉건 이데올로기였다.[1]

대부분의 봉건 이데올로기와 마찬가지로 유교에서도 타고난 신분에 따라 직업 선택이 제한되는 엄격한 신분 사회를 옹호했다. 따라서 아무리 재능이 뛰어나도 미천하게 태어난 사람은 신분 상승이 불가능했다. 유교 사회에서는 사회의 초석이라고 여긴 농부들과 다른 노동 계급 사이에 큰 차이를 두었다. 그 한 예로 평민들 중에서는 농부의 아들들에게만 정부 관료 시험인 과거에 응시해서 지배 계급에 편입할 기회를 주었다. 비록 농부의 아들은 엄청나게 어려운 이 시험에 필요한 교육을 받을 기회가 없어 합격할 확률이 아주 적었지만, 아무리 능력이 뛰어나도 과거장에 들어갈 자격조차 없는 장인이나 상인의 아들들보다는 나은 조건이라 할 수 있다.

공자를 낳은 중국은 유교 이데올로기를 해석하는 데 좀 더 실용적인 접근 방식을 취할 만한 자신감이 있었기 때문에 장인과 상인 출신들에게도 과거를 볼 기회를 주었다. 그러나 공자보다 더 철저한 공자였던 한국에서는 고집스럽게 원칙을 적용해서 아무리 재능이 있는 사람도 부모를 '잘못 만났다'는 이유만으로 이런 기회를 주는 것을 거부했다. 한국에서 이 전통적인 신분 제도가 완전히 철폐되고 출생 신분이 개인의 성취를 제약하지 않게 된 것은 일본의 식민 지배(1910~1945)에서 벗어난 이후의 일이었다. 그러나 요즘 말로 하면 엔지니어와 기업인이라고 할 수 있는 장인과 상인들에 대한 편견은 몇 십 년 동안 사라지지 않다가, 경제 발전 이후 이런 직업의 위상이 변한 후에야 인기 있는 직종으로 부상했다.

사람들에게 균등한 기회를 제공하지 않은 것은 물론 봉건 시대의 한국만이 아니다. 유럽의 봉건 사회에도 비슷한 제도가 있었으며, 인도에서는 비공식적이기는 하지만 지금도 카스트 제도가 영향력을 발휘하고 있다. 신분 제도만 기회의 균등을 막은 것이 아니다. 2차 대전 전까지도 여자들이 공직에 진출할 기회를 주지 않는 나라가 많았다. 사실 그때까지 여성들에게 선거권을 주지 않고, 정치적 시민권 자체를 거부하는 나라도 여럿 있었다. 최근까지도 많은 나라에서는 인종에 따라 교육과 직업 선택의 기회를 제한했다. 미국은 19세기 후반에서 20세기 초반에 아시아인들을 비롯해 '질 낮은' 인종을 정해 이민을 금지했다. 남아프리카공화국은 인종 분리 정책(apartheid)의 일환으로 백인 전용 대학과 흑인 및 유색 인종이 다니는 대학을 구분하고, 후자에는 재정 지원을 거의 하지 않았다.

이렇게 보면 대다수의 사람들이 인종, 성별, 신분 등의 이유로 자기 발전을 방해받는 상황에서 벗어난 것은 그다지 오래된 일이 아니다. 그러니 기회의 균등은 어렵게 얻은 소중한 가치이다.

시장은 해방군인가?

최근 몇 세대 사이에 기회의 균등을 제한하는 공식적인 규정이 많이 폐지되었다. 이는 대부분 차별받던 사람들의 정치적 투쟁 덕이다. 19세기 중반 남성 모두에게 선거권을 요구한 영국의 차티스트 운동, 1960년대 미국의 흑인 민권 운동, 20세기 후반 남아프리카공화국의 반(反)인종 분리 투쟁, 그리고 현재 인도에서 진행되고 있는 하층 카스트 사람들의 싸움 등이 그 예라 할 수 있다. 바로 이런 사람들과 수많은 여성, 억눌려 지내온 인종, 하층 계급 들의 끊임없는 투쟁이 없었으면 우리는 지금도 태어날 때부터 주어진 제한된 권리를 당연하게 받아들이는 세상에 살고 있을지도 모른다.

기회의 불균등을 철폐하기 위한 투쟁 과정에서 시장은 큰 공을 세웠다. 자유 시장 경제학자들은 효율성이 가장 높은 사람과 기업만이 살아남는 시장에서의 거래에는 인종이나 정치적 편견이 끼어들 여지가 없다고 주장한다. 밀턴 프리드먼은 이 논리를 자신의 저서 『자본주의와 자유(*Capitalism and Freedom*)』에서 간단명료하게 정리했다. "빵을 사는 사람은 그 빵을 만든 밀을 기른 것이 공산당원인지 공화당원인지…… 흑인인지 백인인지 모른다." 따라서 시장의 힘은 인종 차별을 몰아내거나 최소한 많이 약화시킬 것이라고 프리드먼은 주장한다. 백인만 채용하는 고용주는 인종에 상관없이 가장 능력 있는 사람을 골라 쓰는 더 개방적인 고용주와의 경쟁에서 질 수밖에 없기 때문이다.

이 점은 인종 차별로 악명이 높은 남아프리카공화국이 일본인들을 '명예 백인'으로 인정하지 않을 수 없었던 사례에서 극명하게 드러난다. 남아프리카 안에 있는 도요타나 닛산 공장을 운영하는 일본인 경영진들더러 인종 분리법에 따라 유색 인종이나 소웨토의 흑인 거주 지역에 가서 살라고 할 수는 없는 일이었다. 결국 백인 우월주의에 젖은 남아프리카공화국이지만 하는 수 없이 자존심을 접고 일본인들은 백인인 것처럼 받아들였다. 일제 자동차를 타려면 다른 도리가 없었기 때문이다. 이것이 바로 시장의 힘이다.

평등을 증대시키는 시장의 힘은 우리가 생각하는 것보다 더 널리 퍼져 있다. 영국 작가 앨런 베넷의 연극을 영화화한 〈히스토리 보이즈(History Boys)〉에는 불우한 환경에서 자란 소년들의 명문 대학 진학 작전이 때로는 가슴 저리게 때로는 유머러스하게 펼쳐진다. 사립 학교에 다니는 유복한 집 아이들에 비해 지적, 사회적 자신감이 부족한 이들은 명문 대학에 들어가기가 상대적으로 힘들고, 결국 좋은 직장을 얻기도 힘들다. 물론 대학은 기업들만큼 빨리 시장의 압력에 적응할 필요를 느끼지 못한다. 그러나 일부 대학이 소수 인종이나 노동자 계급 출신의 학생을 차별하고 대신 능력이 떨어지지만 출신 배경이 좋은 학생들만 받아들이는 행태를 계속한다면 고용주들은 차별이 없는 대학의 졸업생들을 선호하게 될 것이다. 자질이 가장 뛰어난 학생들을 확보하려면 대학들도 조만간 편견을 버리지 않으면 안 되는 것이다.

이 정도 되면 공식적인 차별을 모두 없애고 기회의 균등을 보장하고 나면 시장 경쟁을 통해 남아 있는 편견 같은 것은 금방 해소될 것이라고 말하고 싶은 유혹이 강해진다. 그러나 일은 거기서 끝나지는 않는다. 진정으로 공평한 사회를 만들기 위해서는 아직 할 일이 많이 남아 있다.

인종 분리 정책과
카푸치노 사회

아직 특정 인종, 가난한 사람들, 하층 계급, 여성들에 대한 편견을 버리지 못하는 사람들이 너무 많기는 하지만 기회의 균등 원칙을 대놓고 반대하는 사람은 거의 없다. 의견이 날카롭게 대립하는 것은 바로 이 지점이다. 어떤 사람들은 평등이 기회의 균등에서 끝나야 한다고 주장한다. 다른 사람들은 형식적인 기회의 균등만으로는 충분하지 않다고 생각하고, 나도 여기에 동의한다.

자유 시장 경제학자들은 어떤 행위를 할 수 있는 기회를 평등하게 보장하는 데에서 그치지 않고, 그 행동의 결과까지 평등하게 만들어 버리면 열심히 일하고 혁신을 꾀하는 사람들의 의욕을 꺾는 결과가 된다고 경고한다. 아무리 열심히 일해도 항상 옆에서 농땡이나 부리는 사람과 같은 대우를 받는다면 열심히 일할 마음이 나겠는가? 마오쩌둥이 추진하던 중국 협동농장이 실패한 이유가 바로 이 때문이 아니었던가? 복지 정책에 필요한 돈을 마련하기 위해 부자들에게서 상대적으로 세금을 너무 많이 걷으면 그들은 부를 창출할 의욕을 잃게 되고, 일을 열심히 하건 말건 혹은 일 자체를 하건 말건 최저 수준의 생활을 보장해 준다면 가난한 사람들 역시 일을 해야겠다는 동기를 잃을 것이다(Thing 21 참조). 자유 시장 경제학자들은 바로 이런 이유에서 결과의 불평등을 줄이려는 시도는 결국 모든 사람에게 해가 되고 만다고 주장한다.

들인 노력과 얻는 결과 사이에 아무런 연관성이 없었던 마오쩌둥의 협동농장처럼 지나치게 결과의 균등을 추구할 경우 사람들이 일을 하고자 하는 욕구에 악영향을 끼친다는 것은 두말할 것도 없이 맞는 말이다. 이는 또한 공평하지 못한 일이기도 하다. 그러나 나는 진정으로 공평한 사회를 만들기 위해서는 어느 정도는 결과의 균등을 꾀하는 것이 꼭 필요하다고 믿는다.

문제는 균등하게 주어진 기회를 통해 혜택을 보기 위해서는 그 기회를 잘 이용할 수 있는 능력이 있어야 한다는 점이다. 예를 들어 남아프리카공화국 흑인들은 이제 백인들과 똑같이 보수가 높은 직업을 구할 수 있는 기회가 보장되지만 그 직업에 적합한 교육을 받지 못했으면 아무 소용이 없다. 흑인들은 이제 과거 백인들만 다니던 좋은 대학에 입학할 수 있지만, 읽고 쓰기도 제대로 못하는 역량 미달의 교사들만 있는 가난한 학교 출신이면 명문 대학에 입학할 확률은 여전히 희박할 뿐이다.

남아프리카공화국에 사는 대부분의 흑인 아이들에게는 이제 좋은 대학에 들어갈 기회가 열렸지만 이것이 실제로 그런 대학에 들어갈 수 있다는 의미는 아니다. 그들이 다니는 초중고등학교는 여전히 가난하고 운영 상태도 엉망이다. 자질이 떨어지는 교사들이 인종 분리 정책이 끝남과 동시에 갑자기 유능해지는 것도 아니고, 부모들은 여전히 일자리가 없는 상태이다. (남아프리카공화국 실업률은 26~28퍼센트로 이는 세계에서 가장 높은 실업률 중의 하나이다. 게다가 개발도상국의 실제 실업률은 공식 실업률보다 높은 경향이 있다는 것을 감안해야 한다.) 이런 상황에서는 좋은 대학에 입학할 기회가 주어졌다 해도 그림의 떡이나 다름없다.

바로 이런 이유에서 많은 사람들이 인종 분리 정책 후의 남아프리카공화국을 가리켜 '카푸치노 사회'라 부른다. 바닥에 두꺼운 갈색층, 그 위를 얇게 덮은 하얀 거품, 그 위에 뿌려진 검은 코코아로 이루어진 카푸치노 커피 같은 사회 말이다.

자유 시장 경제학자들은 교육과 의지, 그리고 시장이 제공하는 기회를 활용할 만한 기업가적 에너지가 없는 사람들은 자기 자신을 탓하는 수밖에 없다고 주장한다. 그들은 똑같이 불우한 환경에서 자랐지만 모든 난관을 극복하고 대학 졸업장을 받은 사람이 어째서 좀도둑질이나 하고 막 산 사람과 같은 보상을 받아야 하느냐고 묻는다.

옳은 주장이다. 어떤 사람이 자라난 환경만으로 그 사람의 성취를 설명할 수도 없고 그렇게 해서도 안 된다. 사람은 누구나 자기 인생에 대해 책임을 져야 한다.

이 주장이 옳기는 하지만 이것은 큰 그림의 한 조각에 불과하다. 인간은 진공 상태에서 태어나는 것이 아니다. 각자 처한 사회 경제적 환경은 개인의 성취에 심각한 제약으로 작용한다. 심지어 환경은 개인이 무엇을 성취하기를 원하는지에까지도 제약을 가할 수 있다. 환경 때문에 우리는 어떤 일들은 시도해 보기도 전에 포기하기도 한다. 예를 들어 공부를 아무리 잘해도 영국의 노동자 계층 출신 학생들은 대학에 갈 생각도 안 하는 경우가 많다. '대학은 자기한테 안 어울리는 곳'이라는 이유에서이다. 이런 태도가 점점 없어지고 있기는 하지만 나는 아직도 1980년대 말에 BBC에서 본 다큐멘터리를 잊을 수가 없다. 인터뷰에 나온 광부 아버지와 어머니가 대학에 가서 교사가 된 아들을 '계급의 배반자'라고 비난하는 내용이 든 다큐멘터리였다.

모든 것을 사회 경제적 환경에 돌리는 것은 말도 안 되는 일이지만 할리우드 영화들이 즐겨 이야기하는 것처럼 자기 자신을 믿고 열심히 노력하면 뭐든 이루지 못할 것이 없다는 생각 또한 말도 안 되기는 마찬가지이다. 기회의 균등은, 그것을 활용할 수 있는 능력이 없는 사람한테는 아무 의미가 없기 때문이다.

알레한드로 톨레도의 기이한 사례

이제는 가난한 집 아이들이 학교에 가는 것을 고의적으로 막는 나라는 없다. 그러나 가난한 나라에서는 많은 아이들이 학비가 없어서 학교에 가지 못한다. 무상 교육이 제공되는 나라에서조차 가난한 집 아이들은 자기 잠재력에 상관없이 학업 성적이 저조한 경우가 많다. 집에서 밥을 못 먹고 와서 학교에서 점심을 거르는 아이들도 있을 것이다. 이런 상태에서는 수업 시간에 집중을 하기가 힘들 테니 학업 성적이 어떨지는 쉽게 짐작할 수 있다. 극단적인 경우에는 어린 시절의 영양 결핍으로 지능 발달이 이미 지체되었을 수도 있다. 이런 아이들은 몸도 약하고 병에도 잘 걸려서 결석도 잦을 것이다. 만약 부모가 글을 읽지 못하거나 오랜 시간 일해야 한다면 숙제를 도와줄 사람도 없다. 반면 중산층 아이들은 부모가, 부유층 아이들은 가정교사가 옆에서 숙제를 도와줄 것이다. 사실 숙제를 봐 줄 사람이 있는지에 상관없이 가난한 집 아이들은 동생들을 보살피거나 염소를 데리고 나가 풀을 먹이느라 숙제할 시간조차 없을지도 모른다.

그러니 가난한 부모한테 태어난 것이 무슨 벌을 받을 죄가 아니라는 사실을 인정한다면 모든 아이들이 최소한의 음식과 의료 서비스를 받을 수 있고 숙제하는 데 도움을 받을 수 있도록 방법을 마련해야 한다. 이런 조처는 대부분 정책적으로 제공할 수 있는 것들이고, 실제로 몇몇 나라에서는 무상 급식과 예방 접종, 기본적인 건강 검진을 제공하고 학교에서 고용한 교사들이 아이들의 숙제를 도와주는 정책을 실행에 옮기고 있기도 한다. 그러나 아이들을 돌보는 일 중 일부는 여전히 가정에서밖에 할 수 없는 것들이 있다. 학교가 할 수 있는 것에는 한계가 있다는 말이다.

이 말은 아이들에게 공정한 기회 비슷한 것이라도 확보해 주려면 부모 소득을 최소한 어느 정도는 균등하게 맞춰 주어야 한다는 의미이다. 이것이 보장되지 않는 한 무상 교육, 무상 급식, 무상 예방 접종 등을 아무리 제공해 봤자 아이들에게 실질적으로 기회의 균등을 제공할 수 없다.

어른들에게도 어느 정도는 결과의 균등이 필요하다. 오랫동안 실직 상태에 있으면 다시 일자리를 얻기가 극도로 힘들어진다는 것은 잘 알려진 사실이다. 애초에 일자리를 잃은 것도 온전히 그 사람의 '가치'에 따라 결정되지 않는 경우도 많다. 예를 들어 전망이 있어 보여 선택한 직장이 갑자기 외국과의 경쟁으로 심한 타격을 받아 일자리를 잃는 사람들도 많다. 1960년대에 미국 철강 회사나 영국 조선 회사에 들어간 사람들 중에 1990년대 초가 되면 일본이나 한국과의 경쟁에서 밀려 자기가 몸담은 산업이 초토화될 것이라 예측한 사람이 몇이나 되겠는가?

사실 이런 현상은 피해를 입은 노동자뿐 아니라 아무도 예측하지 못한 일이다. 이렇게 일자리를 잃은 사람들이 뜻하지 않게 심한 고통을 당하고 역사의 폐기물 취급을 받는 것이 정말 공정한가?

물론 이상적인 자유 시장이 존재하는 세상에서라면 이런 일이 전혀 문제가 되지 않을 것이다. 실직한 미국 철강 노동자와 영국의 조선 노동자는 성장 산업에서 다시 일자리를 찾으면 되기 때문이다. 그러나 철강 노동자 중 컴퓨터 프로그래머가 된 사람은 몇 명이나 되고, 조선 노동자였다가 투자 은행가로 변신한 사람은 도대체 몇이나 되는가? 설령 있다손 치더라도 극소수에 지나지 않는다.

더 공정한 접근 방식은 실직한 노동자들에게 적절한 실업 수당, 의료 보험, 재교육 프로그램을 제공하고 새로 일자리를 찾는 데 도움을 주는 것이다. 스칸디나비아 국가들에서 잘 운용되고 있는 이런 접근 방식은 사실 경제 전체에 더 생산적인 방법이기도 하다(Thing 21 참조).

그렇다, 이론적으로는 알레한드로 톨레도(Alejandro Toledo) 전 페루 대통령처럼 가난한 마을 출신 구두닦이 소년이 스탠포드 대학에서 박사 학위를 따는 것도 가능하다. 그러나 톨레도 같은 사람이 한 명 있다면 고등학교 문턱에도 못 가본 페루 어린이들은 수백만 명에 이른다. 물론 톨레도 전 대통령이 증명했듯이 노력만 하면 스탠포드도 갈 수 있는데 그렇지 못한 나머지 수백만 명의 페루 아이들은 하나같이 아무짝에도 쓸모없는 게으름뱅이라고 일축해 버릴 수도 있다. 그러나 톨레도 대통령의 사례가 예외적이라고 말하는 것이 훨씬 더 타당하다고 나는 생각한다. 결국 부모 소득이라는 결과의 균등이 어느 정도 선까지 보장되지 않으면 가난한 사람들은 기회의 균등을 충분히 활용할 수가 없다.

실제로 각 나라의 계층 이동성을 비교 조사한 연구를 보면 이 추론의 정당성이 입증된다. 스칸디나비아 국가들과 영국의 학자들이 내놓은 꼼꼼한 한 연구에 따르면 계층 이동성은 스칸디나비아 국가들이 영국에 비해 더 높고, 영국은 미국에 비해 더 높은 것으로 나타났다.[2] 복지 정책이 잘 된 나라일수록 계층 이동이 더 활발하다는 사실은 결코 우연의 일치가 아니다. 특히 미국의 경우 계층 이동성이 전반적으로 낮은 이유가 주로 최하층에서의 이동성이 낮아서인 것으로 밝혀졌는데, 이는 가난한 집안 아이들이 기회의 균등을 제대로 활용하지 못하게 만드는 원인이 최하 기본 소득을 제대로 보장해 주지 못하기 때문이라는 점을 방증하고 있다.

지나치게 결과를 균등하게 하려는 것은 해롭지만, 이 '지나치다'는 것의 한계를 어디로 정해야 하는지는 논의를 거쳐야 한다. 기회의 균등을 보장하는 것만으로는 충분하지 않다. 최소한의 소득, 교육, 의료 혜택 등을 보장함으로써 최소한의 역량을 갖출 수 있는 환경을 마련해 주지 않으면 공정한 경쟁을 한다고 말할 수 없다. 100미터 달리기 시합에서 모두 똑같은 지점에서 출발한다 하더라도 어떤 사람은 모래주머니를 차고 달려야 한다면 공정한 경기라고 할 수 없는 것과 마찬가지이다. 기회의 균등은 절대적으로 필요한 것이지만 진정으로 공정하고 효율적인 사회를 건설하기를 바란다면 그것만으로는 충분하지 않다.

21

큰 정부는 사람들이 변화를
더 쉽게 받아들이도록 만든다

● 그들은 이렇게 말한다

큰 정부는 경제에 좋지 않다. 복지 국가는 변화하는 시장에 적응하기 위한 조정 비용을 부자들에게 부과함으로써 보다 편한 삶을 누리고자 하는 가난한 사람들의 요구로 만들어진 것이다. 가난한 사람들을 위한 실업 보험, 의료 혜택 등을 비롯해 여러 가지 복지 정책을 추진할 돈을 부자들에게서 거둔 세금으로 확충하면 가난한 사람들은 게을러지고, 부자들은 부를 창출하고자 하는 의욕을 잃게 될 뿐 아니라 경제 전체가 활력이 없어진다. 복지 혜택을 받는 사람들은 새로운 시장의 현실에 적응할 필요를 못 느끼고, 따라서 역동적으로 변화하는 경제 환경에 맞춰 직업 및 직무 형태를 전환하는 것도 늦어진다. 공산주의 경제 체제가 실패한 것까지 들먹일 필요도 없다. 생기 넘치는 미국 경제와 비대해진 복지 정책에 눌려 활력을 잃은 유럽 경제를 비교해 보라.

잘 설계된 복지 정책이 있는 나라 국민들은 일자리와 관련된 위험을 감수하기를 두려워하지 않고 변화에 오히려 개방적인 태도를 취한다. 이것은 미국보다 유럽에서 보호 무역에 대한 요구가 덜한 이유 중의 하나이기도 하다. 유럽 사람들은 자기가 종사하는 산업이 외국과의 경쟁으로 인해 문을 닫는다 해도 실업 수당을 받아 생활수준을 유지할 수 있고, 정부 보조금을 받으며 새로운 직장을 구하는 데 필요한 직업 재교육을 받을 수 있다는 것을 안다. 그에 반해 미국 사람들은 한번 일자리를 잃으면 생활이 심하게 어려워질 뿐 아니라 다시 일할 수 없을지도 모른다는 생각을 한다. 바로 이런 이유에서 스웨덴, 노르웨이, 핀란드 등 복지 정책이 가장 잘 갖춰진 나라들이 이른바 '미국의 르네상스'라 부르는 1990년 이후에도 미국과 비슷한 성장을 하거나 심지어 더 빠른 성장을 할 수 있었다.

세상에서 가장 오래된 직업?

어느 기독교 국가에서 여러 직업을 대표하는 사람들이 모여 누구 직업이 제일 오래되었는지 논쟁을 벌였다.

의사가 말했다. "하느님이 인간을 가지고 맨 처음 하신 일이 무언지 아십니까? 바로 수술이지요. 아담의 갈비뼈를 가지고 이브를 만드셨으니까요. 의사야말로 가장 오래된 직업입니다."

"아뇨, 그렇지 않습니다." 건축가가 말했다. "하느님이 제일 먼저 하신 일은 혼돈의 상태에서 세상을 만드신 거지요. 건축가야말로 가장 오래된 직업입니다."

그때까지 가만히 듣고만 있던 정치가가 씩 웃으며 물었다. "그 혼돈의 상태는 누가 만들었다고 생각하십니까?"

의사가 세상에서 가장 오래된 직업인지 아닌지는 모르겠지만 세상에서 가장 인기 있는 직업 중의 하나임은 틀림없다. 그러나 내가 태어나고 자란 한국만큼 의사가 큰 인기를 누리는 나라도 없을 것이다.

2003년 실시된 조사에 따르면 상위 2퍼센트에 든 이공 계열 대학 입시생 다섯 명 중 네 명이 의대를 가고 싶어 하는 것으로 나타났다. 지난 몇 년 사이에 나온 비공식 집계에 따르면 한국에 있는 27개 의대 중 가장 커트라인이 낮은 대학도 국내에서 제일 좋은 대학의 공대보다 커트라인이 높았다고 한다. 의대의 인기가 이보다 더 좋아질 수는 없는 것이다.

흥미로운 사실은 비록 한국에서 의대가 늘 인기를 누리기는 했지만 이런 식의 초특급 인기는 새로운 현상이라는 것이다. 이는 기본적으로 21세기에 들어 나타난 현상이다. 왜 이런 변화가 생겼을까?

쉽게 생각나는 대답 중의 하나는 고령화 사회 등의 이유로 의사들의 수입이 상대적으로 높아지자 젊은이들이 변화한 인센티브에 반응을 하는 것일 뿐이라는 설명이다. 말하자면 유능한 의사에 대한 수요가 늘면서 우수한 젊은 학생들이 점점 더 많이 의사를 직업으로 택한다는 것이다. 그러나 의사 수가 계속적으로 늘어나면서 한국에서 의사 수입은 상대적으로 줄어들고 있다. 이공계 학생들이 의대를 가지 않았으면 선택했을 엔지니어나 과학자들의 취직을 어렵게 만드는 무슨 새로운 규제책을 정부가 내놓은 것도 아니다. 그렇다면 이렇게 의대 인기가 높아지는 진짜 이유는 무엇일까?

이런 기현상의 원인은 지난 10년 사이에 직업 안정성이 극적으로 떨어졌다는 사실에서 찾아볼 수 있다. 1997년 아시아 금융 위기로 인해 이른바 '기적의 성장기'가 끝난 이후 한국은 온정주의적 정부 개입 정책을 포기하고 무한 경쟁을 강조하는 시장 자유주의를 채택했다. 노동 시장의 유연성을 높인다는 명분 때문에 직업의 안정성이 급격하게 떨어지면서 수백만 명의 노동자들이 임시직으로 일하게 되었다. 아이러니컬한 사실은 아시아 금융 위기 전에도 한국은 비정규직 노동자가 50퍼센트에 육박해서 선진국 중 가장 노동 시장이 유연한 나라로 꼽혔다는 점이다. 거기에 더 자율화를 했으니 이 비율은 이제 60퍼센트 선에 달한다. 정규직에 있는 사람들마저 이제는 직업 불안도가 높아졌다. 1997년 금융 위기 전까지만 해도 정규직 노동자들은 대부분 법적으로는 아니지만 사실상 종신 고용을 보장받고 일했다. (일본에서는 아직도 종신 고용이 상당 정도 유지되고 있다.) 그러나 이제는 더 이상 아니다. 정규직 직원이라도 40~50대의 나이든 노동자들은 젊은 세대를 위해 하루라도 빨리 일자리를 내놓으라고 재촉하는 분위기를 견뎌내야 한다. 기업이 직원을 마음대로 해고할 수는 없지만 특정 직원을 더 이상 원하지 않는다는 사실을 알려서 '자발적으로' 떠나게 하는 방법이 많다는 것은 누구나 잘 알고 있다.

한국의 젊은이들은 이런 상황을 고려해서 보수적인 선택을 하는 것이다. 과학자나 엔지니어가 되면 삼성이나 현대와 같은 대기업에 취직을 하더라도 40대에 실직을 할 염려가 있다는 계산을 하는 것이다. 국내총생산 대비 공공 사회 지출이 선진국 중 가장 낮을 정도로 한국의 복지 제도가 취약한 것을 감안하면 실직은 생각만 해도 끔찍한 악몽이다.[1] 취약한 복지 제도는 예전에는 그리 큰 문제가 되지 않았다.

많은 사람들이 평생 고용을 보장받았기 때문이다. 그러나 평생 고용이 사라진 이제 실업은 치명적인 문제가 되었다. 직장을 잃으면 당장 생활이 어렵게 될 뿐 아니라 더 중요한 것은 일자리를 다시 얻을 가능성마저 아주 낮다는 사실이다. 따라서 유망한 한국의 젊은이들과 그들의 장래에 대해 조언하는 부모들은 의사 면허라도 따 놓으면 은퇴할 때까지 일자리 걱정은 하지 않아도 된다는 결론을 내렸다. 최악의 경우에도 (의사 치고는) 돈을 많이 못 벌더라도 직접 병원 개업이라도 할 수 있다는 생각도 한다. 그러므로 한국에서 머리가 좀 있는 학생이라면 누구나 의학을 공부하기를 원하고, 혹 인문 계열 학생이라면 변호사 자격증을 딸 수 있는 법학을 전공하기를 원하는 것은 전혀 놀라운 일이 아니다.

이 점에 대해 오해가 없었으면 한다. 나는 의사를 무척 존경한다. 내 생명의 은인들이기 때문이다. 몇 차례 대수술을 해서 생명을 구한 적도 있고, 병에 걸릴 때마다 의사들의 치료 덕에 회복했다. 하지만 이런 내가 보기에도 이공 계열 학생의 80퍼센트가 의사 체질이라는 것은 믿기 어렵다. 결국 선진국 중 가장 유연하다는 한국 시장에서 인적 자원을 재능에 따라 효율적으로 배분하는 데 극적인 실패를 하고 만 것이다. 이유는? 바로 높아진 고용 불안이다.

복지 제도는 노동자들을 위한 파산법이다

고용 불안, 즉 직업 안정성 문제는 논란이 분분한 사안이다. 자유 시장 경제학자들은 해고를 어렵게 만드는 노동 시장 관련 규제는 무엇이 되었든 경제를 비효율적으로 만들고 활력을 떨어뜨린다고 생각한다. 우선 그런 규제는 일을 열심히 해야 한다는 노동자의 인센티브를 약화시킨다. 게다가 필요할 때 바로바로 해고할 수 없으면 고용주들은 애초에 신규 노동자 고용을 꺼리게 되므로 부의 창출도 저해된다.

이들은 또 노동 시장 규제도 나쁘지만 복지 제도는 문제를 더 악화시킨 원흉이라고 주장한다. 실업 수당, 의료 혜택, 무상 교육, 심지어 최저 소득까지 지원하는 것은 따지고 보면 정부가 모든 사람을 '실업자'로 고용하고 최저 임금을 지불하겠다는 보장을 하는 것이나 다름없다. 따라서 노동자들은 열심히 일할 인센티브를 잃고 만다. 설상가상으로 복지 제도에 필요한 재원을 부자들에게 거둔 세금으로 마련하기 때문에 부자들은 열심히 일해서 고용과 부를 창출할 동기를 잃는다.

이런 주장대로라면 복지 제도가 잘 갖춰진 나라일수록 경제에 활력이 없어져야 한다. 노동자는 열심히 일하지 않아도 되고 기업은 부를 창출할 의욕이 없어지기 때문이다.

이 논리는 크게 세력을 떨쳤다. 1970년대 당시 영국 경제가 활력을 잃자 비대해진 복지 제도와 노조 활동이 도를 넘어선 게 그 원인이라는 설명이 널리 받아들여졌다. (복지 국가는 실업의 공포를 줄여 노동자들이 더 적극적으로 노조 활동을 하게 한다.) 실제 상황은 더 복잡했지만 간단히 요약하자면 이런 식으로 영국 역사를 해석하는 사람들의 입장에서 볼 때 노조들에게 주제파악을 하도록 하고, 복지 제도를 대폭 약화시킨 마거릿 대처 전 총리는 영국을 살린 구세주나 다름없었다. 1990년대에 들어와서 과도한 복지 정책을 추진하는 다른 선진국들에 비해 미국 경제가 (겉보기에) 더 빠르게 성장하자 복지 정책에 대한 이런 시각은 위세가 더 세졌다.[2] 다른 나라들도 복지 예산을 줄일 때면 '영국병'을 고친 대처 전 총리와 활기차게 성장하는 미국 경제를 운운하는 일이 많았다.

그러나 직업 안정성이 높고 복지 제도가 잘 갖춰져 있으면 경제의 생산성과 활력이 떨어진다는 말이 과연 진실인가?

한국의 사례에서 보았듯이 고용 불안이 높아지면 젊은이들은 의사나 법률가처럼 안정된 직종을 선호하는 보수적인 선택을 하는 경향이 강해진다. 이는 개인적으로는 좋은 선택일 수 있지만 사회 전체로 볼 때에는 재능을 적재적소에 활용하지 못하는 것이므로 경제의 효율성과 역동성을 떨어뜨린다.

미국의 취약한 복지 제도는 이 나라가 전반적으로 정부 개입에 훨씬 더 긍정적인 유럽 국가들에 비해 오히려 심한 보호 무역주의 정책을 취하게 된 중요한 원인 중 하나이다. 유럽에서는 (국가별 세세한 차이를 잠시 접고 이야기하자면) 몸담고 있던 산업이 쇠퇴해서 일자리를 잃는 것은 물론 큰 타격이지만 그렇다고 세상이 끝날 정도의 일은 아니다. 의료 혜택은 변함없이 받을 수 있고, 국가 임대 주택 혹은 주거 보조금도 유지될 뿐 아니라 많게는 실직 전 월급의 80퍼센트까지 받으면서 정부의 지원으로 직업 재교육을 받고, 구직 과정에서도 많은 도움을 얻을 수 있기 때문이다. 반면 미국에서는 정부에 보호 무역을 도입해 달라는 요구를 해서라도 한번 잡은 일자리는 놓치지 않아야 한다. 일자리를 잃는다는 것은 모든 것을 잃는다는 말과 마찬가지이기 때문이다. 실업 보험의 자격 요건이 까다로운 데다 그나마 유럽에 비해 지급 기간도 짧다. 직업 재교육과 재취업 과정에서도 정부의 도움은 거의 받을 수 없다. 이보다 더 무서운 일은 실직을 하면 의료 혜택을 받지 못하고, 사는 집마저 잃을 수 있다는 사실이다. 국가 임대 주택이나 임대료 보조금이 거의 없기 때문이다. 따라서 감원을 포함한 산업 구조 조정에 대한 노동자의 저항은 유럽보다 미국이 훨씬 더 클 수밖에 없다. 대부분의 미국 노동자들은 조직적 저항을 하기 어렵지만, 조직적 저항이 가능한 노동조합 소속의 노동자들이라면 현재의 일자리를 유지하기 위해 수단 방법을 가리지 않으려 하는 것은 당연하다.

위 예들을 통해서 알 수 있듯이 직업 안정성이 낮으면 사람들이 열심히 일을 할지는 몰라도 자기에게 맞지 않는 자리에서 열심히 일한다는 문제가 있다. 과학자나 엔지니어가 되면 대성할지 모를 유망한 청년들이 모두 해부학 교실에서 씨름을 하고 있다. 적절한 재교육을 받으면 생명공학과 같은 '유망 산업'에서 일할 수 있는 미국 노동자들이 자동차 산업 같은 '사양 산업'에서 악착같이 일자리를 고수하고 있지만, 이는 단지 피할 수 없는 대세를 약간 지연시키는 것일 뿐이다.

이렇게 여러 사례를 든 것은 한국 젊은이들의 예처럼 첫 번째 직업을 선택할 때나, 유럽과 비교한 미국 노동자들의 태도에서 본 것처럼 현재의 직업을 떠나야 할 때 사람들이 제2의, 혹은 제3, 제4의 기회가 생기리라는 것을 알면 좀 더 개방적인 자세로 변화를 수용할 수 있다는 점을 강조하고 싶어서였다.

궤변이라고 생각하는 독자도 있을지 모르지만 이 논리는 전혀 이상한 것이 아니다. 이제는 대부분의 사람들이 당연시하는 파산법의 배경을 이루는 논리와 같은 것이기 때문이다.

19세기 중반이 되기 전까지는 대부분의 나라가 현대적인 의미의 파산법을 가지고 있지 않았다. 당시 시행되고 있던 파산법 내에서는 파산한 기업가들이 자기 비즈니스를 다시 정비하는 동안 채권자들로부터 거의 보호를 받지 못했다. 그러나 이제 미국에서는 '챕터 11'이라고 부르는 파산법을 통해 기업가들은 6개월간 보호를 받는다. 이보다 더 주목할 만한 사실은 이전에는 채권자들이 채무를 면제해 주지 않는 이상 아무리 오래 걸려도 모든 빚을 다 갚아야 했기 때문에 한번 파산을 하면 다시 재기할 도리가 없었다는 점이다. 이는 파산한 기업인이 어떻게 다시 기업을 시작했다 하더라도 새로 얻은 이윤은 모두 오래된 빚을 갚는 데 써야 했기 때문에 새로운 기업이 성장할 수가 없었다는 의미이다. 이런 이유에서 애초부터 큰 위험 부담을 안고 기업을 시작해야만 했다.

시간이 흐르면서 사람들은 제2의 기회를 보장하지 않으면 기업가들이 위험을 감수하는 것을 극도로 꺼린다는 사실을 깨달았다. 1849년 영국을 필두로 해서 많은 나라들이 파산법을 도입해서 파산 후 구조조정 초기에 기업가들이 채권자들로부터 법원의 보호를 받도록 했다. 이보다 더 중요한 것은 채권자들이 동의하지 않아도 법원이 채무 삭감을 명령할 권리를 갖게 된 것이다. 이 새로운 파산법은 비슷한 시기에 도입된 유한 책임 회사 같은 제도(Thing 2 참조)와 함께 기업 활동에 따르는 리스크를 크게 줄이는 효과를 낳아 기업인들이 적극적으로 위험을 감수하게 되면서 현대적 의미의 자본주의가 가능해졌다.

노동자들에게 제2의 기회를 준다는 의미에서 복지 정책은 노동자를 위한 파산법이라고 할 수 있다. 파산법이 기업가들로 하여금 위험을 더 적극적으로 감수하게 해 주는 것처럼, 복지 정책은 노동자들이 변화에 더 개방적이고, 그에 따른 위험을 더 기꺼이 감수하는 태도를 갖도록 해 준다. 제2의 기회가 있다는 것을 알면 사람들은 첫 번째 직업을 선택할 때 더 대담해질 수 있고, 후에 직업을 바꾸어야 할 때에도 더 개방적인 자세를 취할 수 있다.

큰 정부를 가진 나라들이
더 빨리 성장할 수 있다

그러면 증거는 있는가? 복지 제도 규모가 서로 다른 나라들의 경제 성장률은 어떻게 차이가 날까? 앞에서도 설명했다시피 복지 제도의 규모가 작을수록 경제가 더 역동적이리라는 게 통념이다. 그러나 실제 보이는 증거는 이 통념을 뒷받침해 주지 않는다.

1980년대까지 미국은 유럽 여러 나라에 비해 복지 제도가 미비한데도 훨씬 낮은 성장률을 보였다. 1980년 국내총생산에서 공공 사회 지출이 차지하는 비율은 EU 15개국이 19.9퍼센트인 데 반해 미국은 13.3퍼센트에 불과했다. 스웨덴은 이 비율이 28.6퍼센트에 달했으며 네덜란드는 24.1퍼센트, 독일(서독)은 23퍼센트에 이르렀다. 그럼에도 1950년부터 1987년 사이에 미국은 유럽 어느 국가보다 성장 속도가 더뎠다. 이 기간 동안 1인당 국민소득의 증가율을 보면 독일이 연 3.8퍼센트, 스웨덴이 연 2.7퍼센트, 네덜란드가 연 2.5퍼센트를 기록한 데 반해 미국은 연 1.9퍼센트에 그쳤다. 물론 복지 제도의 규모는 한 나라의 경제 실적을 결정하는 여러 요인 중의 하나에 불과하지만, 이 숫자들은 복지 제도가 잘 갖춰져 있다고 해서 높은 성장률을 올리지 못하는 것은 아님을 입증하고 있다.

1990년 이후 미국의 성장률이 상대적으로 높아지기는 했지만, 동시에 복지 제도의 규모가 큰 나라 중에서 미국보다 더 빨리 성장한 나라들도 있었다. 예를 들어 1990년에서 2008년 사이 미국의 1인당 국민소득은 1.8퍼센트 성장했다. 이것은 기본적으로 이전 기간과 비슷한 수준의 성장률이지만 유럽 각국의 경제가 둔화하면서 상대적으로 미국을 한국, 터키처럼 온전히 선진국이라 할 수 없는 나라를 제외하고 소위 OECD '핵심' 국가 중 가장 빨리 성장하는 나라로 보이게 했다.

그러나 아주 흥미로운 사실은 1990년 이후 OECD 핵심 국가 중 가장 빨리 성장한 나라 두 군데가 바로 핀란드(2.6퍼센트)와 노르웨이(2.5퍼센트)라는 것이다. 두 나라 다 복지 정책이 잘 갖춰졌다는 것은 잘 알려진 사실이다. 2003년 핀란드의 경우 국내총생산에서 공공 사회 비용이 차지하는 비율이 22.5퍼센트였으며, 노르웨이는 25.1퍼센트였다. 그에 비해 OECD 국가 평균은 20.7퍼센트였으며, 미국은 16.2퍼센트였다. 국내총생산에서 공공 사회 비용의 비율이 31.3퍼센트로 미국의 거의 두 배에 달해 사실상 세계에서 가장 거대한 규모의 복지 제도를 운영 중인 스웨덴의 성장률은 연 1.8퍼센트로 미국과 거의 차이가 없다. 2000년에서 2008년까지 2000년대 자료만 살펴보면 스웨덴의 성장률(2.4퍼센트)과 핀란드의 성장률(2.8퍼센트)은 미국의 성장률(1.8퍼센트)보다 훨씬 높다. 자유 시장주의자들의 말대로 복지 제도가 노동자의 노동 윤리와 부의 창출 동기에 악영향을 미친다면 이런 일은 일어나서는 안 된다.

물론 이렇게 말한다고 해서 복지 제도가 항상 좋기만 하다는 것은 아니다. 다른 모든 제도들과 마찬가지로 복지 제도도 장점과 단점이 있다. 특히 이 제도가 보편적이지 않고 미국처럼 선별적으로 적용될 경우 수혜자에게 낙인을 찍는 결과를 낳을 수도 있다. 복지 제도는 사람들이 가진 '최저 희망 임금' 수준을 높여서 열악한 조건에서 낮은 임금을 지급하는 일자리를 택하는 것을 꺼리게 만든다. 이런 현상이 꼭 바람직하지 않은 것인지는 각자 견해에 따라 다를 수도 있지만, 나는 개인적으로 일을 하는데도 빈곤에서 헤어나지 못하는 미국의 수많은 근로 빈곤층 문제나 유럽이 안고 있는 전반적으로 높은 실업률이나 심각하기는 마찬가지라고 생각한다. 그러나 이 모든 잠재적 단점에도 불구하고 노동자들에게 제2의 기회를 주는 것을 염두에 두고 잘 설계된 스칸디나비아 국가들이 가지고 있는 종류의 복지 제도는 사람들이 변화에 더 개방적일 수 있는 여유를 줘서 산업 구조 조정이 쉬워지기 때문에 경제 발전을 촉진시키는 효과가 있다.

차를 빨리 몰 수 있는 것은 브레이크가 있기 때문이다. 브레이크가 없다면 아무리 능숙한 운전자라도 심각한 사고를 낼까 두려워 시속 40~50킬로 이상 속도를 내지 못할 것이다. 이와 마찬가지로 실업이 자기 인생을 망치지 않으리라는 것을 알면 사람들은 일자리를 잃고 새로운 기술을 습득하는 것을 훨씬 더 긍정적으로 받아들일 수 있다. 큰 정부가 사람들을 변화에 더 개방적으로 만들고, 그에 따라 경제도 더 역동적으로 만들 수 있다는 것은 바로 이런 이유에서이다.

금융 시장은 보다 덜 효율적일 필요가 있다

● 그들은 이렇게 말한다

금융 시장의 급속한 발달 덕에 우리는 자원을 신속하게 분배하는 것이 가능해졌다. 영국, 미국, 아일랜드 등 금융 시장을 자유화하고 개방한 여러 자본주의 국가들이 좋은 경제 실적을 올릴 수 있었던 것은 바로 이 덕분이었다. 자유로운 금융 시장을 보유한 경제는 변화하는 기회에 신속하게 반응할 수 있고, 이는 결국 빠른 경제 성장으로 이어진다. 최근 들어 일부 금융 기관의 지나치게 탐욕스러운 행태로 인해 금융 부문 전체가 오명을 쓴 것도 사실이고, 특히 위에 언급한 나라들에서 이런 일들이 더 불거져 나온 것도 사실이다. 그러나 이렇게 아무도 예측할 수 없었던 100년에 한 번 있을까 말까 한 금융 위기가 있었고, 그 위기의 규모가 좀 컸다고 해서 금융 시장을 규제하는 쪽으로 서둘러 결론을 내려서는 안 된다. 효율적인 금융 시장은 한 나라 번영의 열쇠이기 때문이다.

현대 금융 시장의 문제는 그것이 너무 효율적이라는 데에 있다. 최근의 금융 '혁신'을 통해 만들어진 수없이 많은 새 금융 상품들 덕에 금융 부문은 금융 자산 보유자들을 위한 단기 이윤 창출에는 더 효율적이 되었다. 그러나 2008 년 글로벌 금융 위기 때에도 보았듯이 이 새로운 금융 자산들은 금융 시스템 뿐 아니라 경제 전반을 더 불안하게 만들고 말았다. 게다가 금융 자산의 유동성을 이용해 자산 보유자들은 작은 변화에도 빨리 반응을 하기 때문에 실물 경제 부문의 기업들은 장기적 발전에 필요한 '기다려 줄 줄 아는' 자본을 확보하는 데 어려움을 겪는다. 금융 부문과 실물 부문 사이에 존재하는 속도의 차이를 줄여야 한다. 즉 금융 시장의 효율성을 의도적으로 줄여야 한다는 의미이다.

아이슬란드에서 쓸모없는
세 가지 문장

1990년대에 아이슬란드 레이캬비크 공항에서 공식 관광 안내서를 받아본 사람들의 이야기이다. 안내서에는 여느 나라나 마찬가지로 '유용한 아이슬란드어 표현'을 실은 난이 있었지만, '아이슬란드에서 쓸모없는 표현'이라는 난도 실려 있다는 것이 다른 관광 안내서와 다른 점이었다. 거기에는 다음과 같은 문장들이 실려 있었다. 한국어로 옮기면, "기차역이 어디 있습니까?" "오늘 날씨가 참 좋습니다." "더 싼 것은 없습니까?"가 그것들이다.

기차역 위치를 묻는 표현은 정말 쓸모가 없다. 아이슬란드에는 철도가 없기 때문이다. 그러나 "오늘 날씨가 참 좋습니다"까지 '쓸모없는 표현'에 넣은 것은 자기 나라의 날씨에 너무 매정한 게 아닌가 싶다. 아이슬란드에 살아 본 적이 없지만 이 나라에도 일 년에 최소한 며칠은 맑은 날이 있을 텐데 말이다. 세 번째 문장은 아이슬란드에서는 모든 것이 매우 비싸기 때문에 상황에 딱 걸맞은 표현이다. 이것은 사실 아이슬란드가 경제적으로 성공했기 때문에 생기는 현상이다. 미국이나 오스트레일리아처럼 끊임없이 저임금 이민자를 받아들이지 않는 이상 소득이 높은 나라에서는 노동 서비스의 가격이 비싸기 때문에 공식 환율에 의거해서 생각하는 것보다 물건 값이 비싸진다(Thing 10 참조). 한때 유럽에서 가장 가난한 나라였던 아이슬란드는 1995년 무렵에 벌써 룩셈부르크, 스위스, 일본, 노르웨이, 덴마크, 독일, 미국, 오스트리아, 싱가포르, 프랑스 등의 뒤를 이어 세계에서 11번째로 잘사는 나라가 되었다.

이미 부유했던 아이슬란드 경제는 1990년대 후반 금융 산업의 민영화·자유화가 추진되면서 마치 터보 엔진이라도 장착한 듯 급속히 성장하기 시작했다. 아이슬란드 정부는 1998년에서 2003년에 이르기까지 국영 은행들과 투자 기금들을 민영화하고 은행에 대한 지급준비율 제도마저 없애는 등 가장 기본적인 금융 규제까지 철폐했다. 이후 아이슬란드 은행들은 무서운 속도로 확장하여 해외 고객을 유치하는 데까지 눈을 돌려 은행마다 인터넷 뱅킹 사업부를 두고 영국, 네덜란드, 독일 금융 시장까지 잠식했다. 한편 아이슬란드의 투자자들은 자국 은행들의 공격적인 대출 정책 덕분에 엄청난 자금을 융통해 기업 쇼핑(인수 합병)에 나섰는데, 그 대상은 특히 1950년대부터 1970년대에 이르기까지 저 유명한 '대구 전쟁(Cod Wars)'을 치른 과거의 적대국 영국이었다. '바이킹 침략자(Viking raider)'라 불린 아이슬란드 투자자들의 대표 격으로는 젊은 재력가 욘 요하네손(Jón Jóhanneson)이 소유한 투자 회사 바우거(Baugur)를 꼽을 수 있다. 2000년대 초 혜성처럼 등장한 바우거는 2007년에 영국 소매 유통업의 핵심 세력으로 자리 잡았다. 햄리스, 데브넘스, 오아시스 및 아이슬란드(영국 냉동식품 체인이지만 이런 이름을 붙였으니 아이슬란드 투자가가 그냥 지나치기는 어려웠으리라) 등 영국의 유력한 소매 대기업들의 대주주가 된 바우거는 3800개 소매점에서 6만 5000여 직원들을 고용하며 100억 파운드에 달하는 매출을 올리는 거대 비즈니스에 엄청난 영향력을 미칠 수 있었다.

얼마 동안은 이 같은 금융 부문의 확장이 아이슬란드에 기적을 낳는 것처럼 보였다. 1985년에야 주식 시장이 개설되었을 정도로 한때 지나친 규제로 악명 높았던 금융 후진국 아이슬란드가 글로벌 금융 시스템이 발달하기 시작하면서 활기 넘치는 신생 금융 중심지로 급변한 것이다. 1990년대 후반 이래 아이슬란드 경제는 보기 드문 속도로 성장하여 2007년에는 노르웨이, 룩셈부르크, 스위스, 덴마크에 이어 세계에서 5번째로 부유한 나라가 되었다. 이때만 해도 아이슬란드의 경제는 하늘 높은 줄 모르고 성장할 것처럼 보였다.

하지만 불행하게도 2008년 금융 위기 이후 아이슬란드 경제는 완전히 붕괴하고 말았다. 그해 여름 아이슬란드의 3대 은행이 모두 파산하는 바람에 정부는 이 은행들을 울며 겨자 먹기로 인수해야 했다. 그러나 상황은 계속 악화되기만 했고, 급기야 2009년 10월에는 세계화의 상징 맥도날드가 아이슬란드에서 철수하기로 결정함으로써 세계화의 변방으로 밀려난 아이슬란드의 현실을 다시 한 번 절감했다. 이 글을 쓰는 2010년 초 현재 IMF는 아이슬란드 경제가 2009년 8.5퍼센트에 달하는 마이너스 성장을 기록했다고 추정하는데, 이는 선진국 중 가장 빠른 추락이다.

요즘 들어 아이슬란드가 1990년대 후반 이후 추진한 '금융 주도 발전' 정책들이 얼마나 위험한 것이었는지를 알게 해 주는 증거들이 점점 더 많이 나오고 있다. 2007년 아이슬란드의 은행 자산은 같은 해 국내총생산의 1000퍼센트에 달했는데, 이는 은행 부문이 세계에서 가장 발달한 나라 중 하나인 영국에 비해 두 배나 높은 수치였다. 이에 더해 아이슬란드의 금융업 팽창은 외채를 바탕으로 이루어졌다는 것도 밝혀졌다. 이 나라의 순외채(아이슬란드가 다른 나라로부터 빌려 온 돈에서 다른 나라에 빌려 준 돈을 뺀 액수)는 2007년에 국내총생산의 거의 250퍼센트(10년 전인 1997년에는 50퍼센트)에 달했다. 사실 이보다 훨씬 적게 외채를 쓰고도 망한 나라가 많다. 한 예로 1997년 아시아 외환 위기 직전의 한국과 인도네시아는 순외채가 각각 국내총생산의 25퍼센트와 35퍼센트였다. 아이슬란드의 경제 기적 뒤에 감춰져 있던 금융 거래의 어두운 면도 드러났다. 은행의 주요 대출자 중 상당수가 같은 은행의 핵심 주주였던 것이다.

새로운 성장 동력?

아이슬란드 경제의 흥망이 아무리 극적이었다 하더라도 기차역도 없고 심지어 맥도날드마저 없는 인구 30만 명짜리 작은 섬나라에 대해 이렇게 길게 이야기를 하는 이유는 무엇일까? 그것은 아이슬란드가 최근 금융가를 지배하는 견해에서 무엇이 잘못되었는지를 보여 주는 대표적인 예이기 때문이다.

아이슬란드 이야기가 매우 특별하게 들릴지 모르지만 지난 30여 년 동안 금융 부문의 민영화, 자유화 및 개방으로 경제 성장 동력을 육성하려 한 나라는 아이슬란드만이 아니다. 아일랜드도 아이슬란드와 똑같은 전략으로 또 하나의 '금융 중심지'로 발전을 모색했다. 이 나라의 금융 자산 역시 2007년에는 국내총생산의 900퍼센트에 달했고, 그 결과 아이슬란드와 마찬가지로 아일랜드 역시 2008년 글로벌 금융 위기의 나락에 빠져들었다.

이 글을 쓰는 시점에 IMF가 추정한 바에 따르면 아일랜드는 2009년 7.5퍼센트의 마이너스 성장을 기록했다. 라트비아도 금융 중심지 발전 노선을 추진해 온 국가 중 하나인데 위의 두 나라보다 상황이 훨씬 더 심각하다. IMF의 추정에 따르면, 금융 주도의 성장이 붕괴하면서 라트비아의 2009년 경제 성장률은 마이너스 16퍼센트에 달했다. 자칭 중동의 금융 중심지인 두바이는 유럽의 다른 경쟁국들보다 좀더 오래 버티는 듯싶었지만, 결국 2009년 11월 이 나라의 최대 국영 기업 집단인 두바이월드가 모라토리엄(채무 지불 유예)을 선언하면서 백기를 들고 말았다.

최근 들어 나락으로 떨어지기 전까지 이 나라들은 세계화 시대의 선두 주자가 되고 싶었던 다른 국가들에게 새로운 '금융 주도 비즈니스 모델'의 빛나는 사례로 찬탄받았다. 먹구름이 국제 금융 시장을 덮기 시작하던 2007년 11월, 영국의 저명한 경제 정책 전문가 리처드 포르테스(Richard Portes) 교수와 아이슬란드의 교수 프리드리크 발뒤르손(Fridrik Baldursson)은 아이슬란드 상공회의소에 제출한 보고서에서 장중한 어조로 다음과 같이 선언했다. "전반적으로 볼 때 아이슬란드 금융 부문의 국제화는 시장 참여자들이 더 주목해야 할 성공담이다."[1] 더구나 아이슬란드, 아일랜드, 라트비아 경제가 붕괴되는 것을 보고도 금융 주도형 경제 전략을 추진하겠다는 나라들이 있다. 2009년 9월에는 터키가 중동의 또 다른 금융 중심지를 목표로 일련의 정책을 추진할 것이라고 발표했다. 전통적으로 제조업에서 강세를 보여 왔던 한국도, 비록 벤치마킹하고자 했던 아일랜드와 두바이가 붕괴하고 나서 좀 주춤해지기는 했지만 여전히 동북아시아의 금융 중심지가 되기 위한 정책을 추진하고 있다.

그런데 더 큰 문제가 있다. 아일랜드나 아이슬란드는 1980년대 초 미국과 영국에서 처음 채택된 뒤 다른 수많은 국가로 확산되어 온 금융 규제 완화를 통한 성장 전략의 극단적인 예에 불과하다는 것이다. 영국은 1980년대 후반 이른바 '금융 빅뱅'으로 '금융 탈규제'에 박차를 가했다. 그 이후에도 이른바 '최소 규제 원칙(Light-touch regulation)'을 구현하고 있다며 자랑해 왔다. 미국도 이에 발맞춰 1933년에 제정된 글래스스티걸 법(Glass-Steagall Act)을 1999년에 폐지함으로써 대공황 이후 미국 금융 산업의 축이었던 투자 은행과 상업 은행 사이의 장벽을 허물어 버렸다. 많은 나라가 미국과 영국의 선례를 따랐다.

이처럼 점점 더 많은 나라가 '금융 탈규제'에 기반한 성장 전략을 채택하게 된 이유는 무엇일까. 일단 금융 부문에 대한 규제를 완화·폐기해 놓기만 하면 금융업이 (제조업처럼 골치 아픈) 다른 산업보다 돈벌기가 훨씬 쉬운 업종이었기 때문이다. (적어도 2008년 금융 위기가 발생하기 전까지는 그렇게 보였다.) 금융 부문의 이윤율과 비금융 부문의 이윤율을 따로따로 추정한 연구는 사실 많지 않은데, 프랑스 경제학

자 제라르 뒤메닐(Gérard Duménil)과 도미니크 레비(Dominique Lévy)
의 연구 논문에 따르면 미국과 프랑스는 지난 20~30년 동안 금융 부
문의 이윤율이 비금융 부문의 이윤율보다 훨씬 더 높았다.[2] 또 미국의
경우 1960년대 중반에서 1970년대 후반까지 금융 기업의 이윤율이
비금융 기업의 이윤율보다 낮았다.

그러나 1980년대 초반 금융 부문에 대한 탈규제 정책이 추진된 뒤
로는 금융 기업의 이윤율이 상승세를 타면서 4~12퍼센트에 이르렀
다. 1980년대 이후로 금융 기업의 이윤율은 2~5퍼센트였던 비금융
기업의 이윤율보다 늘 높았다. 프랑스의 경우 1970년대 초반에서
1980년대 중반 사이에 금융 기업의 이윤율은 마이너스 상태였다.
(1960년대 데이터는 나와 있지 않다.) 그러나 1980년대 후반 금융 탈규제
정책이 추진되면서 금융 기업의 이윤율이 상승하기 시작하더니 1990
년대 초반에는 비금융 기업의 이윤율을 따라잡았다. 당시 금융 기업
과 비금융 기업의 이윤율은 5퍼센트 정도로 비슷했다. 그런데 금융
기업의 이윤율은 계속 상승했고 2001년에는 10퍼센트를 넘겼다. 반
면 비금융 기업의 이윤율은 1990년대 초반 이후 하락하기 시작해
2001년에는 대략 3퍼센트까지 떨어졌다.

미국에서는 금융 산업이 얼마나 매력적인 종목이었던지 심지어 상
당수의 제조업 대기업들조차 사업 내용을 들여다보면 사실상 금융 기
업이라 해도 무리가 아닐 정도로 금융 산업 참여율이 높았다. 미국의
저명한 경제학자 짐 크로티(Jim Crotty)의 계산에 따르면, 1970년대까
지만 해도 미국의 비금융 기업이 소유한 증권, 금융 자회사 등 금융
자산은 기계 설비, 건물, 재고 등 비금융 자산의 40퍼센트 정도였으나
2000년대 초반에는 두 자산의 규모가 거의 비슷해졌다.[3] 예를 들어

GE, GM, 포드같이 한때 미국 제조업의 상징이던 회사들조차 자회사로 설립한 금융 기업은 지속적으로 팽창하는 반면, 핵심 비즈니스인 제조업 부문은 수그러들면서 '금융화' 되어 버렸다. 명색이 거대 제조업체인 이 회사들이 21세기 초반에 이르러서는 이윤의 대부분을 핵심 비즈니스인 제조업이 아니라 금융업을 통해 벌어들이게 되었다. 예를 들어 2003년 GE그룹 이윤의 45퍼센트는 GE캐피털에서 창출되었고, 2004년 GM그룹 이윤의 80퍼센트는 금융 자회사인 GMAC에서 올렸으며, 2001년부터 2003년까지 포드그룹의 모든 이윤은 포드 파이낸스가 벌어들인 것이다.[4]

대량 금융
살상 무기?

이런 모든 사태의 결과로 세계적 차원에서, 그러나 특히 부유한 나라에서 금융 부문은 엄청난 성장을 했다. 절대적인 성장만이 아니다. 정말 의미심장한 점은 금융 부문이 그를 떠받치는 실물 경제보다 훨씬 더 빠르게, 아니 엄청 더 빠르게 성장해 왔다는 사실이다.

내 케임브리지 대학교 동료이자 금융 위기 문제에 정통한 가브리엘 팔마(Gabriel Palma) 교수가 IMF 자료를 기초로 계산한 결과에 따르면, 1980년 현재 전 세계적으로 축적된 금융 자산의 규모는 세계총생산(각국 국민총생산을 모두 합친 것)의 1.2배 수준이었는데 2007년에는 이 숫자가 4.4배로 증가했다.[5] 금융 부문의 상대적 크기는 부유한 나라일수록 더 심했다. 팔마 교수는 2007년 현재 영국 금융 자산의 규모가 국내총생산의 7배에 달하는 것으로 계산했다. 프랑스는 자국을

영미형 금융 자본주의 모델의 라이벌로 내세우고 있지만, 금융 자산
과 GDP의 비율로 보면 영국보다 조금 낮은 수준이다. 앞서 인용한
크로티가 미국 정부의 자료를 토대로 계산한 결과에 따르면
1950~1970년대의 미국의 금융 자산 규모는 국내총생산의 4~5배
사이를 오락가락했는데, 이는 금융 탈규제 정책이 시행된 1980년대
초반 이후 급속한 상승세를 타다가 2000년대 초반에 이르러 9배를
돌파했다.

이 말은 동일한 양의 실물 자산과 경제 활동을 기반으로 해서 만들
어지는 금융 청구권의 규모가 점점 더 커진다는 의미이다. 주택 대출
시장에서 파생 금융 상품을 만들어 판 것이 2008년 금융 위기를 부른
주요 원인이었다는 사실은 이것이 얼마나 큰 문제인지를 증명해 주는
예이다.

옛날에는 누군가 은행에서 돈을 빌려 집을 사면 돈을 빌려 준 은행이
그 금융 거래의 결과, 즉 집을 담보로 일정 기간 동안 원금과 이자를 받
을 수 있는 권리를 소유하는 것에서 이야기가 끝났다. 그러나 금융 혁
신의 결과 주택 담보 상품을 수천 개 엮어서 만든 MBS(mortgage-
backed securities, 주택 담보부 증권)라는 상품이 나왔다. 여기서 그치지
않고 다시 여러 개의 MBS, 많게는 150개까지 되는 MBS를 묶은 것을
담보로 해서 CDO(collateralized debt obligation, 부채 담보부 증권)이라
는 상품이 나왔다. 그리고 이 CDO를 담보로 한 CDO-제곱이 나왔으
며, CDO와 CDO-제곱을 합쳐 CDO-세제곱까지 만들어졌다. 심지
어 더 제곱을 한 CDO들도 개발되었다. 이렇게 되자 CDO가 부도가
날 경우 투자자들을 보호할 또 다른 금융 상품인 CDS(credit default
swap, 신용 부도 스왑)도 나왔다. 이외에도 현대식 금융이라는 이름 아

래 상상의 범위를 초월하는 온갖 종류의 금융 상품이 발명되었다.

이쯤 되면 나도 헷갈린다. (그리고 이제야 드러난 사실이지만 이런 금융 상품들을 취급해 온 사람들도 헷갈려 하기는 마찬가지였던 것 같다.) 그러나 여기서 주목해야 할 것은 동일한 실물 자산, 즉 최초로 주택 담보 대출에서 담보로 사용되었던 집들과 그 집 소유자들의 경제 활동들이 새로운 자산을 '파생'시키기 위해 반복해서 사용되었다는 사실이다. 그러나 아무리 천재적인 금융 상품을 만들어 놓아도 결국 이 자산들이 기대한 만큼의 수익을 낼 수 있는지 여부는 최초로 담보 대출을 했던 그 수십만 명의 노동자와 중소기업가들이 대출 융자금을 꼬박꼬박 상환하는지에 달려 있다.

결국 이른바 금융 혁신의 결과는 실물 자산이라는 기초 위에 금융 자산이라는 빌딩을 끝없이 높게 쌓아 올린 끝에 전체 건물이 흔들거리는 꼴이다. (물론 실물 자산이라는 기초 자체도 금융 활동에 의해 부분적으로 넓어지고 튼튼해진다. 그러나 중요한 것은 이 기초가 감당하지 못할 정도로 빌딩이 높아지고 있다는 사실인 만큼 지금은 이 문제에 집중하자.) 만약 어떤 빌딩을 기초의 확장 없이 높이 쌓는 공사만 한다면 그 건물이 무너질 가능성 또한 올라갈 수밖에 없다. 문제는 여기서 끝나는 것이 아니고 더 심각해진다. 금융 상품의 경우 '파생'이 되면 될수록 금융 상품을 궁극적으로 떠받치는 실물 자산과의 거리도 멀어지며, 이에 따라 점점 더 그 파생 금융 상품의 정확한 가격을 매기기가 힘들게 된다. 이는 기초를 강화하지 않은 상태에서 기존 건물의 층수만 올린다는 의미일 뿐 아니라 층수가 올라갈수록 품질이 불확실한 자재를 사용하는 것이나 다를 바 없다. 그런 맥락에서 보면 철저하게 현실적인 투자 원칙을 지키는 것으로 유명한 미국의 투자자 워런 버핏이 2008년 금융 위기를 통해 파생 금융 상품의 파괴력이 드러나기도 전에 이를 '대량 금융 살상 무기(Weapons of Financial Mass Destruction)'라 일컬었던 것도 그리 놀랄 일이 아니다.

금융 시장의 수레바퀴에 모래를 뿌려라

지난 20~30년에 걸친 금융 부문의 지나친 발전을 비판한다고 해서 금융이 모두 나쁘다는 뜻은 아니다. 우리가 만일 유한 책임 회사에 반대했던 애덤 스미스나(Thing 2 참조) '은행은 군대보다 더 위험한 존재'라고 생각했던 토머스 제퍼슨의 말을 듣고 금융을 억압했더라면, 애덤 스미스가 말한 18세기식 핀 공장까지는 아닐지 몰라도 우리는 아직도 여전히 19세기식의 '지옥 같은 공장(satanic mills)'으로 이루어진 경제에 살고 있을 것이다.

금융 발전이 자본주의의 발전에 결정적 역할을 해 왔다는 것은 사실이다. 그러나 모든 형태의 금융 발전이 바람직하다고 말할 수는 없다.

금융 자본이 경제 발전에 필수적이었던 이유는 산업 자본보다 훨씬 유동성이 크기 때문이다. 그러나 같은 이유로 금융 자본은 생산을 저해하거나 심지어 파괴적일 수도 있다. 공장 소유주 편에서 생각해 보자. 예상치 못했던 추가 주문을 받아 원자재나 기계를 더 구매할 자금이 갑자기 필요하게 되었다. 가진 돈은 당초의 주문에 따라 공장 건설, 기계 및 원자재 구입 등에 모두 투자한 상태이다. 그런데 추가로 자금을 투입하면 이윤을 더 거두리라는 것을 알고 은행이 기계와 공장을 담보로 자금을 빌려 주겠다고 나선다면 그는 은행을 무척 고맙게 여길 것이다. 이번에는 그 공장주가 새로운 분야의 사업을 시작하고 싶어 공장의 절반을 팔려고 한다고 가정해 보자. 그런데 건물과 생산 라인의 절반을 사겠다는 사람이 아무도 없다. 이때 공장에 대한 주식을 발행한 뒤 이 중 절반을 팔아 자금을 조달할 수 있다는 사실을 알게 되면 공장주는 안도의 한숨을 쉴 수 있을 것이다. 이렇듯 금융 부문은 건물과 기계 같은 비유동성 자산을 대출금, 주식 등의 유동성 자산으로 전환할 수 있게 해 줌으로써 기업이 성장하고 사업 영역을 다각화하는 데 도움을 준다.

하지만 금융 자산이 나머지 경제 전체에 잠재적으로 부정적인 작용을 하게 되는 것도 바로 이 유동성 때문이다. 예를 들어 공장을 짓는 데에는 몇 년까지는 몰라도 최소 몇 개월이 걸린다. 세계적 기업 하나를 만들기 위해 필요한 기술적·조직적 노하우를 축적하는 데에는 수십 년이 걸린다. 이와 대조적으로 금융 자산은 다른 곳으로 옮겨 재배치되는 데 몇 초, 길어야 몇 분밖에 걸리지 않는다. 이 엄청난 유동성의 차이로 인해 심각한 문제가 빚어지는데, 이는 금융 자본이 '기다리는 것을 싫어하는(impatient)' 자본으로 단기간에 이익을 챙기려는 속성을 가지기 때문이다(Thing 2 참조).

이에 따라 여러 가지 문제가 불거진다. 우선 단기적으로는 경제가 불안해진다. 우리가 최근 목격한 바대로 유동성 높은 금융 자본이 아무런 경고도 없이, 그것도 대단히 '비합리적'인 방법으로 국적과 산업 부문을 가리지 않고 옮겨 다니기 때문이다. 더 중요한 것은 장기적인 부작용이다. 금융의 높은 유동성은 생산성 상승을 약화시킨다. 기업(산업)의 생산성을 높이려면 장기적이고 안정적으로 자금을 조달해서 사용할 수 있어야 한다. 그러나 자금을 제공하는 금융 자본은 '기다리는 것을 싫어하기' 때문에 장기 투자 계획을 세우고 실행하기가 어려워진다. 최근 수십 년 동안 '금융 심화도'(국민총생산에 대한 금융 자산 총액의 비율)가 엄청나게 높아졌는데도 경제 성장이 실질적으로 지체되고 있는 것은 이런 점들 때문이다(Thing 7, 13 참조).

수익을 얻을 수 있다면 어디든 재빨리 옮겨 갈 수 있는 바로 이 효율성 때문에 금융이 경제의 다른 부문에 해로운 영향을 끼칠 수 있는 것이다. 1981년 노벨 경제학상 수상자인 제임스 토빈(James Tobin)이 "지나치게 효율적으로 돌아가는 국제 금융 시장의 수레바퀴에 모래를 뿌릴 필요가 있다."라고 말한 것도 바로 이런 이유에서이다. 토빈은 금융 이동의 속도를 줄이기 위한 금융 거래세, 이른바 토빈세(Tobin Tax)의 도입을 제안했다. 토빈세는 이제까지 정치권에서 금기 사항이었으나 최근 들어 고든 브라운(Gordon Brown) 전 영국 총리가 옹호하고 나선 바 있다. 그러나 토빈세만이 금융 부문과 실물 부문의 속도 차를 줄일 수 있는 유일한 수단은 아니다. 적대적 인수 합병을 어렵게 만들어 투기적 주식 투자로 얻는 이득을 줄일 수 있다. 주식을 빌려서 파는 공매도(short-selling)를 금지하거나 주식 증거금률을 인상하는 방법도 있다. 특히 개발도상국의 경우에는 국경을 넘나드는 자본에 대해 규제를 가할 필요가 있다.

그렇다고 금융 부문과 실물 부문의 속도 차이가 완전히 없어져야 한다는 말은 아니다. 실물 경제와 완전히 함께 움직이는 금융 시스템은 무용지물이다. 금융의 존재 가치는 실물 경제보다 빨리 움직이는 데에 있기 때문이다. 다만 지금까지의 문제는 금융이 지나치게 빨리 움직여 실물 경제에서 탈선했다는 데에 있다. 따라서 우리가 지금 해야 할 일은, 기업들이 필요로 하는 수준의 유동성을 유지하면서도 경제 발전의 궁극적 원천인 (기계 설비 등) 물리적 자본과 인적 자본, 조직 혁신 등에 기업이 장기 투자를 할 수 있게 해 주는 방식으로 금융 시스템이라는 회로의 배선을 완전히 바꾸는 것이다.

Thing

23

좋은 경제 정책을 세우는 데
좋은 경제학자가 필요한 건 아니다

● 그들은 이렇게 말한다

정부 개입을 정당화하는 이론이 아무리 그럴싸해도 정부 정책의 성공 여부는
많은 부분 그것을 입안하고 집행하는 사람의 능력에 달렸다. 다른 나라들도
간혹 그렇지만 특히 개발도상국의 정부 관료들은 경제학 훈련이 잘 되어 있
지 않다. 좋은 경제 정책을 실행에 옮기려면 경제학 지식이 필수적인데도 말
이다. 그런 관료들은 자기의 한계를 깨닫고 선별적인 산업 정책 등 '어려운'
정책에 손대지 말고, 정부 역할을 최소화하는 '쉬운' 자유 시장 정책을 고수
해야 한다. 이렇게 보면 자유 시장 정책은 일거양득이다. 가장 좋은 정책일
뿐 아니라 관료의 자질에 그다지 좌우되지 않기 때문이다.

● 이런 말은 하지 않는다

좋은 경제 정책을 수행하는 데 좋은 경제학자가 필요한 것은 아니다. 역사적
으로 경제를 가장 잘 운영한 경제 관료들은 대부분 경제학 전공자가 아니었

다. '기적'적인 성장을 구가하는 동안 일본, 그리고 일본 수준까지는 아니지만 한국도 경제 정책은 법대 출신들이 맡았다. 타이완과 중국에서는 공대 출신들이 이 역할을 담당했다. 이는 경제가 성공하는 데 경제학, 특히 자유 시장 경향의 경제학 훈련을 받은 사람들을 꼭 필요로 하지는 않는다는 것을 증명한다. 이 책 전체를 통해 살펴봤듯이 지난 30여 년 동안 자유 시장 경제학의 영향력이 커지면서 전 세계적으로 경제 실적이 저조해졌다. 성장률 감소, 경제 불안정성과 불평등 악화, 그리고 급기야 2008년 글로벌 금융 위기까지 몰아온 주범이 바로 이 자유 시장 경제학인 것이다. 정책 입안에 경제학이 필요하기는 하지만, 그 경제학은 자유 시장 경제학이 아닌 다른 종류의 경제학이어야 한다.

경제학자 없는
경제 기적

일본, 타이완, 한국, 싱가포르, 홍콩, 중국 등 동아시아 국가들을 가리켜 흔히들 '기적'의 경제권이라고 한다. 물론 과장된 이름이기는 하지만 어찌 보면 아주 허무맹랑한 것만은 아니다. 19세기 산업 '혁명' 기간 동안 서유럽 국가들과 북아메리카, 오스트레일리아, 뉴질랜드 등 국가들의 1인당 국민소득 증가량은 정확한 수치는 기간과 나라에 따라 다르지만 대충 1~1.5퍼센트 사이이다. 1950년대에서 1970년대 중반 이른바 자본주의의 '황금기'에 이 나라들의 1인당 국민소득은 연간 3.5~4퍼센트씩 성장했다.

이에 비해 1950년대에서 1990년대 중반, 그리고 중국의 경우 1980

년대부터 현재 기간, 즉 기적의 성장기 동안 앞서 언급한 동아시아 국가들의 1인당 국민소득은 어림잡아 연간 6~7퍼센트씩 증대했다. 1~1.5퍼센트를 '혁명'이라 부르고, 3.5~4퍼센트를 '황금기'라고 부른다면, 6~7퍼센트는 가히 '기적'이라고 부름직하다.[1]

이런 좋은 성적을 보면 누구나 이 나라에 아주 뛰어난 경제학자들이 있었겠거니 생각할 것이다. 독일의 유능한 엔지니어들 덕에 그 나라 엔지니어링 산업이 발달했고, 프랑스가 디자인으로 세계를 선도하는 것은 재능 있는 프랑스의 디자이너들 덕이 아닌가? 그러니 동아시아 국가들이 경제적으로 성공한 것은 경제학자들이 유능해서라고 생각하는 것도 무리가 아니다. 특히 일본, 타이완, 한국, 중국처럼 기적의 성장기에 정부가 주도적인 역할을 한 나라들은 일류 경제학자들이 정부에서 일하고 있었던 게 틀림없으리라.

실상은 그렇지 않았다. 동아시아 경제 기적을 이룬 나라 정부에서 경제학자들이 눈길을 끄는 이유는 그런 이들이 없기 때문이다. 일본의 경제 관료들은 대부분 법대 출신이었다. 타이완에서는 대부분의 주요 경제 관료 자리를 경제학 전공자가 아닌 공학이나 과학을 공부한 사람들이 차지했다. 중국도 타이완과 비슷하다. 한국 역시 특히 1980년대 이전에는 경제 관료 중 법대 출신들이 차지하는 비율이 높았다. 1970년대 한국의 중화학공업 육성 프로그램의 두뇌 역할을 한 오원철은 공대 출신이었다.

동아시아의 경우처럼 좋은 경제 실적을 올리는 데 경제학자가 필요하지 않다면 경제학은 무슨 소용이 있을까? 개발도상국 정부 관료들에게 경제학 교육을 시키고, 장학금을 마련해서 경제학으로 유명한 영미권 대학으로 뛰어난 젊은이들을 보내 온 세계은행과 IMF는 그냥 돈을 낭비해 온 것일까?

동아시아 국가들의 경험에 한 가지 가능한 해석은 경제 정책을 운영하는 사람들에게 필요한 것은 경제학 전문 지식이 아니라 전반적인 지적 능력이라는 점이다. 대학 강의실에서 가르치는 경제학은 현실과 너무 동떨어져 실용성이 없기 때문일지도 모른다. 만일 그렇다면 경제 정책 입안에 가장 관련이 많은 분야, 즉 경제학을 전공한 사람보다 그 나라에서 가장 인기 있는 분야를 전공한 사람이 가장 유능한 경제 정책 입안자가 될 확률이 크다는 말이 된다. 그것이 법학이 되었든 공학이 되었든 심지어 경제학이 되었든 나라에 따라 가장 인기있는 분야에 가장 머리 좋은 사람들이 많이 모이게 되는 것 아닌가(Thing 17 참조). 라틴 아메리카 국가는 경제학 전공자들, 그것도 피노체트가 고용한 '시카고 보이들'을 비롯해 경제학 분야에서 고도의 훈련을 받은 경제학자들이 경제 정책을 운영했지만 동아시아 국가들보다 훨씬 열등한 경제 실적을 올렸다는 사실은 위의 추론을 간접적으로 증명하는 사례라 할 수 있다. 또 인도와 파키스탄에도 세계적인 경제학자들이 많았으나 이 두 나라의 경제 실적은 동아시아와는 비교조차 되지 않았다.

역사상 가장 재기 넘치는 경제학자인 존 케네스 갤브레이스는 "경제학은 경제학자들을 먹여 살리는 수단으로는 무척 유용하다."라고 말했다. 과장된 이야기이지만 그렇게 틀린 말도 아니다. 경제학은 실제 경제 운용과 큰 관계가 없어 보이기 때문이다.

아니, 그 정도가 아니다. 오히려 경제학이 경제에 해롭다고 생각할 만한 이유들이 많이 있다.

왜 아무도 이런 일을
예상 못했지요?

2008년 11월 영국 여왕 엘리자베스 2세가 경제학 분야에서는 세계적
으로 손꼽히는 런던 경제 대학(LSE, London School of Economics)을 방
문했다. 당시 전 세계를 삼켜 버린 금융 위기에 관해 루이스 가리카노
교수가 발표를 하고 난 후 여왕이 물었다. "왜 아무도 이런 일을 예상
못했지요?" 2008년 가을 금융 위기가 터진 이후 모든 사람이 묻고 싶
은 말을 여왕 폐하께서 하신 것이다.

과거 20여 년간 우리는 노벨 경제학상 수상자, 세계 최고라는 금융
규제 당국자들에서부터 세계 명문 대학 경제학과 출신의 재능 있고
젊은 투자 은행가에 이르기까지 엄청난 자격을 갖춘 전문가들로부터
세계 경제는 잘 돌아가고 있다는 소리를 되풀이해서 들어 왔다. 경제
학자들이 드디어 빠른 성장과 낮은 인플레이션을 유도하는 마법의 공
식을 발견했다는 이야기도 들었다. 사람들은 너무 뜨겁지도, 너무 차
갑지도 않은 아주 적당한 수준의 '골디락스'* 경제에 관해 떠들었다.
세계에서 돈의 규모로나 이데올로기의 영향력으로나 가장 강력한 경
제를 20여 년간 관리해 온 연방준비제도이사회 전 의장 앨런 그린스
펀은 워터게이트로 유명해진 저널리스트 밥 우드워드가 그에 관해 쓴
전기 제목처럼 '마에스트로'라는 칭송을 받았다. 그의 뒤를 이은 벤

---

* 엄마곰, 아빠곰, 아기곰이 사는 집에 들어간 소녀 골디락스가 아빠곰의 죽은 너무 뜨겁고 엄
마곰의 죽은 너무 차가운데, 아기곰의 죽이 뜨겁지도 차갑지도 않고 적당하다고 했다는 영
국 전래동화에서 나온 말로, 경제가 높은 성장을 보이면서도 물가가 오르지 않는 상태를 뜻
한다.

버냉키는 인플레이션을 길들이고 부침이 심한 경기 변동이 없는 '대안정(Great Moderation)'을 이야기했다(Thing 6 참조).

따라서 똑똑한 경제학자들이 모든 문제를 잘 해결하고 있으리라 믿고 있던 여왕을 포함한 모든 사람들에게 일이 이렇듯 엄청나게 잘못되었다는 것은 정말 수수께끼가 아닐 수 없었다. 유수의 명문 대학에서 학위를 따고 난해한 수학 방정식으로 머리부터 발끝까지 무장을 한 이 영리한 사람들이 어떻게 그렇게 틀릴 수 있다는 말인가?

여왕의 질문에 관한 소식을 들은 영국 아카데미는 2009년 6월 17일 학계, 금융계, 정부 부처 등에서 최고로 꼽히는 경제학자들을 모아 놓고 회의를 했다. 이 회의 결과를 정리한 편지는 2009년 7월 22일 여왕에게 전달되었다. 편지는 런던 경제 대학의 저명한 경제학 교수 팀 베슬리와 영국 정부의 역사에 대한 권위자 피터 헤네시가 공동으로 작성했다.[2]

편지에서 베슬리와 헤네시 교수는 "경제학자들 개개인은 유능하고, 나름대로 자기가 맡은 일은 잘 해내고들 있었지만 금융 위기 직전에 나무만 보고 숲은 보지 못하는" 우를 범했다고 설명했다. 그들은 또 "영국을 비롯해서 세계적으로 수많은 유능한 사람들이 집단적 상상력을 동원해서 시스템 전체에 끼치는 리스크를 이해해야 하는데 그에 실패했다."고 반성했다.

집단적 상상력의 실패? 영국 아카데미 회의에 참석한 사람들을 포함해 대부분의 경제학자들이 자유 시장이 제일 좋은 이유는 우리가 이성적이고 개인적이어서 각자 원하는 건 다른 누구도 아닌 본인밖에 모르고, 그것을 가장 효과적으로 얻는 방법을 아는 것도 본인뿐이라고 줄곧 말해 오지 않았는가(Thing 5, 16 참조). 나도 경제학 분야에 몸

담은 지 20년이 넘었지만 경제학자들이 상상력 운운하는 것, 특히 집단적 상상력 따위를 거론하는 것은 이제까지 본 적이 없다. 게다가 그것이 집단적이 되었든 다른 종류가 되었든 상상력 같은 개념이 경제학의 주류를 이루는 합리주의적 담론에 낄 자리가 있는지조차 모르겠다. 영국 경제학계에서 가장 위대하신 학자들이 모여서 머리를 맞댄 끝에 결국 무엇이 잘못되었는지 자신들도 잘 모르겠다고 인정한 셈이 된 것이다.

하지만 그 편지의 내용은 사태의 심각성을 호도한 것이다. 경제학자들은 자기들의 전문 분야에 한정된 일만 열심히 하다가 아무도 예측하지 못한, 한 세기에 한번 있을까 말까 한 재난에 희생된 무고한 기술자들이 아니기 때문이다.

지난 30여 년 동안 경제학자들은 2008년 위기를 불러올 환경을 만드는 데 중요한 역할을 해 왔다. 사실 그들은 1982년 제3세계 채무 위기, 1995년 멕시코 페소 위기, 1997년 아시아 금융 위기, 1998년 러시아 위기 등 1980년대 초 이후 크고 작은 수십 개의 금융 위기에도 책임이 있다. 금융 규제 철폐와 무제한적 단기 이윤 추구를 이론적으로 정당화해 준 것이 바로 그들이다. 더 넓게 생각하면 그들은 경제 성장의 둔화, 고용 불안과 불평등 악화, 그리고 지난 30년간 전 세계를 괴롭혀 온 잦은 금융 위기를 불러온 정책을 정당화하는 이론을 주장해 왔다(Thing 2, 6, 13, 21 참조). 그에 더해 그들은 개발도상국의 장기 발전 전망을 약화시켰다(Thing 7, 11 참조). 부자 나라에서는 사람들로 하여금 새로운 기술의 위력을 과대평가하도록 유도했고(Thing 4 참조), 사람들의 생활을 점점 더 불안정하게 만들었으며(Thing 6 참조), 경제에 대한 국가의 통제력이 상실되는 현상을 모르는 체하도록 했고

(Thing 8 참조), 탈산업화 현상에 안주하도록 만들었다(Thing 9 참조). 게다가 대부분의 사람들이 바람직하지 않다고 생각할 만한 경제 현상들, 즉 점점 심화되는 불평등(Thing 13 참조), 지나치게 높은 경영자들의 보수(Thing 14 참조), 가난한 나라 사람들의 극심한 빈곤(Thing 3 참조) 등은 이기적이고 합리적인 사람의 본성과 각자 생산 기여도에 따라 보상받을 필요성을 감안할 때 모두 피할 수 없는 현상일 뿐이라고 주장해 왔다.

다시 말해 경제학은 그저 실생활에서 동떨어진 것 이상의 우를 범한 것이다. 지난 30여 년 동안 경제학이 한 짓은 사람들에게 실제로 해를 끼쳤다.

'다른' 종류의
경제학자들은?

내가 말하는 만큼 경제학이 나쁜 것이라면 경제학자라는 직업을 가진 나는 도대체 뭔가? 사회와 무관하다는 말은 경제학이 사회에 끼친 영향을 가장 완곡하게 표현한 것이고, 사실은 해악을 끼쳤다는 게 더 맞는 말이라고까지 하는 나는 전기 엔지니어나 배관공같이 사회에 좀더 유익한 일을 하는 방향으로 직종을 바꿔야 옳은 것 아닌가?

내가 경제학을 계속 하는 이유는 경제학이 불필요하거나 해악을 끼치는 학문으로 머물지 않을 수 있기 때문이다. 따지고 보면 이 책 전체를 통해 자본주의가 실제로 어떻게 돌아가는지를 설명하기 위해 나는 경제학을 사용했다. 위험한 것은 지난 30여 년 동안 세상을 풍미해 온 자유 시장 경제학이라는 특정 부류의 경제학일 뿐이다. 역사 전반에 걸쳐 경제를 발전시키고 더 잘 운용하는 데 도움을 준 여러 경제학 파들이 존재했다.

가까운 과거에서부터 출발한다면 2008년 가을에 세계 경제를 총체적 붕괴에서 구해 낸 것은 존 메이너드 케인스와 금융 위기에 관한 고전『광기, 패닉, 붕괴(*Manias, Panics, and Crashes*)』의 저자 찰스 킨들버거(Charles Kindleberger), 그리고 금융 위기를 연구한 미국의 경제학자로 그 업적이 대단히 과소평가된 하이먼 민스키(Hyman Minsky) 등의 경제학이다. 세계 경제가 1929년 대공황을 재연하는 사태를 피할 수 있었던 것은 우리가 이들의 통찰을 배워 주요 금융 기관에 구제 금융을 지원하고(애초에 이런 사태를 초래한 은행가들을 아직 제대로 벌하지 못했고, 필요한 금융 개혁도 하지 못했지만), 정부 지출을 늘리고, 예금 보험을 강화하고, 실직자의 소득을 보조하는 복지 정책을 사용하고, 사상 유례없는 규모의 유동성을 금융 시장에 쏟아부은 덕분이다. 하지만 이 책의 앞부분에서도 설명했듯이 세계 경제를 구출한 이 모든 대책들 중 많은 부분은 과거부터 현재에 걸쳐 자유 시장 경제학자들이 한사코 반대해 왔던 정책들이다.

경제학을 배우지는 않지만 동아시아 국가들의 경제 관료들은 경제학에 대한 지식을 지니고 있었다. 그러나 특히 1970년대까지 그들의 경제학적 지식은 자유 시장 경제학에서 주장하는 종류가 아니었다. 그들이 알고 있던 경제학은 카를 마르크스, 프리드리히 리스트(Friedrich List), 조지프 슘페터, 니컬러스 칼도(Nicholas Kaldor), 앨버트 허시먼(Albert Hirschman) 등의 경제학이었다. 물론 이 경제학자들은 서로 다른 시대에 살면서 다른 경제학적 문제를 가지고 고심했고, 극우파(리스트)에서부터 극좌파(마르크스)까지 정치적 견해도 서로 다양했다. 그러나 서로 다른 이들의 경제학을 하나로 묶어 주는 공통점이 하나 있었다. 바로 자본주의 경제를 발전시키는 것은 장기 투자와 생산 구조를 바꾸는 기술 혁신이지, 풍선을 부풀리듯 이미 존재하는 구조를 팽창시키는 것이 아니라는 생각이다. 유치 산업을 보호하고, 기술적으로 정체된 농업과 같은 산업 분야에서 보다 역동적인 산업 분야로 자원을 강제 이전하는 한편, 허시먼이 강조하던 서로 다른 부문 간의 연계 효과를 활용하는 등 기적의 성장 기간 동안 동아시아 경제 관료들이 택했던 많은 경제 정책들은 바로 위에서 언급한 경제학자들의 가르침에서 배워 온 것이지 자유 시장 경제학에서 따온 것이 아니었다(Thing 7 참조). 동아시아 국가들, 그리고 그 이전에 유럽과 북아메리카 국가들이 자유 시장 경제 원칙을 채택했으면 그들이 이루어 낸 것과 같은 경제 발전은 가능하지 않았을 것이다.

허버트 사이먼과 그를 따르는 사람들의 경제학은 현대적 기업, 더 나아가서는 현대 경제에 관한 우리의 이해 방식을 완전히 바꾸어 놓았다. 그들의 경제학은 우리 경제가 시장 메커니즘을 통해 상호작용을 하는 완전히 합리적이고 이기적인 개체들로만 이루어졌다는 신화를 깬다. 늘 합리적이지만은 않으며 다양한 행동 동기를 지닌 개인들이 모여 시장, 기업, 정부, 네트워크 등을 통해 복잡한 조직을 이루고 사는 것이 현대 경제라는 사실을 깨닫고 나면 자유 시장 경제 원칙을 가지고 경제를 운영할 수 없다는 사실이 이해가 간다. 성공한 기업, 정부, 국가들을 자세히 들여다보면 이들은 모두 자본주의를 자유 시장 경제학에서처럼 단순히 보는 대신 자본주의의 세세하고 미묘한 차이를 놓치지 않고 있음을 알 수 있다.

자유 시장 경제학의 기초를 제공했고, 현재 경제학의 주류를 이루고 있는 신자유주의 경제학파 안에서조차 자유 시장 내에서 왜 최상의 결과를 낼 수 없는지에 관한 이론들이 많다. 20세기 초 케임브리지 대학의 아서 피구(Arthur Pigou) 교수가 제일 처음 제창하고 후대에 와서 아마티야 센, 윌리엄 보몰(William Baumol), 조지프 스티글리츠 등이 발전시킨 '시장 실패 이론' 혹은 '후생 경제학' 등이 그 대표적인 예이다.

자유 시장 경제학자들은 이 '다른' 경제학자들을 아예 무시하거나 심지어 가짜 예언자 취급을 했다. 요즘 널리 쓰이는 경제학 교과서들을 보면, 위에 언급한 경제학자들 중 '시장 실패론'을 이야기하는 이들을 제외한 경제학자들에 대해서는 대부분 이론이 제대로 설명되어 있기는커녕 언급조차 되지 않은 실정이다. 그러나 지난 30여 년에 걸쳐 벌어진 경제 현상들을 보면 우리는 자유 시장 경제학보다 이들 다른 경제학자에게서 배울 점이 훨씬 많다는 것을 알 수 있다. 여러 기업, 정부, 정책들 중 어떤 것들은 성공하고 어떤 것들은 실패하는지를 보면 이제는 무시당하고, 심지어 잊힌 이런 경제학자들에게서 중요한 교훈을 배워야 한다는 사실을 깨닫게 된다. 경제학은 쓸모없거나 해로운 것이 아니다. 다만 올바른 경제학을 배워야 하는 것이다.

세계 경제를 어떻게 재건할 것인가?

지금 우리의 당면 과제는 세계 경제를 완전히 새롭게 재건하는 것이다. 현재의 경제 상황이 대공황 때보다 그나마 더 나은 이유는 정부가 엄청난 재정 적자와 사상 유례없는 통화량 확대로 수요를 진작시켰고(영국 중앙은행인 영란은행은 1644년 설립 이후 지금보다 금리를 낮춘 적이 없다), 예금 보험을 확대해서 집단적인 예금 인출 사태를 막고 상당수의 금융 기관에 구제 금융을 제공했기 때문이다. 이런 조치를 추진하지 않았다면, 그리고 경기가 악화되는 경우 자동적으로 복지 지출이 증가하는(예를 들어 실업 수당은 경기 악화로 실업자가 늘면 자동적으로 증가한다) 시스템이 없었다면 우리는 아마 1930년대보다 훨씬 더 극심한 경제 위기를 경험했을 것이다.

현재 세계를 지배하는 자유 시장 시스템이 근본적으로 옳다고 믿는 사람들은 현 시스템을 이리저리 적당히 보수하면 될 것이라고 생각한다. 예를 들어 금융 기관의 투명성을 조금 더 높이고, 조금 더 규제하며, 지나치게 높은 경영자 보수에 약간 제한을 가하면 된다는 식이다. 그러나 지금까지 살펴본 바와 같이 자유 시장 경제학의 근저를 이루는 이론적, 경험적 가정은 의문의 여지가 많다. 따라서 우리가 그동안 경제와 사회를 조직해 온 방식을 그냥 수정하는 정도가 아니라 완전히 새롭게 재구성하지 않으면 안 된다.

그렇다면 무엇을 할 것인가?

여기서 세계 경제를 재건하기 위한 구체적인 제안들을 다 설명할 수는 없다. 그리고 그 중 많은 것들은 이미 앞에서 자세히 이야기했다. 따라서 결론에서는 우리의 경제 시스템을 재설계한다고 할 때 명심해야 할 몇 가지 원칙(8가지)만 짚고 넘어가려 한다.

첫째, 윈스턴 처칠이 민주주의에 대해 한 말을 빌려 자본주의에 관한 내 생각을 정리하자면, 자본주의는 나쁜 경제 시스템이다. 문제는 다른 모든 시스템이 더 나쁘다는 것이지만. 내가 이 책에서 문제 삼는 것은 자유 시장 자본주의이지 모든 종류의 자본주의가 아니다.

이윤 동기는 여전히 우리 경제를 돌아가게 하는 가장 강력하고 효과적인 연료이며, 우리는 이런 이윤 동기를 최대한 활용해야 한다. 그러나 지난 30여 년 동안 엄청난 수업료를 치르면서 배웠듯이 이윤 동기에 아무런 규제도 가하지 않는 것이 그것을 가장 잘 활용하는 방법은 아니라는 점을 명심해야 한다.

마찬가지로 시장은 무수한 경제 주체들이 수행하는 여러 가지 복잡한 경제 행위들을 상호 조정하는 데에 특히 효율적인 메커니즘이다. 그러나 이와 동시에 우리는 시장이 메커니즘 혹은 기계에 불과하다는 것도 명심해야 한다. 예를 들어 시장은 다른 기계와 마찬가지로 세심한 규제와 조정을 필요로 한다. 같은 자동차라도 취객이 운전하면 살인 무기가 되지만 응급 환자를 신속하게 병원으로 이송하면 사람의 목숨을 구하듯이, 시장은 엄청나게 좋은 일을 할 수도 있고 안 좋은 일을 할 수도 있다. 또 성능이 개선된 브레이크를 장착하거나 더 효율적인 연료를 사용함으로써 자동차의 품질을 개선할 수 있듯이, 시장도 참여자들의 태도와 동기 그리고 시장을 지배하는 규정을 적절하게 변화시킴으로써 더 잘 돌아갈 수 있다.

자본주의 경제를 운용하는 데에는 다양한 방법이 있다. 자유 시장 자본주의는 이런 방법 중 하나일 뿐이고, 그 중에서도 그다지 좋은 방법이 아니다. 지난 30년 동안의 경험에서 알 수 있듯이 자유 시장 자본주의는 이를 신봉하는 사람들의 주장과는 달리 경제 성장을 늦추고, 불평등과 불안정을 고조시켰으며, (때로는 엄청난 규모의) 금융 위기를 더욱 빈번하게 초래했다.

모두에게 맞는 하나의 경제 모델은 존재하지 않는다. 미국식 자본주의는 스칸디나비아식 자본주의와 크게 다르고, 스칸디나비아식 자본주의는 독일식 혹은 프랑스식 자본주의와 다르다. 일본식 자본주의는 말할 것도 없다. 예를 들어 미국과 같은 심한 불평등을 용납할 수 없는 나라(물론 기꺼이 받아들이는 나라도 있겠지만) 중에도 어떤 나라는 스웨덴처럼 높은 세율의 누진 소득세로 재정을 마련해 복지 국가를 건설할 수도 있고, 혹은 일본과 같이 대형 마트 개점을 까다롭게 하는 등 돈 벌 자유를 제한할 수도 있다. 이 두 방법 중 어느 것이 객관적으로 낫다고 꼭 집어 말할 수는 없다. 비록 내 개인적으로는 스웨덴식 대안이 일본식 대안보다 마음에 들지만 말이다.

따라서 자본주의를 하되 좋지 않은 결과를 가져온 자유 시장주의라는 고삐 풀린 자본주의에 대한 맹목적 사랑에서 눈을 떠, 더 잘 규제된 다른 종류의 자본주의를 해야 한다. 물론 이 다른 종류가 정확히 어떤 것인지는 우리가 가지고 있는 목표, 가치, 믿음에 따라 달라질 것이다.

둘째, 인간의 합리성은 어디까지나 한계가 있다는 인식 위에서 새로운 경제 시스템을 구축해야 한다.

2008년 경제 위기는 우리가 이해하고 통제할 수 있는 능력을 훨씬 넘어서는 복잡한 세상을 (특히 금융 부문에서) 만들어 버린 탓에 일어난 것이다. 우리의 경제 시스템이 붕괴한 것은 복잡한 상황에 대처할 수 있는 인간의 능력이 근본적으로 무한하다고 믿는 경제학자들의 조언에 따라 시스템이 재구성되었기 때문이다.

따라서 새로운 세계를 건설하려면 우리의 객관적 사고 능력이 제한적이라는 사실을 받아들이고 시작해야 한다. 흔히 투명성만 높이면 대규모 금융 위기가 또 일어나는 것을 막을 수 있다고 생각한다. 그러나 이는 잘못된 주장이다. 근본적인 문제는 정보의 부족이 아니라 인간의 정보 처리 능력의 부족이기 때문이다. 만약 문제가 정말 투명성이 결여되어 일어난 것이라면 투명성이 높기로 유명한 스칸디나비아 국가들은 1990년대 초반 금융 위기를 겪지 않았을 터이다. 이른바 '금융 혁신'이 계속 무제한적으로 허용된다면 우리의 규제 능력은 끝까지 우리의 혁신 능력을 따라잡지 못할 것이다.

진정으로 2008년의 세계 경제 위기 같은 사태를 막고자 한다면, 장기적으로 사회에 이롭다는 명백한 증거가 없는 한 복잡한 금융 상품의 발행을 금지해야 한다. 이런 생각이 말도 안 된다고 여기는 사람들도 있을 것이다. 그러나 그렇지 않다. 식품, 약품, 자동차, 비행기 같은 상품을 출시하려면 안전 기준에 맞추어야 하지 않는가? 따라서

'로켓 사이언티스트'[*]들이 새로운 금융 상품을 개발하면 그 상품이 금융 회사의 단기적 이윤이 아니라 경제 시스템 전체에 장기적으로 어떤 위험과 이익을 미치는지 평가한 뒤에 출시를 허용하는 승인 절차를 만들 필요가 있다.

셋째, 인간이 이기심 없는 천사가 아니라는 것은 사실이다. 그러나 우리는 인간의 나쁜 면보다 좋은 면을 발휘하게 하는 경제 시스템을 만들어야 한다.

자유 시장 이데올로기는 인간이 '착한' 일을 하게 하려면 금전적인 보상을 하거나 벌칙으로 위협해야 한다고 믿는다. 문제는 이런 믿음이 비대칭적으로 적용되어 부자는 더 많은 금전적 보상이 약속되어야 더 열심히 일하고, 가난한 사람은 더 가난하게 될 것을 두려워해야 더 열심히 일한다는 이상한 주장으로 탈바꿈한다는 것이다.

물질적 자기 이익 추구가 인간 행동의 강력한 동기임은 확실하다. 공산주의 체제가 실패한 것도 이런 강력한 동기를 무시하거나 애써 인정하지 않으려고 했기 때문이다. 하지만 이것은 물질적 자기 이익이 유일한 행동 동기라는 것과는 완전히 다른 이야기이다. 인간은 자유 시장 경제학 교과서가 주장하는 만큼 물질적 자기 이익만을 따라 움직이는 존재는 아니다. 만약 자유 시장 경제학 교과서의 주장대로 정말 이 세상이 합리적으로 자기 이익만 추구하는 사람들로 넘쳐 났다면 이 세상은 끊임없는 사기, 감시, 처벌, 협상 때문에 망했을 것이다.

더욱이 우리는 개인과 기업이 물질적 이익을 추구하는 것을 미화함

---

[*] rocket scientist. 금융 회사들은 첨단 금융 상품 모델을 설계하기 위해 실제로 과학·수학 분야 전문가들을 데려다 썼다. 금융가에서는 그들을 가리켜 로켓 사이언티스트라 부른다.

으로써 물질적 부만 쌓을 수 있다면 사회적 책임을 무시해도 되는 세상을 만들었다. 그런 과정에서 은행가와 펀드 매니저들이 자신들의 부를 축적하기 위해 직간접적으로 일자리를 파괴하고, 공장 문을 닫고, 자연환경을 해치며, 금융 시스템 그 자체까지 망치도록 내버려 두었다.

이런 사태가 재발하지 않도록 하려면 우리는 물질적 부를 중요시하되 유일한 목표가 되지 않는 경제 시스템을 건설해야 한다. 또 기업이든 정부 부처이든 모든 조직은 구성원들 간의 신뢰, 상호 연대, 정직성, 협동 등을 장려하는 형태로 설계되어야 한다. 그리고 금융 시스템 개혁을 통해 기업에서 단기 주주의 영향력을 줄이고, 그렇게 해서 기업들이 단기 이윤 극대화 이외의 목표도 추구할 수 있도록 해야 한다. 이에 더해 우리는 공익을 위한 행동들(예를 들어 에너지 소비 절감이라든가 노동자 훈련에 대한 투자)에 정부 보조금뿐 아니라 보다 높은 사회적 중요도를 부여하여 더 많이 보상해야 한다. 이것은 단지 도덕론적인 이야기가 아니다. 자기 이익에 대해 좀 더 진보한 생각을 갖도록 호소하는 것이기도 하다. 단기적인 자기 이익을 최우선으로 생각하게 되면 우리는 전체 시스템을 파괴하게 될 것이고, 이는 장기적으로 누구에게도 이롭지 않다.

넷째, 사람들이 항상 '받아 마땅한' 만큼 보수를 받고 있다는 생각을 버려야 한다.

가난한 나라 사람들은 개개인으로 따지면 부자 나라 국민들보다 때로 더 생산적이거나 기업가 정신이 더 뛰어난 경우가 흔하다. 정치적으로 용납되기 어렵고 바람직하지도 않지만, 이민이 자유로워져서 가난한 나라의 국민들이 부자 나라에 가서 그곳 국민들과 동등한 조건으로 일할 수 있게 된다면 부자 나라의 노동자들은 대부분 직장에서 쫓겨날 것이다. 앞서 보았듯이 가난한 나라의 가난한 사람들이 가난하게 사는 것은 개인적 자질이 모자라서가 아니라 자기 나라의 경제 시스템과 선진국의 이민 정책 때문이다.

많은 사람이 진정한 기회의 평등을 누리지 못해 가난한 것이라고 이야기한다고 해서, 기회의 평등만 제대로 보장되면 가난한 사람은 가난해 마땅하다는 말은 아니다. 어느 정도 결과의 평등이 보장되지 않는다면, 특히 모든 아이가 최소한의 영양과 부모의 보살핌을 받지 못한다면 시장이 제공하는 기회의 평등 정도로는 진정으로 공정한 경쟁을 보장할 수 없다. 이는 누구도 먼저 출발하지는 못하지만 일부 주자들은 다리에 모래주머니를 매고 달리는 달리기 시합과 같다.

소득 분포의 반대쪽 끝에는 최근 수십 년 동안 천정부지로 치솟은 미국 경영자들의 보수가 있다. 1950년대에서 현재까지 미국 경영자의 보수는 상대적으로 최소한 10배는 증가했다. 1950년대까지만 해도 미국 CEO들의 평균 보수는 노동자 평균 임금의 35배였는데, 오늘날에는 300~400배에 이른다. 그러나 이는 그동안 경영자들의 생산성이 노동자들의 생산성보다 10배나 빨리 증가했기 때문이 아니다. 미국 경영자들은 스톡옵션을 빼고 계산해도 네덜란드 경영자보다 2.5배, 일본 경영자들보다 4배 많은 보수를 받고 있지만, 미국 경영자들의 생산성이 네덜란드나 일본 경영자들의 생산성보다 높다는 증거는 없다.

우리가 시장의 결과에 대해 과감하게 문제를 제기할 때만이 더욱 공정한 사회를 만들 수 있을 것이다. 우리는 주식 회사 경영자들이 받는 천문학적인 보수를 제한하기 위해 주식 시장과 기업 지배 구조를 개혁할 수 있고, 또 그렇게 해야 한다. 그리고 진정한 의미의 능력 위주의 사회를 이룩하기 위해서는 기회의 평등을 보장해야 할 뿐 아니라 모든 아이들이 어느 정도까지는 동등한 지점에서 출발할 수 있도록 해야 한다. 또 실업 수당과 공적 보조금으로 지원되는 재교육 프로그램을 통해 모든 사람들에게 (피상적인 것이 아닌) 진정한 재기의 기회를 제공해야 한다. 가난한 나라의 사람들은 가난하다고 비난받아서는 안 된다. 좀 전에 말했듯이 그들이 가난한 더 큰 이유는 자기 나라의 경제 시스템과 부유한 국가의 이민 억제 정책이기 때문이다. 시장의 결과는 '자연적 현상'이 아니다. 우리는 그것을 바꿀 수 있다.

다섯째, '물건 만들기'를 더 중요하게 생각해야 한다.

탈산업화 지식 사회는 신화에 불과하고, 제조업은 지금도 경제에 필수적이다.

특히 미국과 영국을 비롯한 많은 나라에서는 최근 수십 년 동안의 제조업 쇠퇴는 탈산업화 시대에 불가피한 현상으로 간주되어 왔고, 일부에서는 심지어 이를 탈산업화의 성공 사례로 적극 환영하기까지 했다.

지식 경제라는 개념은 그럴듯하게 들리지만 우리는 결국 물질적인 존재로 아이디어만 먹고 살 수는 없다. 더욱이 어떤 의미에서는 우리가 늘 지식 경제 속에서 살아 왔다는 사실도 잊어서는 안 된다. 어떤 나라가 잘사는지 못사는지를 궁극적으로 결정해 온 것은 우월한 지식을 소유했는지 여부이지 물리적으로 어떤 일을 하는지가 아니었기 때문이다. 사실 대다수 나라들이 점점 더 많은 물건을 생산하고 있다.

그런데도 우리가 옛날보다 물건을 덜 소비한다고 느끼는 것은 제조업체들의 생산성이 대단히 향상하여 서비스에 비해 상대적으로 제조업 제품이 싸졌기 때문이다.

룩셈부르크, 모나코 같은 작은 조세 피난처(이 나라들도 2008년 세계 금융 위기에 따라 조세 피난처 지위를 유지하기가 점점 더 어려워지고 있다)나 석유 위에 떠다닌다고 할 정도로 석유 매장량이 많은 브루나이, 쿠웨이트가 아닌 다음에야 제조업을 발전시키지 않고서는 생활수준을 향상시킬 수 없다. 흔히 탈산업화의 성공 사례로 간주되는 스위스와 싱가포르 등은 사실 세계에서 가장 산업화된 나라에 속한다. 더욱이 대다수의 고부가가치 서비스들(금융, 기술 컨설팅 등)은 제조업 부문에 크게 의존하고 있다. (때로는 기생하고 있다고 해도 과언이 아니다.) 그리고 서비스는 교역 가능성이 낮기 때문에 서비스 부문의 비중이 높은 국가는 국제수지 기반이 약화되면서 결국 성장을 유지하기 어렵게 된다.

탈산업화 지식 경제라는 신화는 여러 가지 잘못된 투자로 이어졌다. 예를 들어 정규 교육 과정과 인터넷의 확산 필요성이 과도하게 강조되었다. 그러나 정규 교육 과정이 경제 성장에 미치는 효과는 대단히 복잡하고 불확실하며, 인터넷의 확산이 생산성에 미치는 영향은 그다지 크지 않다.

(기계 투자에 대한 가속 감가상각 등) 세제를 바꾸고, (노동자 교육에 대한) 보조금을 지급하며, (사회 간접 자본 투자 같은) 공공 투자 등의 정책 수단을 통해 기계, 사회 간접 자본, 노동자 교육처럼 '재미없는' 부문에 대한 투자를 늘릴 필요가 있다. 산업 정책 역시 생산성을 증대할 여지가 많은 핵심 제조업 부문을 활성화시키는 방향으로 재설계되어야 한다.

여섯째, 금융 부문과 실물 부문이 더 적절하게 균형을 이루도록 노력해야 한다.

현대 경제가 생산적으로 돌아가기 위해서는 건강한 금융 산업이 필수적이다. 금융 부문이 하는 가장 중요한 역할 중의 하나가 바로 투자를 하고 나서부터 그 투자가 결실을 맺을 때까지의 시차를 메워 주는 것이다. 금융은 그 속성상 빨리 움직일 수 없는 실물 자산에 유동성을 부여함으로써 자원을 신속하게 재배분할 수 있도록 한다.

그러나 지난 30여 년 동안 금융은 배보다 더 큰 배꼽이 되어 버렸다. 금융 자유화로 돈의 이동이 쉬워졌고, 심지어 국경도 손쉽게 넘나들 수 있게 되면서 금융 투자자들은 더 참을성이 없어져 즉각적인 이윤을 원하게 되었다. 그 결과 기업과 정부는 장기적인 전망이 어떻든 간에 빨리 수익을 낼 수 있는 정책에 집착할 수밖에 없다. 금융 투자자들은 돈을 자유롭게 옮길 수 있다는 사실을 정부와 기업에 대한 협상 카드로 활용해서 국민소득의 더 많은 부분을 금융 소득으로 돌리는 데 성공했다. 자본의 자유로운 이동은 또 금융을 더 불안정하게 하고 고용 불안 또한 심화시키는 결과를 낳았다. (고용 불안은 이윤을 신속하게 창출하는 데에 필요하다.)

금융 부문은 속도를 늦춰야 한다. 그렇다고 해서 빚을 갚지 못하면 감옥으로 가야 하거나 자신의 저축만으로 작은 사업장 하나를 겨우겨우 운영해야 하던 주식 회사 이전의 시대로 돌아가자는 이야기는 아니다. 그러나 실물 부문과 금융 부문 간 속도 차를 크게 줄이지 못하면 장기 투자의 확대나 실질적인 경제 성장을 촉진할 수 없다. 생산적 투자가 결실을 맺기까지는 오랜 시간이 걸리는 경우가 많기 때문이다. 일본의 자동차 산업이 그나마 중저가 시장에서라도 세계적인 성공을 거두기까지는 40여 년에 걸친 정부의 국내 시장 보호와 보조금의 도움을 받아야 했다. 이제는 전자 산업 부문에서 세계 최강 기업 중 하나가 된 노키아도 전자 산업에서 이윤을 내기까지 17년이 걸렸다. 그러나 금융 자유화의 폭이 점점 더 넓어지면서 세상은 점점 더 짧은 시간을 단위로 돌아가게 되었다.

금융 거래세, 초국적 자본 이동(특히 개도국을 넘나드는 자본의 이동)에 대한 제한, 기업 인수 합병에 대한 규제 강화 등은 금융 산업의 속도를 늦춰서 금융이 실물 경제를 약화시키거나 파괴하는 것이 아니라 도움을 주도록 만드는 정책들이다.

일곱째, 더 크고 더 적극적인 정부가 필요하다.

지난 30여 년 동안 자유 시장 이데올로기는 정부가 사회 병폐의 해결사가 아니라 병폐의 일부라고 끊임없이 주장해 왔다. 물론 정부 실패의 사례가 존재하고, 그 중 일부는 엄청난 실패였던 것도 사실이다. 그러나 시장과 기업이라고 실패하지 않는 것은 아니다. 더 중요한 사실은 정부가 눈부신 성공을 거둔 사례도 많이 있다는 것이다. 정부의 역할은 철저히 재평가될 필요가 있다.

2008년 세계 금융 위기 이후 많은 나라들, 심지어 미국처럼 자유 시장주의를 철저하게 신봉하는 나라에서도 정부 개입이 많이 늘었지만, 이는 주로 위기관리를 위한 것이다. 그러나 정부의 역할이 위기관리에서 그쳐서는 안 된다. 정부는 풍요롭고 평등하며 안정적인 사회를 건설하는 데 더 큰 역할을 해야 한다. 정부가 가진 본질적인 한계, 그리고 그동안 정부의 역할을 약화시키기 위한 다양한 시도 등에도 불구하고 적어도 지금까지 고안된 제도 중에서는 민주주의 정부가 사회적으로 제기되는 여러 상충된 요구들을 조정하고, 더욱 중요하게는 사회 전체적으로 복지 수준을 향상시키는 가장 우수한 장치이다. 정부의 장점을 가장 잘 살리는 방법을 찾기 위해서 먼저 자유 시장 경제학자들이 항상 주장하는 성장과 형평 간의 상충 논리, 즉 '트레이드-오프' 논리에서 벗어날 필요가 있다.

우리는 부자들에게 많은 세금을 거두어들여 이를 가난한 사람들에게 배분하는 큰 정부는 경제 성장에 나쁜 영향을 미친다는 이야기를 귀에 못이 박힐 정도로 들어 왔다. 부자들은 부를 창출하려는 의욕을 잃고, 가난한 사람들은 게으름을 피우고 싶은 유혹이 강해진다는 것이 그 이유이다. 작은 정부가 성장에 이롭다면 그런 정부를 가진 상당수의 개발도상국들은 잘 성장해야 한다. 그러나 현실은 그렇지 않다. 또 스칸디나비아 국가들의 경우 거대한 복지 국가와 높은 경제 성장률이 공존하고 있는데(복지 국가가 경제 성장을 촉진했다고 보는 사람도 많다), 이는 작은 정부가 항상 성장에 이롭다는 믿음에 문제가 있음을 잘 드러내 주는 예들이다.

자유 시장 경제학자들은 또 적극적인(그들의 표현에 따르면 숨통을 죄는) 정부는 성장에 악영향을 끼친다고 주장해 왔다. 그러나 이런 상식과 달리 사실상 오늘날 부유해진 나라들은 모두 정부가 경제 발전을 위해 적극적인 개입 정책을 구사했다. (아직도 이 점에 대해 확신이 서지 않는 독자들은 『나쁜 사마리아인들』을 참조하기 바란다.) 정부 개입은 제대로 계획되고 추진되기만 하면 경제를 더 역동적으로 만들 수 있다. 예를 들어 연구개발, 노동자 훈련 등 시장이 제대로 하지 못하는 투입물의 공급을 늘리고, 사회적 수익은 높지만 사적인 수익은 높지 않은 사업의 위험을 분담하며, 후진국의 경우에는 '유치' 산업 부문의 신생

기업들이 생산 능력을 발전시킬 수 있는 공간을 제공하는 방식을 통해서 말이다.

이제 우리는 더욱 활력 넘치고 안정적이며 더 평등한 경제 시스템에서 정부가 어떻게 핵심 요소가 될 수 있는지를 더 창조적으로 생각할 필요가 있다. 이를 위해서는 더 좋은 복지 국가, 더 나은 규제 시스템(특히 금융 부문에 관한), 더 우월한 산업 정책 등이 필요하다.

여덟째, 세계 경제 시스템은 개발도상국들을 '불공평하게' 우대해야 한다.

대부분의 부자 나라들에서는 민주주의의 제약 때문에 완전히 자유 시장주의에 맞는 개혁이 이루어지지 못했다. 심지어 마거릿 대처 총리조차 영국의 국가의료제도(National Health Service)를 폐지하는 것은 불가능하다고 생각했다. 이런 사정들로 인해 자유 시장 정책이 실험된 곳은 주로 개발도상국들이었다.

특히 아프리카와 라틴 아메리카에 있는 많은 가난한 국가들은 자유 시장을 맹신하는 (IMF, 세계은행 등) 국제기구나 (IMF와 세계은행을 사실상 지배하는) 부자 나라들로부터 돈을 빌리기 위해 어쩔 수 없이 자유 시장 정책을 채택해야 했다. 이런 나라들에서는 민주주의가 취약했기 때문에 자유 시장 정책으로 인해 많은 사람들이 피해를 입더라도 더욱 무자비하게 추진할 수 있었다. 결국 가장 도움을 필요로 하는 사람들이 가장 큰 피해를 입었다는 사실은 대단한 아이러니가 아닐 수 없다. 지난 20여 년 동안 WTO(세계무역기구), BIS(국제결제기구) 같은 국제기구, 다양한 양자 간 혹은 다자 간 자유 무역 협정 및 투자 협정 등을 통해 각국 정부가 자국 경제를 보호하고 발전시키기 위해 취할 수 있는 정책들(이런 정책들은 가난한 나라들에 더욱 필요하다)에 제약을 가하는 지구적 차원의 규칙이 강화되면서 이런 경향은 더 강화되었다. 결과적으로 개발도상국들은 선진국보다 훨씬 철저하게 자유 시장 정책을 시행해야 했고 이에 따라 경제 성장, 경제 안정성, 평등 측면에서도 선진국보다 훨씬 못한 성적을 거두게 되었다.

따라서 세계 경제 시스템은 개발도상국들이 자국에 적합한 정책을 추진할 수 있는 '정책 공간(policy space)'을 넓혀 주는 방향으로 완전히 개편되어야 한다. (사실 선진국들에게는 국제 규정을 자신에게 유리하게 왜곡하거나 심지어는 무시할 수 있는 여지가 훨씬 더 많다.) 특히 자국 시장 보호, 외국인 투자 규제, 지적 재산권 등에서 개발도상국에 더 관대한 체제가 필요하다. 이런 정책들은 지금 선진국들이 과거 개발도상국이었을 때 실제로 사용했던 것들이기도 하다. 또 이 같은 변화가 이루어지려면 WTO를 개혁하고, 현존하는 빈국과 부국 간의 양자 간 무역 및 투자 협정들을 폐지하거나 개정하며, 국제기구로부터 대출을 받거나 부국으로부터 원조를 받을 때 조건으로 내거는 정책들을 바꿔야 한다.

물론 이런 모든 제안은 일부 선진국들이 주장하듯이 개발도상국들에게 '부당하게 유리한' 것이다. 그러나 개발도상국들이 이미 국제 관계에서 수많은 불이익을 당하는 마당에 이 정도의 '봐주기' 시스템은 용납될 수 있다고 본다.

지금까지 언급한 여덟 가지 원칙은 모두 지난 30년 동안의 경제적 통념들과 직접적으로 배치되는 것들이다. 따라서 독자 여러분 중에는 불편함을 느낀 사람도 있을 수 있다. 그러나 지금이라도 세계를 퇴보

시키고 재앙의 구렁텅이로 내몰았던 원칙들을 포기하지 않는다면 우리는 다시 예전과 비슷한 대참사들을 반복하게 될 것이다. 또 빈곤과 불안으로 고통받는 수십억 인구(개발도상국만 이런 상황을 겪고 있는 것은 아니다)의 처지를 개선할 수 있는 어떤 일도 하지 않게 될 것이다. 이제 불편해질 때가 왔다.

저자주

Thing 1

1 (상품의 자유로운 교역을 방해하는) 관세 정책이 미국 남북전쟁의 전개 과정에서 또 다른 중요 쟁점으로 부각된 원인이 궁금한 독자는 내 책 『사다리 걷어차기 (*Kicking Away the Ladder*)』(부키, 서울, 2004, pp. 59-64)와 그 안에 나오는 참고문헌을 참조하라.

Thing 2

1 A. Smith, *An Inquiry into the Nature and Causes of the Wealth of Nations* (Clarendon Press, Oxford, 1976), p. 741

2 N. Rosenberg & L. Birdzell, *How the West Grew Rich* (IB Tauris & Co., London, 1986), p. 200.

3 A. Glyn, *Capitalism Unleashed-Finance, Globalisation, and Welfare* (Oxford University Press, Oxford, 2004), p. 7, fig. 1.3.

4 J. G. Palma, 'The revenge of the market on the rentiers-Why neo-liberal reports on the end of history turned out to be premature', *Cambridge Journal of Economics*, 2009, vol. 33, no. 4, p. 851, fig. 12.

5 W. Lazonick & M. O'Sullivan, 'Maximising shareholder value: a new

ideology for corporate governance', *Economy and Society*, 2000, vol. 29, no. 1, W. Lazonick, 'The buyback boondoggle', *Business Week*, 24 August, 2009.

6 W. Lazonick, 'The buyback boondoggle', *Business Week*, 24 August, 2009.

Thing 4

1 노르웨이와 독일은 2000년대 자료이지만 다른 나라는 모두 1990년대 자료이다. R. Sarti, 'Domestic Service: Past and Present in Southern and Northern Europe', *Gender and History*, 2006, vol. 18, no. 2, p. 223, table 1.

2 J. Greenwood, A. Seshadri & M. Yorukoglu, 'Engines of Liberation', *Review of Economic Studies*, 2005, vol. 72, p. 112.

3 C. Goldin, 'The quiet revolution that transformed women's employment, education, and family', *American Economic Review*, 2006, vol. 96, no. 2, p. 4, fig. 1.

4 I. Rubinow, 'The problem of domestic service', *Journal of Political Economy*, 1906, vol. 14, no. 8, p. 505.

5 그 결과가 『다시 발전을 요구한다(*Reclaiming Development-An Alternative Economic Policy Manual*)』(장하준, 아일린 그레이블, 부키, 서울, 2008)이다.

6 K. Ohmae, *The Borderless World: Power and Strategy in the Interlinked Economy* (Harper & Row, New York, 1990).

Thing 5

1 인간 행동 동기의 복잡성을 학문적으로 쉽게 정리해 놓은 책으로는 B. Frey, *Not Just for the Money-Economic Theory of Personal Motivation*(Edward Elgar, Cheltenham, 1997)을 꼽을 수 있다.

2 K. Basu, 'On why we do not try to walk off without paying after a taxi-ride', *Economic and Political Weekly*, 1983, no. 48.

Thing 6

1 S. Fischer, 'Maintaining price stability', *Finance and Development*, December 1996.

2 뛰어난 자유 시장 경제학자 로버트 배로(Robert Barro)는 중간 정도 수준(10~20퍼센트)의 인플레이션은 성장에 약간 부정적인 영향을 미치지만 10퍼센트 미만의 인플레이션은 성장에 아무런 영향을 주지 않는다는 결론을 내렸다. R. Barro, 'Inflation and growth' (*Review of Federal Reserve Bank of St. Louis*, 1996, vol. 78, no. 3)를 참조하라. 또 IMF의 이코노미스트 마이클 사렐(Michael Sarel)의 연구 결과에 따르면 8퍼센트 미만의 인플레이션은 성장에 거의 영향을 미치지 않으며 비록 영향을 미친다 해도 오히려 성장과 플러스의 관계가 있다는, 즉 성장에 방해가 된다기보다는 도움이 되는 것으로 드러났다. M. Sarel, 'Non-linear effects of inflation on economic growth' (*IMF Staff Papers*, 1996, vol. 43, March)를 참조하라.

3 M. Bruno, 'Does inflation really lower growth?', *Finance and Development*, 1995, vol. 32, pp. 35-8; M. Bruno, W. Easterly, 'Inflation and growth: In search of a stable relationship', *Review of Federal Reserve Bank of St. Louis*, 1996, vol. 78, no. 3.

4 1960년대 한국의 인플레이션은 라틴 아메리카 5개 국가(베네수엘라, 볼리비아, 멕시코, 페루, 콜롬비아)보다 훨씬 더 높았으며, 아르헨티나와 비교해도 크게 낮지 않았다. 1970년대 한국의 인플레이션은 베네수엘라, 에콰도르, 멕시코보다 높았지만 콜롬비아, 볼리비아보다는 크게 낮지 않았다(A. Singh, 'How did East Asia grow so fast?-Slow progress towards an analytical consensus', 1995, UNCTAD Discussion Paper, no. 97, table 8 참조).

5 이윤율을 추정하는 방법에는 여러 가지가 있는데, 여기서는 자산에 대한 수익률을 의미한다. S. Claessens, S. Djankov & L. Lang의 연구 결과('Corporate growth, financing, and risks in the decades before East Asia's financial crisis', 1998, Policy Research Working Paper, no. 2017, World Bank, Washington, DC, fig. 1)에 따르면 1988년부터 1996년까지 선진국과 개발도상국을 합쳐 총 46개국에 달하는 나라의 자산 수익률은 오스트리아의 3.3퍼센트에서 태국의 9.8퍼센트 사

이에 이르는 것으로 나타났다. 또 자산 수익률이 4퍼센트에서 7퍼센트 사이에 있는 국가는 46개국 중 40개국으로 조사되었으며 4퍼센트 미만인 국가는 3개국, 7퍼센트를 초과하는 국가도 3개국인 것으로 나타났다. 세계은행의 또 다른 연구 결과를 보면 소득 수준이 중간 정도인 신흥시장에 해당되는 국가의 1992년부터 2001년까지 1990년대 비금융 부문 기업의 평균 이윤율(순이익/자산)은 앞의 연구 결과보다 훨씬 더 낮은 3.1퍼센트인 것으로 집계되었다. S. Mohapatra, D. Ratha & P. Suttle, 'Corporate financing patterns and performance in emerging markets', (mimeo., March, 2003, World Bank, Washington, DC)를 참조하라.

6 C. Reinhart & K. Rogoff, *This Time is Different*(Princeton University Press, Princeton and Oxford, 2008), p. 252, fig. 16.1.

Thing 7

1 보호 무역에 관한 링컨 대통령의 생각에 대해서는 『사다리 걷어차기(*Kicking Away the Ladder*)』(부키, 서울, 2004, pp. 61-62)와 그 안에 나오는 참고문헌을 참조하라.

2 이와 관련된 내용은 내가 이전에 썼던 책에 자세히 설명되어 있다. 『사다리 걷어차기(*Kicking Away the Ladder*)』는 무역 정책에 초점을 맞춘 책으로 풍부한 문헌 조사와 학문적 주석이 달려 있는 연구서이다. (하지만 결코 난해하지는 않다.) 그에 반해 『나쁜 사마리아인들(*Bad Samaritans*)』(부키, 서울, 2008)은 정책 분야를 광범위하게 다루면서도 독자들이 읽기 쉽게 서술한 책이다.

Thing 8

1 더욱 자세한 내용은 내 책 『나쁜 사마리아인들(*Bad Samaritans*)』 4장 '핀란드 사람과 코끼리'와 R. Kozul-Wright & P. Rayment, *The Resistible Rise of Market Fundamentalism*(Zed Books, London, 2007) 4장을 참조하라.

Thing 9

1 K. Coutts, A. Glyn & B. Rowthorn, 'Structural change under New Labour', *Cambridge Journal of Economics*, 2007, vol. 31, no. 5.

2 이 말은 영국의 산업 및 규제 개혁부(Business, Enterprise and Regulatory Re-form, BERR)가 2008년 발표한 「*Globalisation and the Changing UK Economy*」에서 차용했다.

3 B. Alford, 「De-industrialisation」, *Re FRESH*, Autumn, 1997, p. 6, table 1.

4 B. Rowthorn & K.Coutts, 'De-industrialisation and the balance of payments in advanced economies', *Cambridge Journal of Economics*, 2004, vol. 28, no. 5.

Thing 10

1 T. Gylfason, 'Why Europe works less and grows taller', *Challenge*, 2007, January/February

Thing 11

1 P. Collier & J. Gunning, 'Why has Africa grown slowly?', *Journal of Economic Perspectives*, 1999, vol. 13, no. 3, p. 4.

2 카메룬 출신 엔지니어이자 작가 다이엘 에퉁가 망구엘레(Daniel Etounga-Manguelle)는 자신의 글에서 "아프리카 사람들은 조상들의 문화에 단단히 고정되어 있다. 그들은 과거가 계속 반복된다는 확신에 찬 나머지 미래는 피상적으로만 고민한다. 그러나 미래를 활기차게 생각하지 않고서는 계획도 전망도 시나리오 설정도 나올 수 없다. 결국 상황의 전개 과정에 영향을 미칠 수 있는 정책이 없다는 뜻이다."(p. 69)라고 말했다. 또 "아프리카 사회는 팀 플레이보다는 개인적인 라이벌 의식을 앞세우는 축구팀과 같다. 선수들 각자가 다른 선수가 골을 넣을지도 모른다는

두려움 때문에 볼을 패스해 주지 않는다.(p. 75)"라고도 썼다. D. Etounga-Manguelle, 'Does Africa need a cultural adjustment program?' in L. Harrison & S. Huntington(eds.), *Culture Matters-How Values Shape Human Progress* (Basic Books, New York, 2000).

3 베버(Weber)에 따르면 1863년까지만 해도 프랑스 인구 중 4분의 1 정도가 프랑스 말을 할 줄 몰랐다고 한다. 같은 해에 7세부터 13세까지의 학생들 중 11퍼센트는 프랑스 말을 전혀 할 줄 몰랐으며, 37퍼센트는 프랑스 말로 의사소통은 할 수 있었으나 글을 쓸 줄은 몰랐다고 한다. E. Weber, *Peasants into Frenchmen-The Modernisation of Rural France, 1870~1914* (Stanford University Press, Stanford, 1976), p. 67.

4 H-J. Chang, 'Under-explored treasure troves of development lessons-lessons from the histories of small rich European countries(SRECs)' in M. Kremer, P. van Lieshoust & R. Went(eds.), *Doing Good or Doing Better-Development Policies in a Globalising World*(Amsterdam University Press, Amsterdam, 2009) 및 H-J. Chang, 'Economic history of the developed world: Lessons for Africa', a lecture delivered in the Eminent Speakers Programme of the African Development Bank, 26 February 2009 (http://www.econ.cam.ac.uk/faculty/chang/pubs/ChangAfDBlecturetext.pdf 에서 다운로드 가능)

5 H-J. Chang, 'How important were the "initial conditions" for economic development-East Asia vs. Sub-Saharan Africa' (chapter 4) in H-J. Chang, *The East Asian Development Experience: The Miracle, the Crisis, and the Future*(Zed Press, London, 2006) 참조

6 오늘날 선진국들의 발전 수준이 현재의 개발도상국들과 비슷했을 당시 선진국들이 운용 중이던 제도 수준과 현재 개발도상국들이 갖고 있는 제도 수준을 비교하려면 『사다리 걷어차기(*Kicking Away the Ladder*)』 2부 2장(pp. 219-223)을 참조하라.

Thing 12

1 비교 우위론에 대해서는 『나쁜 사마리아인들(*Bad Samaritans*)』 3장 '여섯 살 먹

은 내 아들은 일자리를 구해야 한다!'에서 독자들이 이해하기 쉽도록 설명하고 비판한 바 있다.

2 더 자세한 내용은 『사다리 걷어차기(*Kicking Away the Ladder*)』와 『나쁜 사마리아인들(*Bad Samaritans*)』을 참조하라.

Thing 13

1 소득 불평등도가 상승한 16개 국가를 소득 불평등도가 높은 순서대로 나열하면 미국, 한국, 영국, 이스라엘, 스페인, 이탈리아, 네덜란드, 일본, 오스트레일리아, 캐나다, 스웨덴, 노르웨이, 벨기에, 핀란드, 룩셈부르크, 오스트리아의 순이 된다. 한편 소득 불평등도가 낮아진 4개 국가는 독일, 스위스, 프랑스, 덴마크이다.

2 L. Mishel, J. Bernstein, & H. Shierholz, *The State of Working America, 2008/9* (Economic Policy Institute, Washington, DC, 2009), p. 26, table 3.

3 선진국들의 모임인 경제개발협력기구(OECD)가 조사한 바에 따르면 2000년대 중반 지니계수(소득 불평등도를 측정한 값으로 그 값이 0이면 소득이 완전히 균등하게 분배됨을 의미하며, 그 값이 1이면 소득이 완전히 불평등하게 분배됨을 의미한다)는 세금과 이전지출이 시행되기 전을 기준으로 했을 때 미국이 0.46이었고 독일은 0.51, 벨기에는 0.49, 일본은 0.44, 스웨덴은 0.43, 네덜란드는 0.42였다.

Thing 14

1 L. Mishel, J. Bernstein, & H. Shierholz, *The State of Working America, 2008/9* (Economic Policy Institute, Washington, DC, 2009), table 3.2.

2 Mishel et al.(2009), table 3.1.

3 'Should Congress put a cap on executive pay?', *New York Times*, 3 January 2009.

4 Mishel et al.(2009), table 3.A2. 미국을 제외한 13개 선진국은 오스트레일리아, 벨기에, 캐나다, 프랑스, 독일, 이탈리아, 일본, 네덜란드, 뉴질랜드, 스페인, 스웨덴, 스위스, 영국 등이다.

5 Mishel et al.(2009), table 3.A2.

6 L. A. Bebchuk & J. M. Fried, 'Executive compensation as an agency problem', *Journal of Economic Perspectives*, 2003, vol. 17, no. 3, p. 81.

Thing 15

1 OECD, 'Is informal normal?-Towards more and better jobs in developing countries', 2009.

2 D. Roodman & J. Morduch, 'The impact of microcredit on the poor in Bangladesh: Revisiting the evidence', 2009, working paper, no. 174, Center for Global Development, Washington, DC.

3 M. Bateman, *Why Doesn't Microfinance Work?* (Zed Books, London, 2010).

Thing 16

1 Mansion House speech, 19 June 2009.

2 인간 본성의 불합리한 측면을 독자들이 이해하기 쉬우면서도 재미있게 서술한 책으로는 P. Ubel, *Free Market Madness: Why Human Nature is at Odds with Economics-and Why it Matters*(Harvard Business School Press, Boston, 2009)가 있다.

Thing 17

1 J. Samoff, 'Education for all in Africa: Still a distant dream' in R. Arnove & C. Torres(eds.), *Comparative Education-The Dialectic of the Global and the Local*(Rowman & Littlefield Publishers Inc., Lanham, Maryland, 2007), p. 361, table. 16.3.

2 L. Pritchett, 'Where has all the education gone?', *The World Bank Economic Review*, 2001, vol. 13, no. 3.

3 A. Wolf, *Does Education Matter?* (Penguin Books, London, 2002), p. 42.

4 8학년 학생들의 경우 미국은 리투아니아를 따라잡았지만, 러시아와 헝가리에는 여전히 뒤지는 것으로 나타났다. 다만 헝가리 4학년 학생들과 라트비아와 카자흐스탄 8학년 학생들의 성적 자료는 구할 수가 없었다.

5 여기서 다른 유럽 국가들은 시험 성적 순으로 독일, 덴마크, 이탈리아, 오스트리아, 스웨덴, 스코틀랜드, 노르웨이를 말한다. 미국 교육부의 교육과학연구소(Institute of Education Sciences) 산하 연방교육통계센터(National Center for Educational Statistics) 웹사이트(http://nces.ed.gov/timss/table07_1.asp)를 참조하라.

6 여기서 다른 선진국들은 시험 성적 순으로 일본, 영국, 미국, 오스트레일리아, 스웨덴, 스코틀랜드, 이탈리아를 말한다. 5번의 웹사이트를 참조하라.

7 이 학파에서 가장 영향력 있는 저작으로는 Harry Braverman의 *Labor and Monopoly Capital: The Degradation of Work in the Twentieth Century* (Monthly Review Press, New York, 1974) 및 Stephen Marglin의 'What do bosses do?' (1974년과 1975년 *The Review of Radical Political Economy*에 2부로 나누어 게재)를 꼽을 수 있다.

8 Wolf, (2002), p. 264.

9 분류 기능과 관련된 쟁점과 경제 개발에 있어서 교육의 역할에 대해 통찰력 있는 주장에 관심 있는 독자들은 Wolf의 책을 참조하라.

Thing 18

1 R. Blackburn, 'Finance and the fourth dimension', *New Left Review*, May/June 2006, p. 44.

Thing 19

1 전체 연구개발비에서 정부 지원이 차지하는 비중은 추정치로 1953년 53.6퍼센트, 1955년 56.8퍼센트, 1960년 64.6퍼센트, 1965년 64.9퍼센트, 1970년 57.1퍼센트, 1975년 51.7퍼센트, 1980년 47.2퍼센트, 1985년 47.9퍼센트, 1989년 47.3퍼센트

이다. D. Mowery & N. Rosenberg, 'The U.S. National Innovation System' in R. Nelson(ed.), *National Innovation Systems*(Oxford University Press, New York and Oxford, 1993), p. 41, table 2.3을 참조하라.

2 H. Simon, 'Organizations and markets', *Journal of Economic Perspectives*, 1991, vol. 5, no. 2, p. 27.

Thing 20

1 유교 문화가 동아시아 국가들의 경제 발전에서 주요 원인이 아니라는 주장은 『나쁜 사마리아인들(*Bad Samaritans*)』 9장 '게으른 일본인과 도둑질 잘하는 독일인'을 참조하기 바란다.

2 M. Jäntti et al., 'American exceptionalism in a new light: a comparison of intergenerational earnings mobility in the Nordic countries, the United Kingdom and the United States', The Warwick Economic Research Paper Series, Department of Economics, University of Warwick, October 2005.

Thing 21

1 OECD는 선진국들의 모임이지만 회원국 중에는 포르투갈, 한국, 체코, 헝가리, 슬로바키아, 폴란드, 멕시코, 터키(1인당 국민소득 순)처럼 선진국이라는 사실 자체가 논란이 되는 나라도 있다. 이 중에서 2006년 현재 1인당 국민소득이 1만 8000달러가 넘는 포르투갈과 한국이 가장 잘사는 나라이며, 5400달러인 터키가 가장 가난한 나라이다. 포르투갈과 한국보다 조금 더 잘사는 국가는 그리스이며 1인당 국민소득은 2만 4000달러를 넘는다. GDP 대비 공공 사회 지출을 살펴보면 OECD가 가장 최신 자료를 갖고 있는 해인 2003년 한국은 5.7퍼센트를 기록했다. 이에 반해 스웨덴은 가장 높은 31.3퍼센트를 기록했으며, OECD 평균은 20.7퍼센트이다(*OECD Factbook 2008: Economic, Environmental and Social Statistics* 참조).

2 GDP 대비 공공 사회 지출을 살펴보면 OECD가 가장 최신 자료를 갖고 있는 해인 2003년 미국은 16.2퍼센트를 기록했다. 이에 반해 OECD 평균은 20.7퍼센트이며, EU 15개국의 평균은 23.9퍼센트이다. OECD 국가 중 완전한 선진국으로 인식되지

않는 한국(5.7퍼센트)과 멕시코(6.8퍼센트)만이 미국보다도 더 낮은 수치를 보여주고 있다(*OECD Factbook 2008: Economic, Environmental and Social Statistics* 참조).

Thing 22

1 R. Portes & F. Baldursson, *The internationalisation of Iceland's Financial Sector*(Iceland Chamber of Commerce, Reykjavik, 2007), p. 6.

2 G. Duménil & D. Lévy, 'Costs and benefits of neoliberalism: A class analysis', in G. Epstein(ed.), *Financialisation and the World Economy* (Edward Elgar, Cheltenham, 2005).

3 J. Crotty, 'If financial market competition is so intense, why are financial firm profits so high?-Reflections on the current "golden age" of finance', Working paper, no. 134, PERI(Political Economy Research Institute), University of Massachusetts, Amherst, April, 2007.

4 GE그룹에 관한 자료는 R. Blackburn, 'Finance and the fourth dimension' (*New Left Review*, May/June 2006, p. 44)에서 인용했다. J. Froud et al., *Financialisation and Strategy: Narrative and Numbers*(Routledge, London, 2006) 자료에서는 50퍼센트에 달하는 것으로 나온다. 포드그룹에 대한 자료는 J. Froud et al의 논문에 제시되어 있으며, GM그룹에 대한 자료는 R. Blackburn의 논문에 제시되어 있다.

5 J. G. Palma, 'The revenge of the market on the rentiers-Why neoliberal reports of the end of history turned out to be premature', *Cambridge Journal of Economics*, 2009, vol. 33, no. 4.

Thing 23

1 1인당 국민소득이 매년 7퍼센트 증가하는 '기적'을 달성한 나라에서는 1인당 국민소득이 2배가 되는 데 10년이 걸린다. 1인당 국민소득이 매년 3.5퍼센트 증가하는 '황금기'를 달성한 나라에서는 1인당 국민소득이 2배가 되는 데 20년이 걸리나, 기

적을 달성한 나라에서는 같은 기간 동안 1인당 국민소득이 4배로 증가한다. 그에 반해 1인당 국민소득이 매년 1퍼센트 증가하는 '혁명'을 달성한 나라에서는 1인당 국민소득이 2배가 되는 데 70년이 걸린다.

2 이 편지는 http://media.ft.com/cms/3e3b6ca8-7a08-11de-b86f-00144feabdc0. pdf에서 다운받을 수 있다.

찾아보기

2008 금융 위기 11, 13, 193, 207-208,
  228-229, 261, 304-305, 310-312,
  320-322, 330
AIG 229-230
AOL 178
BIS 339
CDO 310
CDS 310
CEO 보수 → 경영자 보수
GE 40, 45, 122, 308-309
GM 42, 45, 74, 116, 122, 206, 252-
  262
  금융화 308-309
  산업 지배력 254
  쇠퇴 256-259
GMAC 257, 309
HSBC 229
IMF 85, 88, 99, 318, 339

LG그룹 175
LTCM 227-228
MBS 310
OECD 88, 212, 299
PGAM 227
UN 215
USAID 183

가격
  규제 25
  안정성 81-93
가나의 기업가 정신 212
가난한 개인 54-56, 188-191, 283-286
가리카노, 루이스 320
가사 노동 58-60
가전제품 60-64
개발도상국

기업가 정신과 가난 211-213

(과) 자유 무역 정책 94-96, 104-107, 161-162, 338-340

정책 공간 340-341

갤브레이스, 존 케네스 38, 319

거래 제한 23

거래에 관련된 조건 24

거시 경제의 안정 81-93, 313-314, 336-339

결과의 평등 284-288

경영자 보수

국제 비교 203-204

노동자 보수와의 비교 199-204, 333

미국 199-200

(와) 시장 외적인 요인 204-208

경영자 자본주의 35-40

경제 시민으로서의 권리 15, 17

경제 위기 322

경제정책연구소 193, 201

경제학자

(와) 경제 발전 317-319

경제 위기 때의 역할 321-323

관료로서의 316-317

대안적 학파들 323-326

집단적 상상력 321-322

계획 경제

공산주의 시스템 264-269

유도 계획 269-271

현황 263-264, 273-275

고베 철강 71-72, 75

고스플란 194

고용 안정/불안정 42-43, 89-93, 149-151, 153, 293-297, 322, 329, 337

곤, 카를로스 109-110, 113

골디락스 320

공산주의 경제 시스템 264-269

공자 278-279

공정 무역 대 자유 무역 26-27

교육

결과의 평등 284-288

고등 교육의 효과 246-249

(과) 기업 248-251

(과) 생산성 239-241

자동화의 결과 244-245

중요성 237-239

(과) 지식 경제 243-246

타당성 241-243

구매력 평가지수 147-151

구조 조정 프로그램 161-162

국가의료제도 339

국경 없는 세계 67-68

국립행정학교(프랑스) 180

국영 기업 173, 178, 270-272

국제 달러 147-148

국제 수학 과학 성취도 평가 239, 242-243

국제 학업 성취도 프로그램 239

국제노동기구 59, 192-193

국제수지 136-141

굿윈, 프레드 207

규제

가격 25

경제/기업 259-262
　노동 20-21
　시장에 대한 23-26, 223-225, 234-
　236
　아동 노동 20-21, 261
　완화 306-311, 336-338
　이민 24-25, 47
　정당성 22-26
규제 완화 → 규제 참조
규칙대로 일하기 75-76
그라민 은행 214-218
그랜트, 율리시스 100
그린스펀, 앨런 228, 320
그린필드 투자 119-120
금융 시장
　규제 완화 306-311, 336-337
　성장 309, 313-315
　영향 311-315
　효율성 301-302, 313-314
기술 혁명 57-58, 65-68
기업
　(에서의) 계획 272-275
　규제 효과 259-262
　(에 대한) 의혹 254-255
　중요성 252-253
　→ 규제, 초국적 기업 참조
기업가 정신
　개발도상국의 특징으로서 211-213
　금융 → 마이크로파이낸스 참조
　(과) 집단 차원의 공동체적 기업가 정
　신 219-222

(과) 가난 209-211
기회의 균등 276-277, 332-334
　(과) 결과의 평등 284-288, 333-334
　사회 경제적 환경 281-285
　(과) 시장 279-282
기후 조건 164-165
길파손, 토르발뒤르 151

남아프리카공화국 86, 166
　(과) 인종 분리 정책 280-284
내륙 수운 165
네덜란드
　CEO 보수 203-204
　보호주의 104-105
　복지 국가와 경제 발전 298-299
　지적 소유권 104-105
　협동조합 220-221
네슬레 111, 114
노동
　고용의 안정성 89-92
　규제 20-21
　상대 가격 60-61
　시장에서의 보상 47-56
　시장의 유연성 82
　제조 부문의 고용률 128-130
노동 시간 20, 26-27, 150-152
노르웨이
　복지 국가와 경제 발전 290, 299
　생활수준 144
　정부 정책 178, 180, 270

노벨

경제학상 226-228, 274, 320

평화상 215

노벨, 알프레드 226

노키아 182, 336-337

뉴욕 대학교 229

뉴욕 타임스 64-65, 202

닛산 110, 120, 181, 281

다임러-벤츠 112

달링, 앨리스테어 229

대공황 49, 255, 307, 324, 352

대처, 마거릿 80, 294-295, 339

대학 교육의 효과 246-249

더블딥 11

덴마크

보호주의 103

생활수준 144, 147-148, 302-303

협동조합 220-221

도덕성 착시 현상 77-80

도요타

공적 자금 지원 116

(와) 남아공의 인종 분리 정책 281

생산 시스템 77

독일

CEO 보수 203-204

복지 국가와 경제 발전 298-299

산업 정책 270

연구개발 지원 271

이민 103

전격전 253

제조업 127

하이퍼인플레이션 83-85

협동조합 220-221

동기의 복잡성 74-77

동아시아

경제 관료 324-325

경제 발전 70, 73, 75, 86-87, 316-319

교육적 성취 239-241

민족 갈등 167

산업 정책 170-183, 270

정부 정책 177-178

두바이 306-307

뒤메닐, 제라르 308

디트로이트의 자동차 회사 253-255

디플레이션

일본 85

라니아 왕비 215

라이, 아이시와라야 215

라인하트, 카르멘 88, 91

라조닉, 윌리엄 42

라트비아 306

라틴 아메리카 58-59, 86, 107, 166, 193, 260, 277, 319, 339

런던 경제 대학 320-321

럼즈펠드, 도널드 232

레닌, 블라디미르 185

레비, 도미니크 308

레빈, 제리 179

로고프, 케네스 88, 91

로버 122

로열 뱅크 오브 스코틀랜드 207

루드먼, 데이비드 216

루르 점령 82

루비노, I. M. 61

루스벨트, 프랭클린 253

룩셈부르크의 생활수준 142, 145, 148,
 151, 302-303, 335

르노 44, 109-111

르완다 167

리스트, 프리드리히 324

리카도, 데이비드 189-190

링컨, 에이브러햄 65, 100

마르치오네, 세르지오 113

마르크스, 카를 35-36, 262, 266, 273,
 324

마르크스주의 115, 245, 265-268

마오쩌둥 282-283

마이크로소프트 182

마이크로크레디트의 해 215

마이크로파이낸스
 (와) 경제 발전 213-216
 비판 216

만델슨, 피터 117-118, 123

맬서스, 토머스 189

머튼, 로버트 226-228

메리웨더, 존 227

메이도프, 버니 229

면직 공장 규제법 20

모나코 335

모두크, 조너선 216

모직 산업 103

무가베, 로버트 84

문화 문제 168-169, 278-280

미국
 경제 모델 144
 금융 규제 완화 307-311
 보호주의와 경제 성장 96-103
 복지 국가와 경제 발전 298-300
 생활수준 142-153
 소득 불평등 149-152, 193
 연구개발 지원 271
 연방준비제도이사회 227-228, 320
 이민자의 기대 143-145
 철강 노동자 286-287

미쉐린 109-111

미합중국은행(준공영) 101

민스키, 하이먼 324

민족 갈등 166-167

밀턴, 프리드먼 19, 225, 280

밀포드, 베이트먼 216

바드 칼리지 229

바우거 304

박정희 175

박태준 173-174

발뒤르손, 프리드리크 306-307

방글라데시
  기업가 정신 212
  (와) 마이크로파이낸스 214-218
배러드, 질 205
버닝, 짐 상원의원 27-28
버핏, 워런 55, 312
베냉의 기업가 정신 212
베네수엘라 193
베넷, 앨런 281
베르사유 조약 82
베브척, 루시안 205
베슬리, 팀 321
베트남 268
벨기에
  민족 구성 166
  생활수준 151
  소득 불평등 193, 196
  연구개발 지원 271
  제조업 103, 128
보몰, 윌리엄 326
보상/제재 장치 77-80
보호주의
  (와) 경제 성장 94-95, 103-104
  긍정적인 사례 95-97, 102-103
  유치 산업 보호 논쟁 99-106
복지 국가 90, 152-153, 184-192, 195-197, 282-285, 289-300
  (와) 경제 발전 298-300
부르키나파소 165, 264
부시, 조지 28, 210, 212, 232
부실 자산 구제 조치 28

부유한 개인 54-56, 188-192
부하린, 니콜라이 186
북미자유무역협정 100
북한 278
불확실성 232-233
브라운필드 투자 119-120
브라질의 인플레이션 86
브루나이 335
브리티시 항공 177
블랙, 유진 171
블레어, 토니 117, 191, 238
빈곤 감축 전략 계획 162

사르코지, 니콜라 126
사모펀드 121-123
사이먼, 허버트 230-235, 274-275, 325
사하라 이남 아프리카 지역 107, 154-169
  경제 성장률 107, 154-155, 159-163
  교육과 경제 발전 240-241
  구조적 조건 156-161
  문화 문제 168-169
  민족 갈등 166-167
  사회적·경제적 시스템 168
  자유 시장 정책 161-162, 339
  저개발 상태 154-156, 168-169
  지리적 조건 165
  천연자원 157-159, 163-164, 166
사회 계층의 이동성 143-145, 282, 288

사회적·경제적 시스템 55-56, 154-
　　155, 158, 160-161, 168-169, 219-
　　222
사회 경제적 환경 281-285
산업 정책 119-120, 170-183, 263-
　　264, 269, 316-317, 336-339
　　→정부 정책 참조
산업 협력 단체 220-221
산업의 지휘관 38
산업혁명 103, 126, 317
산탄데르 229
생쥐 구조대 155
생활수준
　　비교 145-148
　　미국 142-153
서버러스 112
서비스업 129-131
　　(과) 국제수지 136-141
　　상대적 역동성 131-137
　　지식 기반으로서의 137-139
서튼, 윌리 82
세계무역기구 99, 262
세계은행
　　거시 경제의 안정 86-87
　　구조 조정 프로그램 161
　　(과) 자유 무역 106
　　(과) 자유 시장 262
　　(과) 포스코 171-174
　　정부 개입 70-71, 99
세계화
　　경영의 109-111

(와) 기술 변화 67-68
세네갈 161
세이셸 140
세탁기 57-58, 60-63
센, 아마티야 326
소득
　　1인당 소득 145-153
　　→ 소득 재분배, 소득 불평등, 부자들
　　을 위한 소득 재분배 참조
　　소득 분배 → 소득 재분배, 부자들을
　　위한 소득 재분배 참조
소득 불평등 40-41, 106-107, 142-
　　146, 149-152, 191-197, 322-323,
　　339-340
소득 재분배 190-192, 195-196
　　부자들을 위한 192-197
소련 264-269
소셜 덤핑 100
숄즈, 마이런 226-228
수학 239, 242-243
쉬운 영어 운동본부 232
슘페터, 조지프 38, 219-221, 324
스리랑카 165
스미스, 애덤 34-36, 69, 72, 224, 312
스웨덴 37, 44-45
　　1인당 소득 144
　　CEO 보수 203
　　복지 국가와 경제 발전 298-299
　　산업 정책 270
　　소득 불평등 193
　　연구개발 지원 271

제조업 생산 140
스위스
  CEO 보수 203-204
  고등 교육 246-249
  민족 구성 166
  보호주의 103-104
  생활수준 144-147, 302-303
  제조업 140, 335
  지리적 조건 165
  지적 소유권 104-105
스탈린, 이오시프 186-187, 194
스탠포드, 앨런 229
스티글리츠, 조지프 326
스페인 소수 민족 문제 167
스필버그, 스티븐 229
슬론, 알프레드 2세 254
시장
  (에서) 가격 통제 25
  (에서) 거래에 관련된 조건 24
  금융 → 금융 시장 참조
  (과) 기회의 균등 279-282
  실패 이론 326
  (과) 이기심 72-74
  (에 대한) 정부 규제 23-26, 223-225, 234-236
  (에 대한) 정부 정책 72-74, 170-183
  (과) 제한적 합리성 이론 224, 230-236, 330
  참여자 제한 23
  → 자유 시장 참조
식기세척기 61

신 공공관리 학파 73
신자유주의 13-14, 91-92, 107, 194
  신고전학파 326
  → 자유 시장 참조
  → 자유주의 참조
실업 284-287
실질 수요 감소 효과(제조업 제품에 대한) 132
심의회 → 일본 참조
싱가포르
  구매력 평가지수상의 소득 148
  국영 기업 270-271
  보호주의 104
  정부 정책 180
  제조업 생산 140

아동 노동 규제 20-21, 261
아르헨티나
  경제 성장 107
  교육과 경제 발전 240
  하이퍼인플레이션 84-85
아버지 부시 272
아이슬란드
  금융 위기 302-306
  생활수준 145-146
  외채 302-305
아일랜드
  금융 위기 305-306
아편전쟁 30
아프리카 → 사하라 이남 아프리카 지역

참조

에디슨, 토머스 37, 219-221

에어프랑스 177

에저튼, 데이비드 64

에콰도르 107

엘리자베스 2세 여왕 320-321

여성 고용 구조 61-63

연구개발 113-114, 123, 178, 221

　지원 271

연방준비제도이사회 227-228, 320

영국

　CEO 보수 203-204

　국가의료제도 339

　금융 규제 완화 235-236

　보호주의 103-104

　제조업의 융성과 쇠퇴 126-127

　조선 산업 286-287

영국 아카데미 321

영란은행 327

예, 장관님 73

예, 총리님 73

오마에, 겐이치 39

오바마, 버락 200

오스트리아

　보호주의 104

　정부 정책 178

　지리적 조건 165

오원철 318

오트볼타 264

오펠 254

왜고너, 릭 74

외국인 직접 투자 118-121

우간다 158-159

우루과이

　경제 성장 107

　소득 불평등 192-193

워싱턴, 조지 98-100

월스트리트 저널 102, 118

월폴, 로버트 70-71

웰치, 잭 40, 74

윈도 비스타 182

윌슨, 찰리 254

유교 278-279

유누스, 무함마드 214-215

유도 계획 269-271

유치 산업 보호 논쟁 99-106

유한 책임 33-37, 44, 297, 312, 333

의사의 인기 291-294

이기심 69-72,

　(과) 동기의 복잡성 74-77

　보이지 않는 보상/제재 장치 77-80

　비판 71-72

　(과) 시장의 징계 72-74

　승화 331-332

이기심의 승화 331-332

이민 규제 24-25, 47

이자율 조정 25

이탈리아

　미국 이민자들 143

　산업 협력 단체 221

인간관계 학파 76

인도 138, 165

유도 계획 270
인도네시아 305
인종 분리 정책 281
인지 심리학 231-232
인터넷 혁명 57-59
  영향 63-65
  (과) 합리성 231-232
인플레이션
  (과) 경제 성장 85-87
  (과) 경제 안정 86-93
  통제 81-83
  하이퍼인플레이션 83-85
일본
  CEO 보수 203-204
  경제 규제 260
  디플레이션 85
  보호주의 94, 104
  산업 정책 178, 181, 316-319
  생산 시스템 77, 221
  심의회 180
  연구개발 지원 271
  유도 계획 270
  정부 정책 180-181, 336-337
  제조업 생산 140
임금 규제 24-25
임금 격차
  (와) 보호주의 47-52, 100
  정치적 결정 47-53

자국 편향 112-117, 118-119, 122-123

자본
  국적 108-109, 111-112
  이동성 89-92
자본가 대 노동자 188-191
자본의 국적 108-123
자본주의
  모델 329
  황금기 191, 196, 318
자사주 매입 39-42
자유 무역
  (과) 개발도상국 94-96, 104-107, 161-162, 338-340
자유 시장
  19세기 수사 188-192
  결과 11-17
  경계 28-31
  노동 → 노동 참조
  시스템 설계 328, 340-341
  정치적 정의로서 19-21
  합리성 11-15, 224-226
  → 시장, 신자유주의 참조
자유주의
  19세기 188-191
  신자유주의 13-14, 91-92, 107
잭슨, 앤드루 101-102
전문 경영인 36-45, 72-74, 221, 265
전보 64-66
정보 격차 66
정보통신 기술 혁명 66-67
정부 정책
  결과 평가 180-183

(과) 산업 정보 179-181

성공 사례 170-171

(과) 시장의 징계 72-74, 175-177, 181

실패 사례 176-177

정부의 지분 소유 형태 44

→큰 정부, 산업 정책 참조

정주영 175

정치경제 저널 61

제2차 세계 대전 당시의 경제 계획 269

제조업

고용 비중 128-130

상대가격 131-133

상대적 역동성 131-137

생산성 향상 127-135, 244-245

중요성 124-141, 334-337

통계적 변화 129-131

제조업 분야에 관한 보고서 99

제퍼슨, 토머스 100-101, 312

제한적 합리성 이론 224, 227-228, 230-236, 325, 330

조선 산업 286-287

조세 피난처 335

조직된 경제 274-275

주주

기업의 주인 11

단기적 이익 32-33, 41-43

(로서의) 정부 44

주주 가치 극대화 39-46

중국

경제 관료 318

경제 규제 260

계획 경제로서 268-269

구매력 평가지수상의 소득 148

보호주의와 경제 성장 96-98, 106-107

제조업의 지배력 126, 128, 130, 134

협동농장 282-283

지리적 조건 165

지식 경제 243-246

진공청소기 61

짐바브웨의 하이퍼인플레이션 84

집단적 기업가 정신 219

차베스, 우고 102

참여자 제한 23

처칠, 윈스턴 328

천연자원 102-103, 157-159, 163-164, 166

철강

노동자 286-287

정부 보조금 171-174

체스의 복잡성 233-234

초국적 기업

생산 활동 112-117, 118-119, 122-123

역사적 의무 115-116

자국 편향 112-117, 118-119, 122-123

자본의 국적 108-109, 111-112

초국적 기업 → 기업 참조

초콜릿폰 175
최저 임금제 24

카네기, 앤드루 37
카메룬 159
카사노, 조 229-230
칼도, 니컬러스 324
케이스, 스티브 132-133
케인스, 존 메이너드 324
콩고 159, 166
콩코드 프로젝트 176-177
쿠웨이트 335
쿠팩스, 샌디 229
크라이슬러 112-113, 253-254
크로티, 짐 308-309
큰 정부 289-290, 337-339
  (와) 경제 발전 298-300
  → 정부 정책, 산업 정책 참조
클린턴, 빌 191
킨들버거, 찰스 324

타이완
  경제 관료 318
  경제 규제 260
  교육과 경제 발전 240
  보호주의 103-104
  유도 계획 270
  정부 정책 182-183
타임워너 미디어그룹 132-133

탄자니아 159
탈산업화 127-128
  국제수지 136-141
  문제점 134-139
  원인 127-135
탈산업화 사회 66, 124-125, 127-130,
  137, 140-141, 334-335
텔레노르 218
톨레도, 알레한드로 287
투자
  브라운필드/그린필드 119-120
  외국인 직접 투자 118-121
  주식 40-42
트로츠키, 레온 185
트리클다운 경제학 184-186
  (과 부자들을 위한) 소득 재분배 192-
  197
트리클다운 효과 184-186

파 이스턴 이코노믹 리뷰 259
파산법 296-297
파생 금융 상품 311-312
팔마, 가브리엘 309-310
패니메이 27
페로, 로스 100
페루 287
페일린, 새라 155
포드 자동차 253-254, 309
포드, 헨리 37, 265
포르테스, 리처드 306-307

포스코 172-174

포트먼, 나탈리 215

폭스바겐

  공적 자금 지원 116

  정부 소유 지분 44

프랑스

  (와) 기업가 정신 210

  금융 규제 완화 307-308

  보호주의 104

  유도 계획 269-270

  정부 정책 178, 180-181

프랭크, 로버트 H. 202

프랭클린, 벤저민 98, 100

프레디맥 27

프레오브라젠스키, 예브게니 186-187,
  190

프리드, 제시 205

프릿챗, 랜트 241

피구, 아서 326

피노체크, 아우구스토 319

피닉스 벤처 홀딩스 122

피셔, 스탠리 85

피아트 112-113

핀란드

  보호주의 103-104

  복지 국가와 경제 발전 299

  소득 불평등 193

  연구개발 지원 271

  정부 정책 178

  제조업 생산 140

필리핀의 교육과 경제 발전 240

하야미 마사루 85

하이퍼인플레이션 83-85

  → 인플레이션 참조

한국

  경제 관료 318

  고용 불안정의 영향 291-294, 295-
  296

  교육과 경제 발전 240

  규제 259-260

  금융 육성 307

  보호주의 94, 103-104

  산업 정책 170-183, 270, 316-319

  연구개발 지원 271

  외채 305

  유도 계획 270

  은행 대출 116

  인플레이션 86-87

  전통적인 태도 277-278

  정부 정책 172-175

  지역 갈등 167

  한국 전쟁 이후 278-279

  → 북한 참조

합리성 → 제한적 합리성 참조

해밀턴, 알렉산더 98-101, 103, 105

행정행태론 230-231

행태주의 학파 231-232

허시먼, 앨버트 324-325

헝가리의 하이퍼인플레이션 84

헤네시, 피터 321

현대그룹 175, 292

협동조합 220-221

혼다 181
홍콩 104-105
환경 규제 21-22
환경 오염 21-22, 29, 225
후생 경제학 326
히스토리 보이즈 281
히틀러, 아돌프 84